诗酒趁年华 苏轼传

陈舞雩 著

四川文艺出版社

果麦文化 出品

〖上京赶考〗

朝堂对立

〖哭念恩师〗

『千里共婵娟』

《大江东去》

《一蓑烟雨任平生》

《 苏堤春晓 》

『魂归少年时』

目录

086 · 名扬天下

自此，他绕开娇柔婉约之路，为宋词开辟了一条风格豪放的康庄大道，从此新火试新茶，诗酒趁年华。

112 · 乌台诗案

苏轼这人就像他自述的那样"平生性不忍事"，有些话就像食物中有苍蝇一样，非吐出来不可，不知道什么时候就会说出不该说的话来，故注定这一生都要为文字所累。

135 · 东坡居士

从此苏轼就变成了苏东坡。他知道，苏东坡是潜藏在他体内的另一人格。他也知道，他需要苏东坡，正如世人需要他那样。

158 · 庙堂之高

身边人一个个被牵连，这让苏轼感到愤怒，同时又让他明白了，只要自己还处在这个朝堂之上，这些是是非非就永远不可能了结。

188 · 江湖之远

他从没想过改变世界，也讨厌被世界改变。像他这种人，就该任性地恣意在江湖之间，什么也不能束缚他。

208 · 流金岁月

好在最后一刻，来接苏轼的都是他朝思暮想的那些人，自此他又变回了那个无忧无虑的少年，向着汴京的方向策马扬鞭。

自序

我和苏轼，有点八竿子打得着的关系。

我的笔名，叫陈舞雩。

有些国学功底的人，会以为是取自《论语》中的"风乎舞雩，咏而归"。其实不然，我取这个名字时，压根儿没想到曾点的这句话，而是无意间看到了苏轼的那句词："莫作天涯万里意，溪边自有舞雩风。"

可以说，在冥冥中，苏轼给了我人生中的第二个名字。

所以，当果麦文化的编辑联系上我，询问是否有兴趣写一本关于苏轼的新书时，我当即大喜过望。

对我来说，为一个自己欣赏的人物作传，实在是一件美事啊。

然而，等真到下笔时，我才发现要写苏轼，并不是一件容易的事情。

一来，是关于苏轼的材料浩如烟海，大大小小的奇闻逸事多到目不暇接，哪里是一本书可以写完的？可如果为了避免琐碎而去削减删改，那么这些材料又该如何取舍，如何在文学和史学之间找到一个平衡，就成了一个令人费神的难点。

二来，市面上关于苏轼的传记有很多，先是林语堂先生的《苏东坡传》专美于前，后有李一冰先生的《苏东坡新传》横空出世，这就足以让后人望而兴叹、畏于动笔，更别说还有如王水照、朱刚、崔铭等前辈学人的专业论著，算是把苏轼的一生事无巨细地道尽了。

前人既已珠玉在前，后人何以木椟在后？

于是，我开始翻阅相关的历史边角料，试图摒弃以往苏传带来的刻板印象，把苏轼当成一个我从未耳闻过的陌生人，一点一滴地再重新认识他一遍。

然后，我就喜欢上了他的死对头章惇和王安石。

以往的苏传，往往因为作者个人的偏爱，把苏轼当成主角去写，其他历史人物都成了衬托苏轼的配角，更别提那些敢和苏轼作对的人，往往都是要被当成大反派去批判的。

我们都知道情人眼里出西施，人们在看自己喜欢的人时，难免会不自觉地加上一层美化的滤镜。以往的作者，学识不可谓不高，见识不可谓不广，可却正因对苏轼的过分钟爱，而导致对苏轼以及其身边人的评价相对失真。

如此一来，我们反而离那个真实的苏轼更远了。

我想，这恐怕也是苏轼本人不愿意看到的吧。

所以，在这本书中，我并没有把苏轼当成一个主角去看待，而是把他当成一个人形摄像机去写。

是的，这本书没有真正的主角，或者说每个人都是主角。苏轼是，苏辙是，赵顼是，章惇是，王安石和司马光也都是。作为一个个真实存在于过去的人，他们每个人都是各自命运里的主人公。

在这本书中，苏轼只是一个视角，一切的镜头都跟随着他去移动，让他带着我们去见识那个山河壮丽的北宋王朝，那个波诡云谲的大变革时代，以及那个时代里的天之骄子和芸芸众生。

那么问题就来了：苏轼的视角何以成为最佳视角？

各位不如跟着我，来提前了解一下这本书。

北宋立国，先天不足，外有辽朝和西夏虎视眈眈，内有"三冗两积"空耗国力。范仲淹、韩琦、富弼、欧阳修等人曾发动庆历新政，试图改变这种状况，却都因各种原因告败，国家继续在因循守旧中慢慢滑向深渊。

苏轼那一批年轻人，就是在这样的背景下长大，然后迎来了属于他们的时代。

嘉祐二年（1057）的那场龙虎榜，涌现出了许多百年难遇的人才，这些年轻人一个个进入仕途，每个人都期待着他们会接过前辈们的大旗，将大宋从深渊中一力拽起。

可一切还是不可避免地滑向了庸俗。

熙宁二年（1069），王安石开启变法，试图改变大宋积贫积弱的现状。但原本推行庆历新政的老人们却保守地站在了对立面，而这种站位则导致那些本该团结一致报效祖国的年轻人也分为两个派系：新党和旧党。

于是，这场新旧党争，便纠缠了这些年轻人的一生。

在这场变法和党争的风波过后，每个人都长大了，可也都变了，忘记了他们最初的模样。

苏辙、曾巩、曾布、程颢、王韶、吕惠卿……

蔡确、沈括、刘挚、程颐、章惇、刘安世……

他们或因世事消沉，或遭权力异化，或被立场禁锢。总之，当这场党争的风暴过去后，每个曾经心怀梦想的年轻人，都已经变得面目全非。

早年的王安石意气风发，晚年的王安石意志消沉；早年的司马光虚怀若谷，晚年的司马光刚愎自用；早年的苏辙对外强硬，晚年的苏辙割地求和；早年的章惇光明磊落，晚年的章惇睚眦必报；早年的蔡确投机钻营，晚年的蔡确大彻大悟……好像每个人都变了，不论是变好还是变坏，反正就是变了，和曾经的自己不一样了。

只有一个人例外。

那就是苏轼。

苏轼二十一岁随父入京时是那个样子，六十六岁北归中原还是那个样子，他没有改变世界，可也没有被这个世界改变，他走出了半生，归来时仍是我们认识的那个少年。

这真的很难得，不是吗？

所以，也就只有他，才可以带我们穿越千年，去和那些历史课本上的老朋友们见上一面，只因为他看向所有人的眼神，始终都没有变过。

记得林语堂先生写《苏东坡传》，将苏轼形容为一个"无可救药的乐天派"，在黄州、惠州、儋州的逆境中，依旧可以保持一种乐观向上的态度。而在往后的苏传中，对苏轼其人的描述也大多逃不开这个固定的人设。

可真正的苏轼是那样的吗？

我在正文中讲过，苏轼并不是一个永远乐观的人，他会哭，会生气，也会怕死，他有着我们正常人都会拥有的七情六欲，除去惊为天人的文采，他和我们常人别无二致。

至于那些所谓的豁达开朗的诗词，不过是他在描绘一个理想中的自己罢了，和现实世界里的那个他无关。

"随着时间的流逝，我们终将会原谅那些曾经伤害过我们的人。"

"那不是原谅，那是算了。"

苏轼又何尝不是这样？

那些乐观向上的诗词和表现，从来不是他对生活的谅解，而是在无可奈何的现实下，只能算了。

元丰年间，苏轼去了黄州，从此自号"东坡居士"。

这是他在苦难逼迫下，幻想出的另一个自己。

他把"苏东坡"当成了遮风挡雨的壳，矢志不渝地守护着属于"苏轼"的天真。这根本不是什么打不死的小强，也不是什么没心没肺的乐天派，而是在走投无路中选择忍住眼泪，抬头看一看蓝天。

喜剧的内核往往都是悲剧，再乐观的人心中也难保不会有着难以言喻的伤痛，只是苏轼用他的人生经历告诉了我们：

人嘛，总要在难挨的日子里笑出声来。

而世人之所以需要苏轼，就如苏轼需要苏东坡一样。

所以，如果你去询问苏轼：你为什么总是这么乐观？

我猜，苏轼不会给你讲什么大道理，更不会说什么我本来就是这个性格，而是大概率会给你做个鬼脸，然后说：

"那不然呢，我给你哭一个？"

食蓼少年

雏鹰

这个事吧，得从公元 1043 年说起。

那是个羊年，农历叫癸未年，由于彼时的中国一分为三，故而以各国年号纪年来算，当是辽的重熙十二年，西夏的天授礼法延祚六年，以及北宋的庆历三年。

在这一年的十月，北宋的京师汴梁，发生了一件大事。

因为党项人在西北崛起，宋军三次讨伐，皆以惨败收场。宋仁宗怕了，赶忙召集范仲淹、韩琦、富弼、欧阳修等人，进行了一场旨在富国强兵的改革，史称"庆历新政"。

那一年，朝野上下，人人畅言变法。有位叫石介的名士，写就了一篇《庆历圣德诗》，歌颂当时朝堂上人才济济，开千古未逢之盛治。

有个四川书生抄写了这篇诗，从京师汴梁带回到了老家眉山县。

当时，眉山县有个乡塾，先生叫张易简，是名道士。

张道士虽已出家，却并未出世，对古今成败、社稷兴衰十分关注，听闻有人从京师回来，自然得邀请一番，一起探讨国家当前的大事。

张易简与书生在私塾内的客房聊得兴起，书生拿出手抄的《庆历圣德诗》，张易简见了激动不已，连声称赞范仲淹、欧阳修等人。

这时，一个小孩走进客房，是张易简的学生。

两个大人正说到兴头上，见他进来，也不在意，仍继续他们滔滔不绝的讨论。

小孩托起下巴，听他们说起范仲淹、韩琦、富弼、欧阳修，都是既没听说过，也没在书本上见过的名字，怎么就能让先生如此振奋？

念及此，他张口问道："先生，您说的这都是些什么人？"

张易简和书生聊得正起劲儿，突然被学生打断话题，有些气恼，心想大人说话小孩子插什么嘴，就很不耐烦地说："你一个小孩子，不需要懂得这些。"

不承想，这孩子睁大了眼睛说："如果他们都是天上的神仙，我自然是不敢懂的，可既然他们也是人世间的凡人，那又有什么不能问的呢？"

这大道理一套一套的，把张易简说得一怔。他起初只当他这爱徒就是诗书背得好，没想到竟还能如此语出惊人，连忙收起了刚刚的轻慢之心。

那书生也是饶有兴致地看了这孩子一眼，只见他眼睛忽闪忽闪的，不染一丝尘埃，这是何等干净的心才会拥有的眉眼，真不承想，远在这巴蜀边陲之地，还有如此夺了天地造化的聪慧孩童。

二人不再将小孩晾在一边，而是和他说起这些年来的朝野大事。

原来，坐拥中原繁华之地的大宋，并没有表面看上去那么强盛无匹。在外有契丹人、党项人连年内犯，宋人要向这些外敌输送"岁币"，方能换取一时平安；在内则有"三冗两积"，国家财政的大笔开支都用来养兵养官，国库常年入不敷出，以至于朝廷积贫积弱，竟渐成尾大不掉之势。

自从党项人李元昊建国西夏，宋军就在三川口、好水川、定川寨三次大败，西北边疆一片糜烂，原本已经签订了和平条约的契丹人也陈兵边境，意图威慑中原。

在这种糟糕局面下，范仲淹、韩琦等有识之士，率先站出来推行新政，试图让大宋走上一条革新自强之路。

张易简讲得慷慨激昂，对小孩郑重地说道："韩琦、范仲淹、富弼和欧阳修，这四个人，都是当今天下的人杰啊！"

小孩听得热血沸腾，重重地点了点头。许是说者无心，听者有意，年纪小小的孩童，在这一天找到了自己的信仰——他想效仿这些人杰，做一只可以冲破一切世俗桎梏的雄鹰，肆意翱翔在苍穹之上。

这只尚未起飞的雏鹰，他姓苏，名和仲。

好像不太认识？

好吧，我想，大家可能还是习惯他的另一个名字。

苏轼，字子瞻。

姓名

我们都知道，一个好听的名字，姓氏占了一半功劳。

一个人，如果是复姓，或是萧、沈、苏、顾、夏等文雅的姓，那么不论取名如何随意，都能自带一种清流美感。可如果姓苟、牛、暴、操等，要再想取一个好名字，就得费上一番心思了。

北宋景祐三年（1036），苏轼出生在四川眉山。

他很幸运，得了"苏"这么个好听的姓氏。

试想，如果他叫张轼、王轼、李轼，那在意境上就明显稍逊一筹。

可是，这位拥有主角姓氏的孩子，在刚开始，名字还是蛮一般的。

我们刚说过了，他的父亲苏洵给他取的乳名，叫和仲。

因为，苏洵的长子夭折，这是他第二个儿子，古人以伯、仲、叔、季为序，仲就是老二。和者，《礼记》云"发而皆中节，谓之和"，即中正和谐之意，所以可以理解成：老苏家那个和顺的二儿子。

可直到苏轼渐渐长大，苏洵才发现，这孩子跟"和顺"二字不能说一模一样，只能说是毫无关系。

别人家的小孩，都爱跟在大人身边，可苏轼就像得了多动症似的，打小就敢纠集一群小朋友在外面胡闹疯玩。他们去往醴泉寺偷摘橘子，跑到石头山捡拾松果，没有一天能闲得下来，整日嘻嘻哈哈的没个正行儿。

有次，一个矮道士见了他，端详许久，说："此郎君贵人也。"

换成其他人类的幼崽，要么会因为社恐躲在家长身后，要么见大人在夸自己，会礼貌道谢。可唯独小苏轼，他眨巴眨巴眼睛，不但坦然受之，还叉起了腰，大声反问："你是咋知道的？"把矮道士给问得发愣了。

相比之下，他的弟弟苏辙就生性好静，自幼沉稳懂事，不似其兄那般跳脱，这种性情最受传统儒家的欣赏，故而相比苏轼的令人操心，还是内向的苏辙更叫苏洵放心。

庆历七年（1047），苏轼已经十一岁，苏辙也八岁了，苏洵这才给两个儿子取了正式的学名，为此还专门写了一篇短文，叫《名二子说》，解释了两个孩子姓名的由来。

长子叫苏轼，这个"轼"字，指的是一辆车最前面那根供人扶靠的把手。苏洵说，一辆车有车轮、车辐、车盖、车轸，各有用途，唯独这个车轼，好像可有可无，只是个装饰品。但是，如果一辆车没了车轼，却又不能称为一辆完整的车了。

他说："轼乎，吾惧汝之不外饰也。"

他担心苏轼如同车轼一样，招摇张扬，遭人嫉妒，于是给他取字"子瞻"，意为登高望远，给原本无用的车轼赋予了眺望的意义，同时又淡化了车轼本身的锋芒。

幼子叫苏辙，辙的意思，是车轮碾压过后留下的痕迹。

他说："辙乎，吾知免矣。"

一辆车的功劳，大家都会想起车轮、车辐等，没人会想起车辙，这看起来好像挺悲催的，但如果车毁人亡了，好像也没人会责怪车辙，由此可见，车辙是处在祸福之间的。

这位老父亲知道幼子性格沉稳，就如同车辙一样，将来就算没有光彩照人的成就，也不会有什么突如其来的灾祸。他对这个孩子很放心，故取字"子由"，即信马由缰、听天由命之意。

那些年的苏轼还常常带着苏辙到处撒欢，他觉得弟弟跟个闷油瓶一样，总是费尽心思地想逗到他笑出来。他跑去纱縠行老宅的隙地中挖出石头，敲得噼里啪啦，然后得意地看向弟弟，惹出了苏辙一阵无可奈何的笑。

在青春的缝隙间，那些雨天里溅上泥泞的笑脸逐渐长开，不知疲倦的时光也在一步步把兄弟俩推向那风波未测的明天。

读书

苏轼和李白一样，是四川人，生在一个钟灵毓秀、人杰地灵之地。

四川有座青城山，东汉末年，天师张道陵在此设坛布教，从此成了道教圣地。还有个峨眉山，自古相传，是普贤菩萨的道场，佛教名山。就在这一佛一道两座名山之间，夹了一个眉山，这就是苏轼的老家。

许是从小在佛道两教的滋养下长大，宋代的儒学门生往往轻佛慢道，可唯独苏轼长大后热衷与道士、和尚们混在一起，丝毫不以为忤，这当是与蜀地的文化密不可分。

当时，眉山县的私塾设在天庆观的北极院里，教书先生就是天庆观的道士张易简。苏轼八岁那年，苏洵将他送往北极院读书，在张道士座下开蒙受训。

在满院近百名孩童中，张道士就欣赏苏轼和陈太初两名学生。不过人各有志，苏轼后来名享九州、誉播海外，而陈太初则做了道士，在蜀地小有名望，最后在金雁桥上尸解。

苏轼自小读书，本最爱贾谊、陆贽的文章，虽朴实无华，但言之有物，如果按照这一路数发展，苏轼将来的文章可能走的是孟子、韩愈的风格，虽不能说不好，可终归没有自己的特色。

不过幸亏蜀中道家文化昌隆，有次苏轼读到《庄子》，竟爱不释手。从前，他的脑海里有各种稀奇古怪的想法，就是不知道如何表达。看了这本书以后，苏轼就像是忽然打通了任督二脉一般，从此撰文填词汪洋恣肆、任性随意，从千篇一律的文章大道中，开辟出了独属于自己的文学风格。

在苏轼十三岁时，父亲把他们兄弟二人送至城西的寿昌书院就读，拜在蜀中名士刘微之的门下。

刘先生言传身教，他告诉苏轼：你的骨头是硬的，脊梁是直的，将来不论遇到怎样的苦楚，都不要哭。他教导苏辙，要成为一个让人信任的人，不急躁，不骄纵，敢担当，知进退，要言行稳重，这样将来方能有一番大作为。

苏氏兄弟是幸运的，他们的童年没有程朱理学的之乎者也，也不闻八股文章的酸朽腐烂，而是在长辈们的谆谆教导下，知晓了大丈夫做人的道理，这比任何教条主义的灌输都来得弥足珍贵。

记得有一次晚课，刘先生见窗外的芦苇丛中，有几只鹭鸶在盘旋，就情不自禁地吟起诗来："渔人忽惊起，雪片逐风斜。"

这时，坐在下面的苏轼举起手，他站起来对刘先生道："先生，您这诗只说了事情的发生，却没有点明它的结果，倒不如把末尾一句改为'雪片落蒹葭'，可好？"

刘先生听罢，抚掌大笑，连声叫好，道："我没有资格做苏轼的老师了。"

眉山是眉州的治所，刘微之作为眉山寿昌书院的先生，在整个蜀地素有声望，他对苏轼的这句评价很快不胫而走，这下整个巴蜀都知道了：眉山的苏家了不得，出了个能让刘微之先生都自叹不如的神童！

其实，他们不知道的是，被称为神童的苏轼，当年背起书来，也是头昏脑涨、前学后忘，没少挨他父亲苏洵的收拾。

苏轼有次回忆，他小时候被父亲苏洵逼着背《春秋》。这本书枯燥乏味，苏轼背得昏昏欲睡，等父亲规定的时间快到了，他才读到鲁桓公、鲁庄公时期，这背了还不足四分之一。眼见父亲就要回来考校自己了，这给他吓得手足无措、瑟瑟发抖。

想来也是，中国的史书浩如烟海，什么人物传记、山川地理、天文历法、食货经济……在一本书内无所不包，要是漫无目的地死记硬背，不但浪费时间精力，还根本就记不住。那些个佶屈聱牙的文言文，正常人看了只想睡大觉。

不过，苏轼虽然不是李白那样的学神，却是个货真价实的学霸。他没有生而知之的天赋，也没有过目不忘的本领，但他却能在日复一日的学习中，总结出自己的一套读书方法。

他没有藏私，后来把这个读书的窍门教给了苏辙的女婿。当然，也就是相当于教给了我们。

苏轼的读书方式，是先给自己设定一个目标，然后带着这个目标去读书。只要你的读书有很强的目的性，就可以有的放矢，知道自己需要什么，大脑也就会刻意留意你想要的内容。

比方说，苏轼曾经读过《汉书》。可《汉书》中治道、人物、官制、兵法、财货等杂七杂八的内容都有，如果你笼统地阅读，一会儿看官制，一会儿学兵法，迟早会把自己陷进去。那就成了无效读书，还不如去玩游戏呢。

所以，苏轼是"每一过，专求一事"，每次阅读《汉书》时，先给自己设定一个特定的目标。比如，这一次我要学地理，那么翻看《汉书》时就专注地理的部分，其他方面则大略而过。第二次要学兵法，那么这次就专门啃兵法的部分，其他方面还是扫一遍就行。总之，每次阅读都带上一项任务，多读上几遍，这样一部《汉书》就吃透了，将来想忘都忘不掉。

苏轼把他的这个读书方法叫"八面受敌"法，意思是凭你几路来，我自一路去，任你资料如何浩如烟海，只要我带着我的目的做出取舍，只盯着我想要的读，那么吸收效率自然非常之高。

有次，眉山有个后生叫唐庚，与苏轼同乡，向他请教读书心得。

苏轼问："近来可曾读过什么书？"

唐庚答："《晋书》。"然后等着苏轼发问考校，毕竟他自问对晋朝的历史就算不说了如指掌，也能称得上耳熟能详。

可谁知，苏轼竟问道："《晋书》中可有什么好听的亭子名？"

这下把唐庚给问傻了，他就算把《晋书》看得再熟，也不可能细致到连书中建筑物的名称都知道。可他见苏轼一脸笑意，立刻反应了过来，苏轼是在间接地教他读书的法门。也许当年苏轼读《晋书》的时候，就有一次是专门探究地理建筑的，故而即使问起再冷的知识，苏轼也照样能够如数家珍。

不过，有一个好的读书窍门还不够，更重要的还是得有持之以恒的毅力。当年朱载上拜访苏轼，就见苏轼在读《汉书》，还是边读边抄，毕竟好记性不如烂笔头嘛。

朱载上问道："凭先生的天赋，应该过目不忘才对，怎么还用手抄这种笨办法呢？"

苏轼笑道："不止呢，我读《汉书》，已是抄了第三遍。读第一遍的时候，一段记载我会抄上三个字做标记，第二遍则减少为两个字，现在已经减少到一个字了。"

朱载上把苏轼的手抄本拿出来看了又看，根本看不懂上面的标记，就一脸困惑地看向苏轼。苏轼笑着让他随意找出标记的字，自己来背诵相关的史料内容。

朱载上随意挑出一个字，苏轼就应声背出了笔记相关的几百字内容，再与《汉书》的原文对照，竟分毫不差。

朱载上又选出几个字试验，苏轼都可以背出相对应的《汉书》内容，把朱载上看得啧啧称奇，敬佩不已。

朱载上回到家后，对自己的儿子感慨道："东坡尚如此，中人之性岂可不勤读书邪？"

苏轼还有句名言，叫"博观而约取，厚积而薄发"，其实指的就是他的"八面受敌"读书法。可我们还是别忘了，约取和薄发的前提，是博观与厚积呢！

张方平

时光荏苒，十余载匆匆而过，苏轼和苏辙已非少不更事的小孩。

苏洵眼见两个儿子长大成人，一是喜，二是忧。

喜的是两个孩子都懂事，还有才气，街坊邻里人人羡慕。忧的是兄弟二人虽然德才兼备，可前途还是一片迷茫，寻不到出路。

苏洵自己在少年时，仗剑天下，不学无术，到了二十多岁才幡然悔悟，从此立志读书。本以为会是大器晚成，可不想多年以来困顿科场，虽能写得一手锦绣文章，却没人识拔，眼看都年近五十了，身上还没有个一官半职。

在宋代，科举制度虽已普遍，可还保留着隋唐以来的举荐之风。同样都是参加科举考试，有人举荐和没人举荐将会是两种结果。这层利害苏洵自是知道的，只不过多年以来他碍于骨子里的文人自尊心，硬是不去走门路、通关节，于是黑发熬白仍仕途无望，心中难免会生起一股愤世嫉俗之感。

他自己为人清高，一辈子不与世俗同流合污，可以。

但他的两个儿子呢？

正所谓父母之爱子，则为之计深远，作为一名父亲的苏洵，他自己可以不要功名利禄，但却不得不为他的两个孩子考虑。于是，原本性情孤傲的他，为了两个孩子的未来，终是放下了身段、抛开了固执，开始主动求助于社会上的人脉关系了。他寻求的关系，是成都知府张方平。

至和元年（1054），张方平出知益州，一到蜀地，他便以寻访在野遗贤为己任，为朝廷四处搜罗人才，有人就向他推荐了苏洵。

张方平召苏洵来见，一番相谈后，张方平认定此人确是怀才不遇，于是决定向朝廷推荐苏洵。

至和二年（1055），苏洵带着苏轼、苏辙两兄弟前往成都，拜访张方平。对于苏洵来讲，自己前途如何还在其次，主要是得把他的两个儿子推出去，总之不要像他一样，白白耽误了一生。

张方平对苏洵本就欣赏，见了苏轼、苏辙两兄弟，一考校，更是喜欢得不得了。

据说，张方平少时家贫，只能借别人的书阅读，由此逼出了一套过目不忘的诀窍，凡是他看过的书，扫上一遍就可以尽得其详，从不需要看第二遍。而苏轼的"八面受敌"法，则恰恰相反，需要多次阅读，时时温习。

某次，张方平听说苏轼在复习《汉书》，就笑着说："文章还需要看两遍吗？"

苏轼听了，就说："何止看两遍，我还打算看第三遍呢。"

后来二人交流《汉书》的心得，一番相谈之后，张方平叹服，承认了苏轼对《汉书》的理解比自己更深，他读书虽能过目成诵，但却只是多了广度，少了深度。

不过，张方平虽喜欢苏轼，可相比之下，他对庄重执着的苏辙更加欣赏，认为其心性与见识还要在其兄之上。

张方平为此特意修书一封，给当时的文坛领袖欧阳修，竭力推荐苏氏父子。想当年，张方平与欧阳修因一桩公案闹得很不愉快，双方关系一度降至冰点。

但是，张方平实在不愿埋没人才，于是率先打破冷战，选择写信给欧阳修推荐苏家父子。欧阳修也没有因苏洵是张方平推荐的人就心存轻慢，而是在看过随信附来的文章后，击节赞叹道："后来文章当在此。"

虽有张方平和欧阳修的推荐，朝廷总不可能平白无故地给苏氏父子加官。

苏洵就问："我打算叫二子先在四川考乡试，如何？"

张方平道："让他们在四川考乡试，是大材小用，不如去京城考制科，那才是真正属于他们的舞台。"

这个建议张方平说得比较委婉，他的真正潜台词是，四川这里考试名额少，内卷严重，竞争压力大，还不如去京城参考，事半功倍。

苏洵果然很上道，当即表示："你这么一说我就了然了。"

至和三年（1056）三月，春暖花开时节，苏洵带着两个儿子北上出蜀，赶赴京师。身后，故乡的青峰岿然不动地矗立着，像是苏母在默默目送。

那是苏轼、苏辙两兄弟第一次离开四川，即使到后来连时间也淡忘了，可他们还是能记得那天，巴蜀的万里晴空衬得彼此眉目朗润，仿佛整个世界都在目送他们的远行。

大世

苏氏父子离开巴蜀，过剑门关，至关中，再东行中原腹地，到了五月末，才踏上京都开封府的地界。

他们刚一到，京城就发大水了。

当年六月，大雨连绵，下了一个多月，大水冲毁了蔡河堤坝，淹没了不计其数的房屋，汴京内外，到处都是难民与汪洋。

为了稳定治安，宋仁宗任命大名鼎鼎的"青天"包拯出任开封府尹。当时，包公有两个担任群牧判官的副手，一个叫王安石，一个叫司马光。

据说有一次，包公请他们二人饮酒赏花，但二人都不是嗜酒之人，司马光碍于上司情面，倒是勉强干了一杯，可王安石却始终滴酒未沾。这一插曲，似乎注定了二人的性格之别，不论现在是多么志同道合，他日定会走向决裂，并分别将大宋带向不一样的道路。

同时，也因为这场水灾，原定于八月进行的发解试推迟了一个月，宋仁宗为了冲掉晦气，把年号"至和"改成了"嘉祐"，与明清时期需次年才能更换新的年号不同，宋代的年号在当年就可以翻新。于是，至和三年九月就这样变成了嘉祐元年九月。

在九月份的初考中，苏家兄弟双双过关，苏轼更是名列第二。

过了初考，他们就是举人了，有资格参加第二年的省试，只要考过，就可以成为进士，入朝为官。

当时，苏家父子寄居在汴京的兴国寺内，等到城中积水终于退去，东京逐渐恢复往日繁华，苏轼总算是能行走在街上，听着沿街各种叫卖声此起彼伏。这一切都让他觉得世界美好得不像话。

据说，某天苏轼遇到了个叫程杰的相师。

程相师端详了苏轼许久，啧啧称奇："一双学士眼，半个配军头。"

苏轼不解，问是何意。

程杰说："他日文章虽当名世，但有迁徙不测之祸。"

苏轼哑然失笑，却并不以为意，直到多少年后，他再回忆起这段经历，才感叹这相师当真是个高人。

在备考期间，苏洵经常拿着张方平的推荐信干谒欧阳修、韩琦、富弼等朝中大臣，苏轼就和弟弟一起在屋内复习。等到夜幕降临，他们二人就跑去龙津桥的周边散步，在茶楼上倾听说书人调侃打趣。

在茶馆偷闲的日子里，苏轼或许见到过一个三十来岁的男子，气质敦厚，沉稳有度，有人认出他来，说他名叫曾巩，乃是当今文坛领袖欧阳修的高足。在曾巩身后，跟了个二十出头的少年郎，是其弟弟曾布，他们兄弟二人是来参加明年省试的。

看着面前的兄弟二人，苏轼与苏辙对视一眼，要强的他们不由暗自比对着，他们苏氏兄弟二人，能否媲美面前的曾氏兄弟呢？

这时又走进一对兄弟，兄长热情爽阔，一脸风趣好乐之相；弟弟面色冷峻，不苟言笑，隔着老远都能感受到那生人勿近的气息。有好事者说，他们是程氏兄弟，哥哥叫程颢，弟弟叫程颐，皆受教于一代大儒周敦颐座下，其兄程颢也是来参加明年进士考试的。

苏轼、苏辙二人更是震惊，本以为自己已是出类拔萃，不想前面来了一对欧阳修的弟子，后面又来了两位周敦颐的高徒，竟是皆不逊色于他们兄弟二人的存在。

他们应当还见到过一个气宇轩昂的男子，有人见了他大惊失色，说这人名叫张载，年轻时任侠尚气，因受到了范文正公的指点，这才弃武从文，不想他也来参加考试了。

苏轼睁大了眼睛，他从小最崇拜的人就是范仲淹，可如今范文正公已然仙逝，不得一见，而面前这男子竟受过范文正公的教诲，这怎能不让他心潮澎湃？

他或许还见过一对叔侄，说是叔侄，侄子年龄反而比叔叔还大。他们同出浦城章氏，叔叔名叫章惇，走起路来龙行虎步，英武之气尽显；侄子名叫章衡，外表庄重，气质儒雅，令人一见就生出好感。自不必说，他们也是来参考进士的。

在茶馆的闲暇间，可能还出现过一个英姿勃发的青年，名叫王韶。虽不知其师承背景，但那份高视阔步的气场就能让苏轼感到此人不俗；还有个面容俊美、目光狡黠的男子，叫吕惠卿，在与其他文人交谈时，他总能妙语连珠、一语中的，让一向以巧辩闻名的苏轼都忍不住赞叹，此人怕不是生了颗七窍玲珑心。

还有如邓绾、张璪、林希、朱光庭、吕大钧等人，都让苏轼或多或少感受到了竞争的压力，看来嘉祐二年（1057）的这一届考生中，真可谓是卧虎藏龙。

此时的苏轼，再也没有了初试过后的志得意满，他意识到自己可能遇到了一个诸杰并起、群星璀璨的大世。在这个大世里，各路英杰辈出，这些年轻人随便拎出来一个，放在其他年代单独出世，无一不是能够冠绝一个时代的大人物。

可命运有时就是这么顽皮，故意将这些年轻人杰安排在同一个时代相遇，还是在同一场考试中。在不久的将来，他们会分别投靠在王安石或司马光的旗下，一起开创一个属于北宋的大变革时代。

名动京华

登科

嘉祐二年（1057）正月，皇帝公布了省试的考官名单。

主持这场省试的，是众望所归的文坛领袖欧阳修。

在北宋，科举考试分为三级：发解试、省试、殿试。苏轼初至汴京，考到第二名的那场，就是发解试。通过发解试的考生，就成了举人，有资格参加进一步的省试。

在宋仁宗后期，殿试不再黜落，只定名次。所以，决定是否可以走上仕途的关键，实际上就看这第二级的省试。

这年春季，考试开始，苏轼、苏辙两兄弟早早赶到考场，与那些和他们同年的群英一起，都在禁军侍卫的监督下鱼贯而入，每个人一间斗室，各自答写试卷。

这场省试可谓一考定终身，饶是天资聪慧的苏轼都不敢怠慢。当年的副考官王珪就曾把苏轼的试卷原稿带回家珍藏，发现他的那篇《刑赏忠厚之至论》起草了三次，还带有涂抹修改的痕迹，足见苏轼在这场考试中，并不像众人想象的那般笔走龙蛇、轻松惬意。

当时阅卷的参详官叫梅尧臣，他一眼就瞅到了苏轼的《刑赏忠厚之至论》，觉得文风酷似孟子，顿时爱不释手。唯一有点让他作难的，是其中引用有"皋陶曰'杀之'三，尧曰'宥之'三"这句话，不知语出何典，就把这篇论文递给了主考官欧阳修审阅。

欧阳修阅罢此文，也不知道文中的典故出自何书，不过文章本身倒是逻辑清晰、论证严密，很是对他胃口，看得大呼过瘾。后来欧阳修还对梅尧臣说道："读轼书，不觉汗出，快哉快哉！老夫当避路，放他出一头地。"

按欧阳修本人的意思，是想把这篇文章点为榜首的。但在当时，为了防止考生作弊，所有考卷都是糊名的，所以欧阳修并不知道写下这篇文章的作者究竟是谁，于是盲猜是他门生曾巩的作品，怕点为第一会被旁人说闲话，就将这篇文章置为第二名。

这场考试，苏轼、苏辙兄弟双双通过，进入了录取名单。

发榜后，苏轼前往拜谢梅尧臣。

梅尧臣想起试卷上的典故，就问："'皋陶曰"杀之"三，尧曰"宥之"三'，这两句话，典出何书？"

苏轼漫然答道："想当然耳，何必要出处。"

梅尧臣傻眼，心想这后生好大胆，这么重要的省试作文居然敢瞎编典故，关键是还真让他给糊弄过去了。

不只梅尧臣，欧阳修也对苏轼的这句引述耿耿于怀。他自认饱学，不论三坟五典，还是八索九丘都能如数家珍，可怎么就没听说过皋陶杀人、尧帝救人的典故呢？

有次，他终于忍不住问起了苏轼，苏轼只说是在《三国志》中看到过。欧阳修回家翻阅《三国志》，可仍然遍寻不到，就又去找苏轼解惑。

苏轼这才讲起了《三国志》注引《魏氏春秋》里的一段故事。

三国时，曹操夺取幽州，将袁绍的儿媳妇甄宓赐给了自己儿子曹丕。孔融知道这件事后，大为不满，就给曹操写了一封信。信上说，周武王伐纣后，把妲己俘虏，赐给了弟弟周公。

曹操看了信，迷瞪了。因为他记得武王伐纣后，不是姜子牙斩杀了妲己吗，怎么妲己没死，还被武王赐给了周公？于是，曹操就这事问起了孔融。

孔融本就是阴阳怪气来讽刺他的，就很没好气地说："我以今日之事推测古人，只是想当然，并无出处。"

苏轼讲完后，就向欧阳修请罪。欧阳修长叹一声，说："你这也算得上是举一反三了，这等才思敏捷，他日成就必在我之上。"

苏轼走后，欧阳修看着那渐行渐远的背影，对他的儿子说道："看着吧，三十年后，世人传颂的，就不再是我了。"

因为欧阳修对苏轼等人的偏爱，很多落榜的考生心存不满，就聚在一起闹事，指责这届考官阅卷不公，甚至有人写了一篇诅咒欧阳修的生祭文章，当街散布，恶意满满。

到了三月份，宋仁宗宣布进行殿试，定下了中榜考生的名次，而落第举子们知道木已成舟，也就不再闹了。

正如我之前所说，这是一个黄金大世，那些百年难得一见的天之骄子，都扎堆在这一届出世了。这一年的考生含金量，号称是千年一遇，后人称之为嘉祐二年龙虎榜。

在这一届榜单中，出现了三位宰相、八位执政，唐宋八大家登场了三位，宋学四派中三派的始祖纷纷到位。苏轼、苏辙、曾巩、章惇、张载、程颢、吕惠卿……随便一个名字，都足以引领一个时代。

所以，那些名落孙山的举子其实是虽败犹荣的，毕竟他们这一届的竞争对手一个比一个强大，即使是输了，但能与他们同在一个考场内较量，这本身就足以自傲。

而这些榜上有名的旷世人杰，他们注定不会平庸地活下去。北宋因为有他们，注定将会被搅得天翻地覆。

旧的规则会由他们打破，而新的规则也将由他们来改写。

真相

咱们聊一个话题：苏轼的这次进士考试，到底考了第几名？

这是一段很容易被人误解的公案。

因为欧阳修曾把苏轼的文章错认为曾巩的，为了避嫌给了个第二名。几天后，苏轼又在《春秋》对义的复试中名列第一。于是，有人就说：苏轼本来是能当状元的，却因欧阳修的误会屈居榜眼。

但近千年来，大伙儿难道就没怀疑过这个故事是假的吗？

要知道，曾巩的文风老成持重、朴实稳健，与苏轼那种典故都敢胡编乱造的意气飞扬全然不同，他们之间的风格差异就像鲁迅和沈从文一样，欧阳修得眼拙到什么程度，才会把苏轼的文章看成是曾巩的？

可这个故事的出处却显得那么不容置疑。

因为写下这个故事的不是别人，就是嘉祐二年（1057）那场科试的亲历者，苏轼的老弟苏辙：

> 嘉祐二年，欧阳文忠公考试礼部进士，疾时文之诡异，思有以救之。梅圣俞时与其事，得公《论刑赏》，以示文忠。文忠惊喜，以为异人，欲以冠多士。疑曾子固所为。子固，文忠门下士也，乃置公第二。复以《春秋》对义，居第一，殿试中乙科。

苏辙作为当事人，他给哥哥写的墓志铭里提及了这件事，于是历代很多人都一律选择采信。但是，我今天要以我并不存在的名誉来保证：这个故事，绝对是苏辙他瞎编的。

因为这里有个最大的破绽，就在苏辙的最后一句话：乃置公第二，复以《春秋》对义，居第一，殿试中乙科。

这句话让很多对宋代科举不了解的人疑惑：怎么描述苏轼成绩的有三个？一会儿第二，一会儿第一，一会儿又来个乙科。到底哪个才是苏轼的最终成绩？

是乙科。

那乙科是什么？

很多人脑回路比较简单，心想甲乙丙丁嘛，苏轼是乙，那就是榜眼，正与欧阳修误降苏轼为第二的记载相合。

哪有那么简单？

其实，当时进士科的成绩分为五等，即一甲、二甲、三甲、四甲、五甲。只有一甲是甲科，乙科是在二甲及以后了。所以，苏轼在殿试中了乙科，那就代表他不但不是榜眼，连进士及第都不算，只是个赐进士出身。

事实上，《宋会要》就明文记载了嘉祐二年殿试的前五名，依次分别为：章衡、窦卞、罗恺、郑雍、朱初平。根本没有苏轼的名字。

而且，《宋会要》还记载了当年考生中榜后，朝廷对他们的授职情况。第一甲的，除前五名，其他都授初等职官。第二甲的，为试衔大县簿尉。第三、四甲试衔判司簿尉。第五甲及诸科同出身，并守选。

换句话说，我们可以通过这场考试结束后朝廷给各位进士的授官品级，来倒推出他们的大致名次。

朝廷给苏轼的官职，是福昌县主簿。福昌并非大县，官职也是一个基层的"判司簿尉"，可知苏轼的成绩应在第三、四甲之间，在当年的那场龙虎榜里，他的名次排位只是中等偏下。

那么，问题就来了。

按照苏辙的说法，苏轼在省考中，先是被欧阳修误会考到了第二，又在复试对义中考了第一。按理来说，这个成绩都可以坐三望一了，可为何到了殿试里，就被压到了中等的乙科呢？

原因很简单。

因为宋代的省试，它既不是考一场，也不是考两场，而是足足要考上四场！

在宋仁宗的宝元年间，朝廷就发布了规定，大宋第二级的省试，依次要考四个科目：策、论、赋、帖经和墨义。苏辙在哥哥的墓志铭里，只提了苏轼的"论"因欧阳修考了第二名，"墨义"考了第一名，但是唯独对"策"和"赋"这两个科目的成绩避而不谈。

再联想一下，省考一共就四门科目，苏轼在一门第一、一门第二的前提下，四门综合计分，最终名次居然只拿了个中游偏下，再想到苏辙对他哥另外两科的成绩讳莫如深，那么真相就只有一个：苏轼的策和赋，挂了。

这不是我的猜测，因为在宋代史料笔记《石林燕语》中就有蛛丝马迹，与苏辙在墓志铭中所写的故事大相径庭。

当时，苏轼前两门已经考完，正在考第三门。其中，第二门的《刑赏忠厚之至论》被梅尧臣看到了。他对苏轼文中编造的典故拿捏不准，就犯了难，不知如何给分，不得已上呈给主考官，请欧阳修亲自定夺。

欧阳修看了这篇文章后，大呼过瘾，他这时就知道这篇论文是苏轼作的，毕竟当初张方平曾写信给他推荐过苏家父子，如今看到这篇雄文，更是对苏轼这个年轻人生出了欣赏之意。

正在这时，第三门的诗赋考试结束，欧阳修就想再去看看苏轼的诗赋卷子，结果却发现"已为他考官所落"。是的，咱们后来写下《赤壁赋》的苏轼居然在诗赋考试中来了个不及格，挂科了。

这让欧阳修蹙起了眉头，苏轼第一门的策成绩不详，但咱们推知应该不高，第三门的赋又被阅卷老师给黜落了，要按照这个路数发展下去，苏轼这一年的考试肯定过不了。

于是，起了爱才之心的欧阳修，不忍苏轼落榜，就给他的第二门论的成绩排在了第二名。苏轼也没有辜负欧阳修的期望，在第四门的墨义考试中，突然人品大爆发，一举夺下了第一名。

在欧阳修的助攻下，苏轼四科成绩相加，总算有惊无险地上岸，成了新科进士。

那么，欧阳修为何如此偏爱苏轼？

这个就涉及文学史上的知识了。

宋初，骈文大行其道，文章讲究辞藻华丽、成双凑对，就是不说人话。欧阳修看不惯这些，就提倡古文，号召大家学习孟子、韩愈等人，要以文载道，好好说话。

苏轼从小喜欢读贾谊、陆贽等人的文章，在父亲苏洵的教导下，文学主张也是偏向古文，这点倒是与欧阳修的文学观点不谋而合。于是，当欧阳修看到苏轼的那篇论文后，就跟见了知己一样，也难怪会爱不释手了。

还有一点，就是欧阳修曾说过："自科场用赋取人，进士不复留意于诗，故绝无可称者。"由此可见，欧阳修这人对赋其实不重视，所以在得知苏轼的赋挂了以后，他并没有在意，而是通过提高其论文成绩的方式，帮苏轼及格了一把。

这才是苏轼当年科考的真相。

从来不是欧阳修把苏轼的论文错认成了曾巩的，给他降为第二，而是欧阳修爱才，知道苏轼一连两门成绩不理想，于是故意把他的第二门成绩抬到了第二，这才给了苏轼能通过省试的机会。

可以说，当年得亏是欧阳修当主考官，要换成其他人，苏轼大概率就会沦落到名落孙山后在街上大吵大闹的那一批人里了。

而这份恩情，苏轼自己心知肚明，故而直到多年以后，他还在诗中缅怀这个曾经对自己有过提携之恩的老人家：

> 醉翁遣我从子游，翁如退之蹈轲丘。
>
> 尚欲放子出一头，酒醒梦断四十秋。

母丧

嘉祐二年（1057）五月，苏家父子收到了来自眉山的家信。

苏轼、苏辙的母亲程老夫人因积劳成疾，在一个月前不幸病逝。

刚听到这个令人猝不及防的消息时，苏轼根本无法接受。他想起母亲的音容笑貌，忽然悲从中来。那天的他，没了之前扬名京城的意气风发，失落得像个找不到家的孩子。

他们父子三人仓皇离京，匆匆赶回了眉山老家。

程老夫人一生要强，但她的丈夫却一生未能得志。如今，两个儿子双双高中进士，本以为总算能好好地扬眉吐气，可没想到她还没来得及听到这一喜讯，便带着望眼欲穿的遗憾撒手人寰了。

苏轼遥想着母亲平日里安和的面容，心中一阵揪痛。

在那一刻，母亲对他的好，他全想起来了。

在他还很小的时候，母亲曾把他抱在膝头，为他讲《后汉书》中关于范滂的故事。那是东汉末年，皇帝昏庸，宦官篡政，士大夫们被下狱禁锢，历史上称之为"党锢之祸"。

当时，汝南征羌县有个名士叫范滂，也是范仲淹的先祖。他曾上书抨击宦官，因而遭到嫉恨。宦官们策划，要把范滂下狱论死。负责下发逮捕文书的督邮知道范滂为人，不愿将文书交给县衙，可范滂得知此事后，竟选择主动投案。

当地县令见范滂投案自首，感动不已，道："天下之大，您何必前来送死？君若不弃，我愿追随于您，咱们一起逃亡天涯！"可范滂不愿连累旁人，就拒绝了这个提议，只是希望在捉拿他之前，允许他先拜别自己的母亲。

范滂回家向母亲辞行，跪下请罪，说自己不孝，无法再侍奉她了。

范母是位深明大义的女性，她抹着眼泪，鼓励儿子道："你现在做的事，可以和李膺、杜密这样的大人物比肩，我为有你这样的儿子而感到骄傲！"

范滂拜别母亲，慷慨赴死，年仅三十三岁。

彼时还年幼的苏轼听了这个故事，就问母亲："我长大后要是做范滂这样的人，您会许我吗？"

母亲听了，很是爱怜地捏了捏他的小脸蛋，回答道："你都能做范滂了，难道我就不能做范母吗？"

所以说，苏轼是幸运的。

他的母亲从小就用这些故事教育他，一个人，可以懂谋略，可以有手腕，但绝不能为达目的不择手段，更不能为了崇高的理想而去连累他人，不论何时何地，都不该去做损人利己的事。

这些记忆中懵懂的片段逆光而来，苏轼仿佛再次看见了母亲温柔的面庞。他想对母亲说些什么，却凑不出一个完整的音节，多少未曾出口的话语，就这样哽咽了喉咙。

此后就算他真的成了范滂那样的人，也再没有母亲会在背后默默地含笑注视着他了。

苏轼仰头，闭眼，有泪落地，无声无息。

国器

中国自古以孝治天下，按照规定，父母去世，子女需要居家守孝二十七个月，在这期间，不得为官，也不得嫁娶，待守丧期满，方能恢复往日的正常生活。

嘉祐四年（1059）十月，苏家兄弟守孝期满，苏洵决定举家搬离眉山，在京城落户定居。

与第一次出川只有父子三人不同，这次苏洵不但带上了两个儿子，还有苏轼的妻子王氏[1]、苏辙的妻子史氏，苏轼刚出生不久的长子苏迈，以及苏轼、苏辙两兄弟的乳母。

这次他们走的是当年李白出蜀的故道，朝三峡而暮江陵，一路上父子三人写诗唱和，留下无数精美的诗篇，编在了《南行前集》里。

嘉祐五年（1060）二月，苏氏一家人总算抵达京师汴梁。

到了京城，两兄弟的妻子才知道丈夫如今在朝廷是何等的风光。自苏轼考中进士后，他的座师就成了欧阳修，在欧阳修的揄扬下，苏轼结识了韩琦、富弼等朝中大臣。韩、富等人对苏洵不算太器重，对苏轼这个小伙子却是倾盖论交，把他当成国士来培养。

想当年，苏轼尚幼，启蒙老师张易简就告诉他，韩琦、范仲淹、富弼和欧阳修都是当世人杰，不想他如今却是见了三位，唯有范仲淹在皇祐四年（1052）已然逝世，众人都无不扼腕对他说："恨你不能一识范文正公。"倘若范仲淹还在世，见了如此优秀的年轻人，想必也是老怀大慰、心生欢喜吧。

苏家兄弟到了京城，朝廷就该依照进士名次来为他们授官了。

苏轼得到的是福昌县主簿，他弟弟苏辙得到的是渑池县主簿，

---

1 苏轼之妻闺名王弗，于至和元年（1054）嫁与苏轼，他们二人的故事详见番外二。

都是九品芝麻官，以他们兄弟二人的心志，自然不甘就任，皆辞官不受，要继续参加进阶的科考。

在当时，除了常科，朝廷还设有制科，专门用来选拔非常人才。当年张方平建议苏洵带二子来京师，为的就是让他们参加制科。

制科，光是参加条件就让许多人望而却步。一来是参加制科者必须是进士，二来是参加制科需要有一位德高望重的大臣当推荐人，只有两大条件齐备，方有资格报名参试。

幸好，这两个条件，苏轼、苏辙兄弟都可以满足。他们本就是嘉祐二年（1057）龙虎榜上的风云考生，苏轼有恩师欧阳修当荐主，苏辙也有杨畋愿意为之保举。于是，他们决定在一年之后一起参与制科考试。

其间还有个小插曲，是在临近考试时，苏辙突然病倒，恐赶不上考试之期，韩琦为了国家不错失人才，就向宋仁宗建议，将考试的时间推迟了二十天。

到了嘉祐六年（1061）八月，制科考试开始。

制科，一般都是考策论，就是考查考生们对时局的看法。

按理来说，这是个直抒己见的好机会，可难就难在这个尺度难以把握。如果不留情面地公开批评，会遭到当权者的嫉恨，甚至会被人说成是沽名钓誉；可若是一味地曲意逢迎、粉饰虚张，当权者倒是不记恨了，但在天下读书人眼里你的名声可就臭了，大家会说你是个巧言令色的小人。

所以，在苏轼走上考场时，欧阳修心底各种打鼓。他可是知道的，自己这位弟子嘴上没个把门的，一旦下笔就无所顾忌、不留余地，多难听的话都敢写，但愿他这次可别触怒了官家才好。

相比之下，苏辙的荐主杨畋倒是大为放心。苏辙给人的印象一直都是谦虚谨慎、进退有度，这次制举想来他应是心中有谱的。

待考生交卷，欧阳修几乎是提着嗓子眼在打量考官们的脸色，生怕那小子在文中大放厥词，犯了天子的忌讳。

但欧阳修多虑了。在苏轼的策文中，他写的是国家如今还是歌舞升平，但大臣们苟且岁月、因循旧事，皇帝又不知如何驾驭群臣，这样下去国家迟早要出问题的。不过，幸好国家只是有可忧之势，却无可忧之形，只要君臣一心，幡然悔悟，还是可以及时悬崖勒马的。

不得不说，苏轼的这篇文章倒是学乖了，没有如以前那样打脸揭短让人难堪，而是褒贬适度，既指出了当前国家存在的现实问题，又给足了皇帝面子，自然皆大欢喜，考官们一致给了他一个第三等。

可别小瞧了这个第三等，自从北宋有制科考试以来，就没人得过第一、二等。就连这个第三等，在苏轼以前也只有一个叫吴育的人得到过，苏轼是获此荣誉的第二人。

可让人万万没想到的是，平日里以稳重著称的苏辙却翻车了。

他说古之圣人是无事不虑，一旦有事就临危不惧，可当今陛下却恰恰相反，平日里无忧无虑，一旦有事就惊慌失措，一天到晚就知道躲在宫中不知道在干些什么，也从不见对国家方略有何询问，要是长此以往，国将不国，江山危矣。

这篇策论引起了轩然大波，各路考官吵得面红耳赤。司马光认为苏辙这是忧国忧民，应当与苏轼一样，列入第三等。胡宿认为此卷出言不逊，应当黜落。范镇则比较中庸，主张以第四等的成绩录取。

最后这事闹到了御前，宋仁宗亲自阅览，见苏辙指责自己，他倒没有生气，而是大度地下谕道："此卷其言切直，不可弃也。"

于是，苏辙降了一等，以第四等的成绩顺利过关。

宋仁宗当晚回宫，面带笑意。

曹皇后就问他："官家今天这是遇到什么喜事了吗？"

宋仁宗伸出两根手指，笑道："朕今天为子孙找到了两个宰相。"

偶像

苏轼、苏辙兄弟在制举考试中大显神通，按照规定，朝廷可以给他们重新授予比较高阶的官职了。

这次，苏轼领的是大理寺评事衔，签书凤翔府判官；苏辙领的是秘书省校书郎，充任商州推官。

凤翔和商州都在关中，按理来说，兄弟二人本可同行，但苏辙的任命却遭到了王安石的阻挠。

王安石看了苏家兄弟的卷子，说这两个人是纵横家之流，还放言："如果我是考官，绝不录取他。"这话其实并非妄言，苏轼在会考中虚构典故，苏辙在兄长的墓志铭中编造故事，可以看出苏氏兄弟的笔下确实不够老实。

当时王安石担任负责起草诏令的知制诰，认定苏辙是西汉谷永一类的人物，就知道专攻人主、讪君卖直，所以拒不为他下发委任状。

苏轼只好独自启程，赶赴凤翔。

嘉祐六年（1061）十一月，苏辙相送苏轼赴任，一直从开封送到了郑州，在兄嫂的劝说下，这才依依不舍地掉转马头。

苏家兄弟自小形影不离，这是他们的第一次分别，自然是流连忘返，难舍难分。从此以后，他们兄弟二人再难携手并进，而是要各自学会孤身前行了。

看着兄长渐行渐远的背影，苏辙的心里一下就空落落的，而此刻的他似乎还没有意识到问题的严重性，那就是在未来的仕途中，他不是在捞他哥，就是在捞他哥的路上……

嘉祐六年十二月，苏轼携妻儿进入关中地界，发现这里不比京城汴梁，到处都是破败萧条。宋朝定都开封，政治中心在中原而非关中，所以凤翔在汉唐虽是扼守长安的西大门，到了北宋却成了鸟不拉屎的边陲之地。

当时的北宋有两大敌人：辽国，西夏。

辽国是契丹人建立的国家，早在五代时，就占据了燕云十六州[1]，是一个真正的北方霸主。宋太祖赵匡胤立国以后，连续三代宋朝君主与辽国交战，可都是败多胜少。后来在宋真宗时期，宋辽双方签订"澶渊之盟"，两国这才真正走向了和平共存之路。

如今，宋朝真正的大敌，是西夏。

西夏是党项人建立的政权，在宋仁宗明道年间，党项首领李元昊与宋朝决裂，宣布独立，建国"大夏"，宋夏战争自此打响。

李元昊连年入寇陕甘，打得宋军毫无还手之力，就连韩琦出马，都在好水川之战中吃了一记惨败，还是范仲淹以堡垒战术应对，这才力挽狂澜，遏制住了西夏的进攻气焰。

庆历四年（1044），在西北战场上屡次战败的宋朝选择议和，引发了范仲淹、韩琦、欧阳修等人旨在富国强兵的庆历新政。只不过，新政仅持续了一年就宣告夭折，范仲淹被赶出京城，写下千古名篇《岳阳楼记》，就连为他求情的欧阳修都被贬到滁州当醉翁去了。

这些国家往事，苏轼自然是知道的，眼前的凤翔府并非繁华之地，且虽说宋夏双方签订了合约，可边境还是难防有西夏人越界抢劫，可以说，让一个擅长写文章的大才子来这里当官，本身就是一件十分凶险的事情。

可苏轼对此求之不得，他是文人，更是个血气方刚的男子汉。他从小就崇敬的范文正公曾在这里和敌人周旋，而如今刚刚步入仕

1 所谓"燕云十六州"，指的是今北京、天津、河北、山西部分地区，是华北平原的门户，具有极其重要的战略价值。在五代十国时，后晋皇帝石敬瑭将其割让给了契丹，后周世宗柴荣曾北伐收复了燕云十六州中的瀛、莫二州，即"关南十县"。后来宋朝通过澶渊之盟，要求辽朝承认宋朝对二州的所有权，故而宋人常讲的"收复燕云十六州"只是个习惯性的说法，较真的话，"收复燕云十四州"才是准确的。

途的他，就被分派到这里来为官，这难道不是命运的安排，要让他追随自己偶像的脚步吗？

西陲风沙起时，苏轼隐约看到前方有一个伟岸的身影，面容坚毅漠然，眼神坚定果断。那是年轻时的范文正公，他正与千万叫嚣厮杀的西夏铁骑对峙，不论敌方的刀光如何凛冽，他都眼神坚定、八风不动。

忽然，那个身影缓缓回首，对即将到来的苏轼露出和蔼的笑容，好像是在说："孩子，我等你很久了。"

初入仕途

凤翔

以往提到苏轼，总会有人补充一句："这个人只有文学才能，但没有政治才能。"

我不禁想问一句：这些人口中的政治才能，具体指什么呢？是处理常务的能力，还是溜须拍马的能力，抑或是治国理政的能力？

如果说是在官场上左右逢源、面面俱到，那苏轼确实没这本事，他那一开口就得罪人的天赋，让许多执政大臣都记忆犹新。但不可否认的是，苏轼同时又是个讨人喜欢的后生，如韩琦、富弼、欧阳修等前辈，一见苏轼就心生好感，争先恐后地要提拔苏轼，这样的人格魅力，难道不比凭借阿谀奉承上位来得更加光明正大吗？

如果指的是处理政务的能力，那么，苏轼确实无法达到主宰一个国家的水平。宋仁宗说苏轼能当宰相，这是过誉，就算真让他当上了宰相，也最多就是一个太平宰相罢了，装点门面可以，但撑不起政局大势。

可是，以苏轼之才，虽然比之中枢宰辅远远不如，可当一个地方长官却又是绰绰有余了。

嘉祐六年（1061）的年末，苏轼赶到了凤翔，受到了他的上司、时任凤翔太守宋选的接见。

宋选是个与人为善的领导，对苏轼的各项工作都十分配合，在他的支持下，苏轼仕途的第一站很是顺风顺水，办了好几件漂漂亮亮的大事。

譬如，他解决了当地"衙前之役"的弊端。

在当时，凤翔每年都要向京城运送终南山的竹木，而这些押送的民夫，都由当地老百姓无偿服役。老百姓押送这些竹木，经由渭河入黄河，再抵达京城。

可是，在三门峡这一段，往往水流湍急，容易翻船，一个不留神，就是人货俱毁的下场。最可气的是，民夫都死了，他的家属还得向官府赔偿损失的竹木，时间一长，就成了当地的一大弊政。

苏轼决心革除这个弊政。

他询问了当地的一些老公差，才知道这不是天灾，而是人祸。本来，衙前之役未必能为害如此之深，只是官府的一些人为了牟利，就故意让民夫在河水暴涨之期押送竹木，这就酿造了数不清的惨剧。

在得知这一内幕后，苏轼就建议宋选重新修订衙规，要求衙前民夫可以自由选择走货的时间，如此一来，衙前之害顿减一半。

除此之外，他还针对凤翔当地的官榷制度上书韩琦，希望可以放宽管制，藏富于民，让市场经济代替国营官卖，盘活自李元昊崛起以来，关中地区凋敝的民生经济。

他还主张免除积欠，对于那些因蒙冤受屈而被官府囚禁的犯人，他一一核实状况，没有罪的就放出来，如此便消除了很多冤假错案，缓解了官府和百姓之间的矛盾。

在凤翔闹旱灾时，苏轼更是跑到太白山上虔诚祈祷，竟真的求来了瓢泼大雨，为此苏轼还专门写了篇《喜雨亭记》，记载了这次求雨事件的始末。

他就这样，在凤翔把胆怯变成了勇敢，把犹豫变成了执着，不再是那个有点畏缩的少年，就连百姓们都亲切地称呼他为"苏贤良"。

只不过，这看似还算平静欢喜的日子，将会因为一个人的到来而被彻底打破。

陈希亮

嘉祐八年（1063），对苏轼宽容宠信的老上司宋选离任了，新任的凤翔太守换成了陈希亮。

陈希亮，字公弼，四川青神县人，说来还是苏轼妻子王弗的同乡，而青神与眉山恰好毗邻，苏轼在陈希亮手下做事应当是比较舒服的。

才怪。

事实上，与前任太守宋选的礼贤下士、笑脸迎人不同，这位新任太守陈希亮走的是高冷范儿。据说，在京城士大夫请客吃饭都不带他的，因为大伙儿知道，这人吹毛求疵、不解风情，一旦席间请了他，看到他的那张冰块脸，就什么诗酒雅兴都没了。

苏轼是个生性散漫、无拘无束的人，摊上了这么一个古怪刻薄的领导，只能是水火不容，要生出事端来。

比如，陈希亮刚一到，就给了他一个下马威。

当时，因为他几番为民请命，官府的衙役都亲切地管他叫"苏贤良"，以往的宋选对此都是乐见其成的。可换成陈希亮，在得知此事后，就发起怒来，不但将这么叫的衙役拖下去打了二十记板子，还撂下一句："府判官就是府判官，有什么贤良不贤良的！"

自这时起，苏轼就开始和陈希亮不对付了。

他记得以往宋选在的时候，自己不论做什么，宋选都是赞许有加，全力支持，这个判官当得那叫一个顺心得意。可如今陈希亮来了，就开始对他的日常工作指手画脚，鸡蛋里面挑骨头。

他拟的公文，被陈希亮挑剔。他提的建议，被陈希亮驳回。这一来一回，他有了气，在中元节那天，故意不去知府厅拜会，陈希亮抓住这一点上书朝廷，说他有失礼仪，结果导致他被罚了八斤铜。

苏轼自出道以来，不论是庙堂宰辅，还是江湖名宿，哪个不是把他捧在手心里宠着，何曾受过今天这般委屈？

他在心里记恨上了陈希亮。

后来有一次，陈希亮在自己官衙后院修建了一座精美的亭台，他非常满意，就为之命名"凌虚台"。但是，台子修好了，还缺一篇碑记。按说，陈希亮自己就是天圣年间的进士，写篇碑记不在话下，可不知怎的，他却指名道姓，让一向与他不对付的苏轼来写。

苏轼本就看陈希亮不顺眼，如今得了这个差事，就存心想给陈希亮难堪。他遵了太守之命，挥毫写下一篇《凌虚台记》，可内容却是含沙射影，嘲弄暗生。

他说凌虚台的四周，有当年秦穆公修的祈年殿和橐泉宫，有汉武帝修的长杨宫和五柞宫，还有隋文帝的仁寿宫和唐太宗的九成宫，个个都是恢宏大气、美轮美奂，可如今还不是连影子都找不到了，更别提面前这区区的凌虚台了。

这话饱含讽刺之意，可陈希亮听了，不但没生气，还命人将这篇文章刻在了石碑上，只字未改。

从这一刻起，苏轼对陈希亮的印象慢慢改观。

其实，如果我们很讨厌一个人，不论对方做什么，我们都会下意识地从不好的方向上去解读，然后越发讨厌。可当我们放下成见，真正地试图理解对方时，兴许就会发现对方不为人知的可爱一面。

苏轼对陈希亮的态度转变，就始于此。

在后来的时间里，他陆陆续续听说了一些关于陈希亮的传闻。

有人说，陈希亮自幼父母双亡，被哥哥一手带大，可哥哥长大后误入歧途，去放高利贷，还让他去收账。他亲眼看到百姓为了还贷家破人亡、妻离子散，就动了恻隐之心，将借贷的人都通通找来，将他们的借据当众烧毁。

有人说，陈希亮在长沙做知县时，逮捕过一个为非作歹的僧人。这僧人后台强硬，在长沙横行无忌，无人敢惹，之前好几任县官都不敢得罪，可陈希亮来了，硬是顶着各方的施压，将此恶僧绳之以法。

还有人说，陈希亮为人刚正不阿、不徇私情，每到一任，就会拆毁那些伤风败俗的祠堂，要求那些装神弄鬼的巫师改邪归正，多有后台的地头蛇他都敢问罪，那些土豪劣绅对此人是又恨又怕。

当这些传闻零零碎碎地传入耳中时，苏轼心中一阵惘然。他知道那是人前所看不见的陈希亮，原来对方一直都站在无人企及的高处，所以注定无人理解。

多年后，陈希亮去世，苏轼看到讣告后怅然若失，平素不为他人写行状的他，这次却为陈希亮破了例，写就了一篇长达三千字的《陈公弼传》，其中便有这样一段话：

方是时，年少气盛，愚不更事，屡与公争议，至形于言色，己而悔之。

可以说，到了最后，这对总是拧着脾气的一老一少，终是走向了圆满的和解。

其实，苏轼所不知道的是，陈希亮从一开始就对他没有恶意，甚至还很喜欢他，每当看到他没有心机地嚣张着，飞扬跋扈地单纯着，整天为了和自己赌气而气鼓鼓的，陈希亮都会不由暗自发笑，可表面还是会装得硬邦邦的。

陈希亮家与眉山苏家是世交，真论起辈分，他比苏洵还高一辈，所以他在后来的自述中也坦白了当年的心思：

> 吾视苏明允（苏洵字明允）犹子也，某犹孙子也。平日故不以辞色假之者，以其年少暴得大名，惧夫满而不胜也，乃不吾乐邪！

苏轼年纪轻轻就身负盛名，多少豪门名宿、王公贵族对他视若上宾，倒屣相迎。可在陈希亮看来，年轻人太过一帆风顺不好，容易飘，今后在官场上是要吃大亏的。

所以，他才不介意当一把这个"恶人"，出手敲打苏轼一番，让这个孩子早早地体会到人世的险恶与挫折。只有这样，将来在那波诡云谲的朝局里，他才能少受点伤。

苏轼的前半生，有时候真的很令人羡慕。自打进入汴京后，苏轼遇到的都是对他好的人，不论是欧阳修、韩琦还是富弼，他们都把苏轼当作自家子侄一样对待，包围在他身边的都是满满的善意。

如今，好不容易遇到了第一个讨厌他的"坏人"，可当最后真相揭开时，却依旧是隐晦到骨子里的爱。

韩琦

嘉祐八年（1063）三月十九日，宋仁宗赵祯驾崩，享年五十四岁。

宋仁宗这位皇帝，评价一向两极分化。追捧他的，恨不得说他是百年难遇的明君圣主；贬低他的，认为北宋的流弊，始自仁宗之世。

在我看来，宋仁宗是个比较庸弱的君主，但好在他有自知之明，敢于放权给有能力的大臣，让他们替自己打理国家，而他本人又有大度量，可以容纳人才，培养士风，故而在他统治期间，北宋虽然一度风雨飘摇，但好在是有惊无险地渡过了难关，给赵家子孙留下了一个相对承平的大好河山。

唯一留有遗憾的是，宋仁宗没有儿子，所以在他驾崩后，韩琦等人就拥立了他的养子赵曙为帝，是为宋英宗，在次年改元"治平"。

这一年的苏轼，还在凤翔和陈希亮较劲儿。

那段时间，他经常会给远在京城的家人写信，诉说起自己的思念之情。他的弟弟苏辙本来授予商州推官，但被王安石压了小半年，这事就算是黄了，于是苏辙干脆不赴任，留在汴京侍奉父亲苏洵。

不过，苏轼虽然没能到商州得见弟弟，却等来了另一位后来与他相爱相杀的人：章惇。

章惇，字子厚，建宁浦城（今福建浦城）人，时任商州县令。他和苏轼都是嘉祐二年的进士，可严格来讲两人却算不得同年生。

因为嘉祐二年那场龙虎榜的状元叫章衡，是章惇的族侄。作为叔叔的章惇，虽然年龄比侄子章衡还小个十岁，但他性格争强好胜，不甘名次屈居侄子之下，竟在放榜之后，拒不受敕，选择了回家复读，并在两年后大显神威，先是在府试中夺得解元，又在殿试中拿下了一甲第五名的好成绩。

苏轼和章惇一起出任永兴军的考官。他们两个都是才华横溢的年轻人，数十上百年才出一个的人中龙凤，结交为友就成了应有之义。

治平元年（1064）正月，二人共同游历南山诸寺。据当地人说，寺庙夜晚有山鬼作祟，客人都不敢在此地留宿，可章惇不管三七二十一，拉上苏轼就大刺刺地住了进去。一到晚上，哪有什么山鬼？就算是有，见了章惇这种狠人，它也得乖乖地卧着。

经过一段时间的相处，苏轼能感受到章惇是真的杀伐果断、有胆有识，但在内心深处，总会对他身上那若隐若现的戾气感到犯怵。而此时的苏轼并没有料到，总有一天，章惇的这股子戾气将会冲着自己而来[1]。

治平二年（1065），苏轼签判凤翔的三年之期已满，按当时的规定，他该回京述职了。

听闻大苏[2]回京，宋英宗喜不自胜，他早在做太子时，就听说过苏轼的名头，如今听闻苏轼还朝，迫不及待地就想让他进入翰林院，担任起草诏令的知制诰。

可却遭到了当朝宰相韩琦的反对。

韩琦说："苏轼确实才器远大，可他毕竟年轻，若骤然提拔高位，容易招惹非议，到时人心不服，对苏轼本人也不见得是好事。"

这一番话把宋英宗讲蒙了，但细细想来好像还真是言之有理，就试探性地问："那让苏轼去编修起居注？"

韩琦又拒绝，还说："修起居注和知制诰一样，不可仓促授予。不如给他一个能接近天子的馆阁之职，但前提是要通过考试。"

宋英宗不高兴了。

他觉得，如果不知此人是否有真才实学，才需要用考试来鉴别，可苏轼的才华天下皆知，还用考哪门子的试？

但韩琦还是坚持己见，认为只有通过考试，才能让天下人信服。

宋英宗无奈，这位定策老臣他也惹不起，只能听从韩琦的建议，对苏轼进行了又一轮的考试。

这个难不倒苏轼。他别的不敢说，考试那是一考一个准，于是轻而易举地通过了学士院的考试，再次名列第三等，授职直史馆。

那么，现在问题就来了：韩琦的葫芦里到底卖的什么药？

---

1 苏轼与章惇的故事，详见番外四。
2 时人称苏洵为老苏，苏轼为大苏，苏辙为小苏。

按韩琦自己的话说，他是想雕琢苏轼这块璞玉。可若真是如此，让苏轼进入翰林院，给他压压担子，锻炼经验，这不是更好的打磨方式吗？或者就让他去修起居注，以此来增添他的资历和名望，为将来登堂拜相打下政治基础，这难道不是更好的选择吗？

可韩琦却把苏轼安排在了直史馆，让他去做校对藏书、舞文弄墨的这种闲差，这看似是爱护苏轼，实际上却是把他给雪藏了。

他不是很欣赏苏轼吗？又为何不对苏轼破格任用？

这就要从韩琦本人说起了。

韩琦这个人，如果真要给他一个评价，我觉得他应该是个精致的利己主义者。

他早年敏锐嗅到皇帝对宰执不满，于是率先弹劾宰相不作为，最后"片纸落去四宰执"，四位朝廷重臣被他一个才三十出头的谏官捅翻了。后来他开垦荒地、抵御西夏、惩治贪污、均定赋税、两次定策等等，无一不体现了他过人的情商和审时度势的能力。但是，几乎每一件事，他都是在"不影响自身利益"的前提下，才会真正地放手施为。

换句话说，如果一旦影响到了他的利益，不论是曹太后、富弼抑或是王安石，他都可以立刻翻脸捅你一刀，然后再一脸笑嘻嘻地说抱歉，一边抱歉还一边给你转刀头。

所以韩琦对苏轼的感情，就是我欣赏你归欣赏你，但你和我政见不合，那么我打死都不可能任用你。

不错，韩琦和苏轼政见不合。

早在三苏进京时，苏洵就干谒过韩琦，提出要扭转官场积弊，应动用雷霆手段，杀上他几个贪官污吏，这风气就正了。这一番话讲得韩琦心中很不快，作为一个精致的利己主义者，他要的是以和为贵，杀人这样得罪人的执政方式，可不符合他一贯的人生准则。

后来韩琦对苏轼、苏辙两兄弟也很欣赏，考制科时，苏辙生病，韩琦还建议宋仁宗延后了考期，面对两兄弟在策论里全无顾忌地抨击时政，作为宰相的他都可以含笑默许，不以为意。

可那是因为，彼时的苏轼、苏辙都还只是初出茅庐的小伙子，尚不会对自己造成实质的影响。直到苏轼到了凤翔后，给他连上了两篇策文，一篇是《上韩魏公论场务书》，另一篇是《思治论》，详细地剖析了嘉祐年间的政治弊端，以及相对应的整改措施。韩琦一样都没通过，全部否了。

后来有一次，因为西夏入侵，韩琦决定在陕西的民户中三丁抽一，组成十四万义勇兵，用来拱卫西北边疆。苏轼作为判官，就在韩琦的命令下巡回各县抓壮丁，一时之间是百姓愁怨，哭声震野。自那时起，苏轼就对韩琦的执政方式心存不满了。

在当时的韩琦看来，一旦真的让苏轼担当了知制诰，以苏轼那锋芒毕露的性子，肯定是要和他唱对台戏的。既然如此，倒不如把他打发到直史馆供着，这样既不会影响到自己奖掖人才的好名声，还能不动声色地消灭一个潜在政敌，如此一举两得，岂不美哉？

但韩琦不知道的是，他其实完全没必要玩弄这番心思，因为在不久之后，一个突发事件就会让苏轼打道回府。

苏洵

治平年间，苏轼最大的遗憾是失去了两个最重要的人，并要在余生带着这一遗憾继续走下去。

先是治平二年（1065）五月二十八日，与他相濡以沫的发妻王弗病逝。再是治平三年（1066）四月二十五日，他的父亲苏洵抱憾离世。

短短的一年之内，苏轼先失去了挚爱，又失去了至亲，他痛苦，就像是心里有什么堵得人难受，想哭又哭不出，唯有哽咽。

关于苏轼和王弗的故事我们番外再讲，这里只谈谈苏轼之父，唐宋八大家之一的苏洵老先生。

苏洵，字明允，号老泉。他从小是个任侠尚气的主，整日游手好闲，打架闹事，到了二十五岁才幡然醒悟，发奋读书。

可是，不知为何，苏洵虽能写一手好文章，考试却总落榜。后来他的长子苏景先早夭，这给了苏洵不小的打击，从此不再留恋考场，转而把精力用来培育苏轼、苏辙两个儿子。

时间一长，苏洵在蜀地小有名气，虽无官职傍身，可也称得上是个文化名流。故而有很多地方官员与他倾心相交，除了我们知道的张方平，还有雅州（今四川雅安）太守雷简夫，他就认为苏洵有王佐之才，还声称其"用之则为帝王师，不用则幽谷一叟耳"，多次向朝廷举荐。

后来，在张方平的提议下，苏洵带着两个成年的儿子闯荡京师，或许时光就在这一刻交错成了十字线，把三苏的命运铺陈开来，谁都不能预见未来，更不知道苏洵的未来会在哪里。

在两个儿子安心备考时，苏洵捧着张方平的推荐信，去见了当时的文坛宗主欧阳修。欧阳修当初读过苏洵的文章，认为其文风博辩宏伟，很想一睹苏洵本人的风采。可见了后，却发现这人说话温温吞吞的，半天都憋不出个屁来，是闷油瓶一个。

我想，这似乎是我们文字工作者的通病，虽在笔下能雄辩千言，可到了现实中大多都是社恐，连苏洵也难以例外。

不过幸亏欧阳修是个有耐心的人，在和苏洵相处日久之后，发现这人还是有几分可爱的，是个纯明笃实的君子。

欧阳修把苏洵推荐给了韩琦、富弼等人，但苏洵显然是个没情商的，三两下操作，就把自己的好感度给败光了。

他干谒韩琦，提议他对军队不要过分宽容，最好杀人立威，这才能形成威慑。他还建议富弼，希望他用人要不拘一格，不要因别人犯了点小错就揪着不放，要宽容大度一些。

我不明白苏洵他是怎么想的，这潜台词不就是暗指韩琦对军队纵容，富弼用人任性吗？果然，两位宰执听了这话脸都黑了，富弼更是毫不客气地吐槽："此君专劝人杀戮立威，岂得直如此要官做？"

嘉祐二年（1057）那场考试，苏洵没有参加，但他的两个儿子双双考中进士，轻而易举就达成了他曾经梦寐以求的成就。

有人问苏洵是何心情，苏洵很是五味杂陈地说：

莫道登科易，老夫如登天。
莫道登科难，小儿如拾芥。

他想起小时候背着那两兄弟，像是承载着自己生命的全部，可终有一天，他老了，背不动他们了，他们要自己飞了。

在不久之后，这兄弟俩又一次争气，双双过了制科，老父苏洵那叫一个扬眉吐气。他这一生的高光时刻都是自这次进京后开始的，从平静如水到波澜壮阔只不过是瞬间而已，却又在不知不觉中浑浑噩噩地过了三年。

嘉祐五年（1060），苏洵定居京城，这时他自认年事已高，再去考试的话，这张老脸都不知道往哪儿搁了，于是索性不再应试。

他把希望寄托在朝廷的特招上。

此刻的他，就像是溺水的人，企图抓到水面的浮木，好像只要浮了上来，就可以不用去想水底下令他难堪的现实。

那就是，其实没有人真正在乎他，那些宰执名宿对他所露出的笑脸，完全是看在他两个儿子的面上罢了。大宋的官场是很大的，大到都可以冗官的程度，却没有一个角落是属于他的。

嘉祐六年（1061），禁不住苏洵的多次请托，韩琦给了他一个霸州文安县主簿的官名，但不用赴任，只是挂个名，可以领取一份俸禄。

苏洵这才意识到，这就是看在他两个儿子的面上，把他给体面地打发了而已。或许这时的苏洵是真的绝望了，他只能苟延残喘地活着，继续观察这个世界，看看它会变成怎样可笑而又有趣的模样。

治平三年（1066），苏洵在与人合修了一百卷为本朝皇帝立传的《太常因革礼》后，于当年的四月份合目离世，享年五十八岁。

中国人的习惯，向来是苛求生者，厚待死者的。苏洵死后，无数社会名流为他致以哀挽，用曾巩的话说就是"自天子辅臣至闾巷之士，皆闻而哀之"。宋英宗赠给苏洵光禄寺丞，正八品官，将他生前未能得到的荣誉一股脑全给了，还专门命令有关部门提供船只，方便苏轼兄弟护送父亲的遗体还乡入葬，死后待遇比一般的八品官要有排面多了。这一次再无人阻挠，只有一声声的哀婉与叹息。

其实，不论苏洵的结局如何，他的一生依旧盛开过一场值得铭记的绚烂夏花。这是一个多美丽又多遗憾的世界，可是他既然来了，也就不虚此行了。

风满楼

治平三年（1066），苏轼、苏辙兄弟护送苏洵、王弗的灵柩回归故里。

就像之前说的，在古代，父母去世，儿子是要居丧的。而在苏轼兄弟归乡的二十七个月里，远在汴京的庙堂之上，却是山雨欲来。

治平四年（1067），皇位还没坐热乎的宋英宗赵曙病逝了，又是在韩琦的定策下，皇太子赵顼成了皇帝，是为宋神宗，改元"熙宁"。

宋神宗初登皇位那年，只有十九岁，正值血气方刚的年纪。年轻人执政，往往年少轻狂、无惧无畏，这点宋神宗也不例外。

宋朝在国势上不如汉唐，北边有辽国霸着燕云十六州，时刻窥测中原，西北又有西夏自立为王，咄咄逼人，而自诩为中华正朔的赵宋王朝，居然只能以"岁币"这种屈辱的方式来维系与敌国之间的和平，这叫年轻气盛的宋神宗如何能忍？

有次，他接见了范仲淹的表弟滕元发，就恨声说："当年太宗皇帝兵败燕京城下，辽人穷追不舍，太宗仅以身免，大腿上还中了两箭。最终太宗的死因也是因为箭伤复发，像这种不共戴天之仇，作为子孙不去报，还年年给仇人捐献金帛岁币，这应当吗？"

宋神宗是个热爱读史书的人，想起当年汉武帝征讨匈奴，横扫大漠，那是何等的霸道！唐太宗四夷宾服，被尊奉为"天可汗"，那是何等的威风！可作为大宋君主的他，却只能在辽夏的欺压下忍气吞声，真是人比人，气死人。他是那么向往这些汉唐君主的宏图伟业，幻想着有朝一日自己也能吞辽灭夏，与这些古之大帝们比肩。

可手下的大臣们却与他想的不一样。

自宋仁宗以来，朝廷上下因循守旧、粉饰虚张，分明已经三冗两积、弊病丛生，可官员们却不思进取，每日只知在一些鸡毛蒜皮的小事上互相扯皮。今天诬告说狄青家里的狗头上长角了，他要造反，明天又造谣说欧阳修为老不尊，和自己儿媳妇通奸，没羞没臊，反正就没几个肯踏实干正事的。

这让宋神宗恼怒不已，他的志向是如此远大，可他的臣子们每天都在关注些什么!

他开始把目光放在当年推行"庆历新政"的宿臣元老身上。

可是,当年意气风发、推行革新的韩琦、富弼、欧阳修等人,如今早就垂垂老矣、暮气沉沉,没了昔年的锐气,一个个都劝神宗要遵从祖宗家法,慢些行事。富弼更是干脆直言:"愿陛下二十年口不言兵,不要重赏边功,不然真打起来了,还不知是福是祸。"

宋神宗正是风华正茂的年纪,迫切需要一番作为来证明自己,哪里肯听这样的话?再说一说后话,历史上宋神宗总共也就在位十八年,哪来的二十年时间供富弼慢慢消磨?

所以,既然元老们靠不住了,宋神宗只能除旧布新,将这些老家伙统统扫出朝廷,起用真正可以帮他完成改革大业的新人!

宋神宗属意的,有两个人。

一个是王安石,一个是司马光。

在当时,宋朝真正的弊病是三冗两积,三冗指的是"冗兵""冗官""冗费",意思是兵员、官员以及不必要的开支太多了,导致国家财政赤字,进而造成"积贫""积弱"的悲惨现状。

可以说,要想富国强兵,就得先解决掉三冗,即财政问题。

关于如何搞钱,王安石和司马光的态度截然不同。

有一回廷辩,二人在是否赏赐官员的问题上出现了分歧,讨论着讨论着,就歪到了如何解决财政困难上。

王安石的态度是,只要学会理财,即使不用加税,也可以做到国库充盈。但司马光不信,他认为天下的财富就那么多,不在朝廷手中,就在百姓手中,你要增加朝廷的收入,只能是从老百姓手中夺取,所谓的"理财",无非就是变着花样地横征暴敛罢了。

对此,司马光的态度是节约开支、藏富于民,让皇帝慢慢攒,总能攒出钱来的。他还表示朝廷的当务之急"在于择人,不在立法",

只要选贤举能，就可以大治，不需要变更祖宗法度。

作为年富力强的君主，宋神宗还是觉得王安石的观点更对他口味儿。司马光的言论总给人一种"正确的废话"之感，这话他年年听，月月听，耳朵都快生出茧子了，可又有什么用？

你说要慢慢攒钱，可这得攒到什么时候？你说要提拔人才，可我又没开上帝视角，怎么知道谁是人才，谁是奸邪？别的不提，仁宗皇帝为人够节俭了，他还容纳天下贤才呢！可三冗问题就是在他统治期间发酵的，两积更是没有得到任何解决，这又该做何解释呢？

所以，不出意料地，宋神宗排除了司马光，选择了王安石来担当变法的操盘人。

熙宁二年（1069）二月，王安石任参知政事，开始了他轰轰烈烈的熙宁变法。

就在这个月，归乡许久的苏轼、苏辙两兄弟，重新回到了他们阔别已久的汴京城。

熙宁变法

王安石

熙宁二年（1069），苏氏兄弟回京，发现朝中已然变天，韩琦罢相，富弼、欧阳修等前辈退居二线，庙堂之上成了参知政事王安石的天下。

说起来，三苏和王安石，当年还有一段过节。

嘉祐元年（1056），苏洵带着苏轼、苏辙进京，拜会欧阳修；同一时间，欧阳修的弟子曾巩也给老师介绍了一个人，而这个人，就是王安石。

我们在学生时代，都知道语文常识中有唐宋八大家，除了唐代的韩愈、柳宗元二人，宋代的六大家在嘉祐元年的这一年，就像是被冥冥中命运牵引着一般，竟神奇地会聚在了一起。

当时，欧阳修想介绍苏洵和王安石互相认识，对此，王安石倒没什么异议，可苏洵却瞧他一副"囚首丧面"的样儿，很是不喜。在得知他就是那位"拗相公"王安石后，苏洵更是对欧阳修坦言道："我知道这个人，是一个不近人情的家伙，像这种人，将来一定是天下的祸患。"

据说，当天苏洵回到家，就写了那篇致使"苏王交恶"的《辨奸论》。

在这篇《辨奸论》里，苏洵先是说：常言道，天有不测风云，可测人比测天还难。测天的话，起风下雨还有个征兆，可人却是善于伪装的,一个人是忠是奸,你很难测定,很多人往往大奸似忠,世人往往容易被其欺骗。

他先开题写到这里,立刻笔锋一转,就开始明晃晃地搞人身攻击了:

> 今有人,口诵孔、老之言,身履夷、齐之行,收召好名之士、不得志之人,相与造作言语,私立名字,以为颜渊、孟轲复出,而阴贼险狠,与人异趣,是王衍、卢杞合而为一人也,其祸岂可胜言哉?

这段话没有公开点名,可谁都知道他写的是王安石。因为当朝只有王安石屡次被征召都拒绝入朝,且每拒绝一次,名气就越响。在王安石出山之前,人人都称其是"负天下大名三十余年",大宋能否中兴,全系在此人身上,苏洵在文中以此为例,明眼人都知道这是在内涵谁。

> 夫面垢不忘洗,衣垢不忘浣,此人之至情也。今也不然,衣臣虏之衣,食犬彘之食,囚首丧面而谈诗书,此岂其情也哉?凡事之不近人情者,鲜不为大奸慝,竖刁、易牙、开方是也。

这里的"衣臣虏之衣,食犬彘之食",是关于王安石的两件逸事。

"衣臣虏之衣"说的是王安石为人邋遢,往往脸也不洗,衣服也不换,与当时名士们的风流俊逸大相径庭,实在有点影响士大夫阶层的整体形象。

他的朋友们因此邀请他去洗澡，洗完澡后，就把他油腻泛黄的旧袍扔掉，换成了崭新的长袍。可王安石从澡堂出来，提起衣服就穿，一路走回去，愣是没发现自己的衣服给人换过了。

"食犬彘之食"说的是有次宋仁宗宴请大臣，王安石也在受邀之列。宋仁宗与臣子们在内苑钓鱼为乐，可王安石当时正在想事情，就坐在凉亭上发呆，无意识地拾起桌子上的鱼饵就吃了起来，不一会儿，盘子里的鱼饵就被他吃得一粒不剩。

宋仁宗看了，面露不悦，对宰相们说道："王安石是个伪君子，如果误吃一粒鱼饵，还可以说是没注意，可哪有人把一盘鱼饵都吃净的道理？可见王安石就是个想在朕面前作秀出位的小人！"

这两件事在当时盛传，苏洵以此作为比喻，就算没有指名道姓，可谁都知道他就是在说王安石。

苏洵全篇文章洋洋洒洒，明言王安石是王衍、卢杞、竖刁、易牙、开方这样的欺世盗名之辈，让人们要多加警惕。

这篇文章一出，舆论哗然，不过大多数人都不以为然，就连苏轼、苏辙两兄弟都觉得父亲有些言过其实。直到后来王安石主持变法，致使天下沸然、朝纲大乱，人们这才想起苏洵的这篇文章，一时之间怅然万千，纷纷感慨苏老泉先生果真有先见之明。

可能讲到这里，很多人就悟了，难怪王安石处处针对苏轼兄弟，说他们是战国纵横之学，还压住了苏辙的委任状，敢情他们两家是早有嫌隙……

那是不可能的。

其实《辨奸论》究竟是否苏洵所写，目前还有争议，不过主流的学者都认为，这应该是王安石的黑粉假托苏洵之名写出来的赝品。

按著名宋史学家邓广铭先生的考证，这个伪造者就是《邵氏闻见录》的作者邵伯温，这人还做戏做全套，为了圆谎，假借张方平、苏轼之名编造了《文安先生墓表》《谢张太保撰先人墓碣书》等史料来作伪证，可谓是王安石的头号黑粉。

但是，不论《辨奸论》是真是假，苏王两家早年互相看不顺眼，这个倒是无可争议的事实，但里面应当没有私人恩怨，而是学术见解上的分歧，即王安石的新学与三苏的蜀学之间的差异。可别小瞧了学术之争，认为这无伤大雅，事实上后来苏轼与程颐之间不对付，找个空当就要嘲讽，也是源于此等门户之见。

但从《辨奸论》里的描述中，我们还是可以大致还原出王安石的个人形象。

王安石，字介甫，有着古怪桀骜的个性，生性冷漠，不近人情，连自己都可以忽视，那其他人就更不在他的思考范围之内。

这种人是固执乃至于偏执的，一旦他选择要走上改革这条路，那么哪怕前方遍布荆棘，他都会走得义无反顾。所以，在后来的变法之路上，他虽走得步步惊心，但仍是只知抗争而不知顺从，更不懂得什么叫妥协。因为他知道，要完成变法，就不得不弃掉他人的爱慕和身后的美名。

一千多年以来，王安石是中国历史上最饱受争议的人物之一，喜欢他的人爱他多年成了习惯，讨厌他的人恨他多年也有了感情。有时候我都在想，会不会是后人看他的主观色彩太深重了，对这个人，好像能够理解他，又好像无法明白透彻。

如果他只是一个单一的人物就好了，可他偏偏是个复杂的矛盾体。但就是这样的一个矛盾体，他的一生却又是如此分明。他从来都知道自己该做什么，知道自己要走上一条什么样的路，他从未回头，也从未想过回头。

像他这样的人，活着或许就是一种煎熬，既煎熬自己，也煎熬别人。

变法

我们之前说过许多次，北宋的症结在"三冗"。

可为什么北宋会出现"三冗"？这就要说起宋朝的体制，也就是北宋君臣日常念叨的"祖宗家法"了。

宋朝之前的五代十国，是一个真正的大乱世。短短的五十三年里，中原地区换了五个政权，且几乎都是毁在自己人手里，就连宋太祖赵匡胤都是通过军事政变，才夺取了后周江山，建立了大宋王朝。

所以，宋太祖上台后要考虑的第一件事，就是如何保证北宋政权的存活，别让它成为那个第六代。为此，早在立国之初，他就对宋朝的国家体制进行了一番精细的手术，那就是分权。

首先是分文官的权。宋太祖为了避免中央出现权臣，把宰相机构分成了"两府三司"。两府指的是主管行政的中书门下和主管军事的枢密院，三司指的是主管财政的度支、户部、盐铁三大部门。这样一来，政、军、财三权分离，各部门就很难拧成一股绳，任何文官都做不到一人独大了。

其次是分武将的权。宋太祖为了避免禁军统领造反，就把军权分成"枢密三衙"。枢密院负责军事决策，但手上没兵，兵都掌管在三衙的手里。倘若爆发战事，由皇帝钦点一位主帅，从三衙领取兵马，再根据枢密院的战略规划进行作战，等战事结束，兵马各回三衙，主帅本人去枢密院交差。由此一来，军事决策、日常管理、外出作战被分开，再无一人可以独握军权，图谋造反。

最后是瓦解地方军队的力量。宋太祖为了预防地方叛乱，把天下精兵都收到中央，号称"禁军"，地方上只留下少量维持治安的老弱病残，即"厢军"。同时在地方管理上，他以文臣取代武将，并要求地方除了留下必要的开支用度，其他财税通通上交汴京，只要各州县没了钱，还能造个什么反？

可以说，正是宋太祖这套"食不厌精，脍不厌细"的分权操作，实现了宋代政治体制的内散，保障了君主集权的加强，避免宋朝步五代十国的后尘，成功延绵了三百余年的寿命。

可是，这套看似完美的"祖宗家法"，时间一长还是显出了弊端。

第一是在政治上。因为分权太细、岗位太多，造成了政府机构过于臃肿，官吏分明有一大堆，可彼此间协同困难，工作效率低下，属于人手虽多了，可做起事来反而手忙脚乱。朝廷不但要花钱养活这么多的荫官闲人，还得时不时地给他们发福利，财政压力巨大，即"冗官"和"冗费"。

第二是在军事上。因为权力分割，造成了前线事权不统一，几路军队往往各自为战，战斗力十分低下。自从西夏崛起以后，宋朝大规模招安无业流民加入厢军，而为了保证中央和地方的实力差距，又相对增加了禁军名额，于是军队数量呈几何倍增加。到了宋仁宗时期，朝廷养兵上百万，国家财政的十之七八都用到养兵上了，是为"冗兵"。

这就是"三冗"问题的来由。

那么，该如何解决"三冗"？

很多人一想，那就精简机构（冗官）、削减支出（冗费）、裁撤军队（冗兵），对症下药地解决问题！

当年范仲淹就是这么想的。

庆历年间，范仲淹上了十条改组建议，刀刀都往"三冗"的根子上砍。可是，北宋承平百年，在这种体制下早就滋生了无数既得利益者，范仲淹这么做，无疑会断了这些人的饭碗和前途，所以新政实施了还不到一年，就在汹汹反对下宣告失败。

现在，轮到王安石来主持变法，有了范仲淹的前车之鉴，他便打算先不在"节流"上纠结，因为既得利益集团太过强大了，这个流是节不下来的，贸然下手，只会遭到反噬，所以他决定从"开源"上想办法。

可变法刚开始，宋神宗就犯了难：该如何安排王安石的职位？

因为按照北宋的分权传统，王安石如果担任中书门下的宰相，就不能统驭三司的财务，可如果让王安石在三司任职，又不能兼任行政了。作为变法的操盘人，王安石必须得统一事权，兼管行政和财政，而这恰恰是与祖制相悖的，总不能让王安石既当宰相，又当三司使吧？

于是，宋神宗一咬牙，做出了一个违背祖宗的决定。

他设立了一个新部门，叫"制置三司条例司"，为了方便起见，我们叫它"条例司"。这是个专门为变法而设置的财政机构，王安石以参知政事（副相）的身份入主条例司，这样就可以做到行政权和财政权的统一，方便王安石来主持变法事宜。

就在熙宁二年（1069）七月，王安石开始陆陆续续颁布新的法令，以下做个并不算简单的介绍。

第一个是农田水利法。我们都知道农业离不开水，没水庄稼早旱死了，而在当时，宋朝地方上的水利设施都废弛了，造成大量农田荒芜，无人耕耘。

地方衙门不是不想解决，而是"祖宗家法"说了，为了预防地方割据，地方官只能留下必要开支，其他税收都要上交，各地日子都过得紧巴巴的，哪有余钱兴修水利？

王安石上马后，先在全国范围内征集建议，还亲自接见水利专家，与他们商议后，颁布了"农田水利法"，即在各地兴修水利，灌溉农田。如有百姓主动开垦荒地的，地方政府还给予奖励和优免政策。

农田水利法的效果立竿见影，此法实行七年后，全国各地兴修的水利工程超一万处，灌溉民田达三十六万余顷，可谓政绩显著。复旦大学葛剑雄教授曾估计北宋末期人口将近一亿，可想而知，倘若没有农田水利法开辟出的新田，北宋如何能养活如此庞大的人口？

第二个是免役法。北宋起初实行"差役法"，就是让老百姓无偿给政府提供劳动，比如苏轼在凤翔时，民夫运送终南山竹木至汴京的"衙前之役"，就是典型的差役法。试想，如果一个家庭的壮劳力都去给官府免费服役了，那家里的田就没人种了，这毫无疑问给当时百姓造成了很沉重的负担。

王安石推出了"免役法"，只要百姓交纳一笔免役钱，就可以不用服役，政府会用这笔钱另外雇人代替你。同时，王安石为了灾年备荒，还多收了一笔"免役宽剩钱"，用来取代废弃的常平仓。

第三个是青苗法。北宋早期实行的是常平仓法，类似于额外加征的粮食税，丰年储存到义仓中，代百姓保管，歉年再拿出来救助。但"祖宗之法"导致地方财政窘迫，许多官员为了周转支出，就私自挪取常平仓的粮食作他用。尤其在边疆地区，地方官更是把常平仓的粮食用作军粮，到宋神宗即位之初，常平仓法已有名无实。

在当时，农民到了春季，往往秋粮吃尽、夏粮未收，正是青黄不接之时。往往这时候，地主就给农民们借粮应急，约定等农民夏粮收获后，再连本带利地一齐归还。可地主放贷的利率很高，九出十三归那都是良心价，农民若是歉收，或者遇到灾年而无收，那就只好卖地还债了。这就又形成了土地兼并，富者愈富，贫者愈贫，最终造成可怕的社会动乱。

对此，王安石颁布"青苗法"，就是政府代替地主来给农民贷款，本钱就用常平仓里的粮食，收利息时每半年只收两分，比以往地主的高利贷可算实惠多了。这样既增加了一笔财政收入，还可以抑制土地兼并，可谓一举两得。

第四个是市易法和均输法。这是借鉴汉武帝时期，财政大臣桑弘羊的理财政策。王安石在中央设立市易务，在地方设立发运使，分别对商品货物进行统一的收购、运输和销售，可以说是由政府代替商人来垄断市场，赚取这笔商贸利润。

最后是方田均税法，即下令核实全国土地数目，再根据土质的好坏来征收赋税。这个一看就知道是得罪人的，而且是往死里头得罪的那种，所以打从一开始就推行缓慢，直到变法结束，其成效如何都没有具体记载，想来应当是失败了。

以上是关于财政方面的法令，目的在于解决国家当下的财政危机。除此之外，为了完成宋神宗"吞辽灭夏"的大帝之梦，王安石还针对军事领域施行了四大强兵之法。

第一组是保甲法和保马法，这是为了恢复隋唐时期的"府兵制"，属于典型的开历史倒车，肯定得失败。

第二组是将兵法和裁兵法，这是为了统一事权和精简军队，确实取得了相当不错的成效，在一定程度上增强了宋军的战斗力。

好了，王安石的变法内容基本讲述完了，给个结论吧。

现在很多人对熙宁变法实际上是有误解的，甚至都不明白王安石到底想要干什么，故而他们看不懂王安石，更看不懂王安石的变法。

首先，变法的目的看似是解决"三冗"，但其实主要是解决冗兵。

现在我们可以从无数时人的记载中得出，自宋仁宗以来，宋廷的国家财政十之八九都用在养兵上了，相比之下，冗官和冗费都是小意思，王安石压根儿就不在意。

那么，为何北宋要养如此庞大的兵员？

因为辽朝和西夏的威胁。

宋朝虽然和辽朝签订了澶渊之盟，可盟约这种事不是签了就万事大吉的，毕竟谁都不敢保证辽军会不会突然撕毁合约南侵。就比如庆历元年（1041），宋军在西北败给了西夏，次年初辽人就来趁火打劫，索要瀛、莫二州，宋廷为之震恐。要知道，宋朝的地势先天不足，没有燕云天险，一旦辽军进犯，华北平原将无险可守。所以，宋仁宗选择遣使议和，富弼临危受命，出使辽国，以每年多输送十万两银、十万匹绢为代价，才平息此次事端。

由此可见，辽人的和约根本靠不住，宋朝不得不继续在华北地区部署几十万大军来防备契丹，就算是不打仗，也要备战备荒，避免辽军不讲武德搞偷袭。

还有西夏方面，因为李元昊的咄咄紧逼，宋朝屡次向西北方向增兵，可宋朝当年采取的土地制度是"田制不立，不抑兼并"，这就造成了土地被兼并的百姓成了无业流民，而宋廷怕这些人危害社会治安，就把他们收编到了军队里。可想而知，这样的士兵根本不堪用，拉到战场上一触即溃，钱全白花了。

那么问题就来了。北宋采取的是"守内虚外，强干弱枝"的军事部署，即为防止地方割据，原则上中央禁军的数量始终要大于地方上的厢军。如今，为了防备辽和西夏，地方上的厢军数量剧增，那么禁军数量也要相对递增，这样一环套一环，大肠包小肠，就造成了兵员膨胀的恶性循环。譬如，宋廷在宋太祖时全国兵力总共才三十七万多人，可到了宋仁宗时，全国兵额最高时达一百四十万，足足翻了四倍。

这能不冗兵吗？

所以，无论范仲淹如何整顿吏治，哪怕把冗官和冗费都完美解决，可相比冗兵花去的大头，对国家财政来说仍是杯水车薪，无济于事。

可辽夏又在卧榻之侧虎视眈眈，这兵你根本裁不下去，你要敢裁，先不管士兵们会不会闹事，一旦契丹人和党项人打过来了，谁能负得起这个责任？

说到这里，想要解决北宋困局的方式就显而易见了：只要让辽和西夏消失就行了。

如果没了辽，宋朝就可以据有燕云十六州，有了山海关的地势加成，宋军只用少量军队就可以完成防守任务，从此无须在华北部署大量闲置兵力。如果没了西夏，宋军就不用在西北方向继续用兵，国家的钱就不需要再投进战争这个无底洞。

可如何才能让辽夏消失呢？

这就是王安石的宏图伟略，分为三个阶段：

第一个阶段：他要先理财，所谓"民不加赋而国用饶"，"国用饶"是目的，"民不加赋"则只是理想状态下的手段，可如果达不到理想状态，那也没关系，只要能达到目的，效果是一样的。

第二个阶段：国家有钱了，就把钱用在建设军队上，具体表现在通过强军四法，打造一支真正骁勇善战的军队。

第三个阶段：王安石认为西夏主少国疑，地狭民弱，辽则名曰一统，实同分裂，统统都是纸老虎，只要咱们把军队建设完毕，就可以先易后难，打掉西夏，再灭契丹，恢复汉唐旧境。

在王安石看来，只要三大阶段完成，宋朝就能从根子上消除冗兵之患，就可以重回他心目中的汉唐盛世。

这就是王安石的新政风暴，在一刹那间就刮遍了整个大宋。他回想起自己当年还是个十几岁的少年，曾和父亲相伴旅世，那些现实的兵荒马乱让他感到惊慌失措，实在没有办法安之若素，视而不见。

这些混乱不堪的记忆是指引他一路坚持下来的力量，也正是因为总有个富国强兵的梦想一直在前方永不妥协地等待着，他才会一路跌跌撞撞，闯过命运的阻拦，直至在熙宁二年（1069）大显身手的这一天。

他想要以一己之力，为大宋生生地逆一次天。

党争起

北宋的灭亡，有人归结于党争。

当年范仲淹庆历新政失败的原因之一，就是政敌指控他们结党营私，为此欧阳修还专门写了一篇《朋党论》，表示我们不装了，我们就是结党，我们摊牌了。

欧阳修本意是想说只要是君子，那么结党就是有理的。可在宋仁宗眼里，这纯属不打自招，他们赵家人把政府权力分得这么细，就是为了让大臣们"异论相搅"，如果大臣们可以结党，这权岂不是白分了？

正因朋党之说触碰了宋仁宗的逆鳞，革新人士纷纷被排挤出朝廷，宣扬"君子有党"的欧阳修也被赶到滁州写《醉翁亭记》了。

到了王安石变法时，北宋政坛，党争再起。

第一，是仁宗时期的老臣都抵制变法，如韩琦、富弼、冯京、欧阳修、文彦博等人，都在奏疏上明确提出反对。

对此，宋神宗听信王安石的提议，将这些老臣一律斥去，要么放到地方上束之高阁，要么给待遇让他们退休养老，总之谁都不能阻碍他们君臣的变法大计。

第二，是王安石当年的同事，小时候"砸缸救友"的司马光，也站到了变法的对立面。

其实早在王安石变法之初，司马光持的还是观望态度。在吕诲、唐介、孙固等人痛斥王安石不配为相时，司马光还一度居中调停，说就让王安石试试吧，没准儿人家还真行呢。

直到熙宁二年（1069）九月，青苗法一出，司马光忍不了了，认为这就是在与民争利，开始频频上书与王安石争论。

事实上，王安石变法早期，众人虽有异议，但反对浪潮还不大，青苗法的颁布才是真的一石激起千层浪。司马光、欧阳修、文彦博等朝廷重臣接连出言反对，就连退下相位的韩琦都老远地上书神宗，极言青苗法之弊端。

那么，青苗法究竟怎么了，让众人如此愤恨？

关于青苗法，就是在庄稼青黄不接的时候，由政府来代替地主，以低息借粮给百姓，帮助他们渡过难关，等到百姓丰收了，政府再连本带利地收回来，既可以提高财政收入，还可以预防土地兼并。

这乍一看，似乎还不错。

可一到实践环节，就弊病丛生。

因为王安石把"收取多少青苗利息"当成了官员的绩效考核，一些官员为了政绩就强行抑配，很多农户原本不需要贷款，可还是被地方官强逼着借了青苗贷。到后来，就连不种地的市民，都莫名其妙地背上了贷款，很多人还不起钱，只能卖田当屋，投水自尽。

很多人就问了，王安石当初规定青苗钱的发放是"取民请愿"，就是老百姓可以自由选择是否借贷，只是到了执行环节，才被这些歪嘴和尚把经念歪了，如此看来，法律是没有错的，错的是执法的人。

可问题就在于，王安石为了防止地方上的保守党阳奉阴违，就给各个州县定了指标，每个地方官只有收取青苗钱达到了这个指标，才可以给你算政绩，不然就处罚你。

在当时，青苗贷的配给是有标准的，富户可以多贷，贫户只能少贷，毕竟给穷人贷多了他们也还不起。这样一来，真到青黄不接时，能多贷的富户不需要贷款，贷不了多少的贫户虽需要贷款，可未必能还上，就算能还上，这钱也没多少。如果真按照自愿配给原则，只把青苗钱发放给那些没有多少余钱的贫户，地方官大概率是完不成年度指标的。

在这种情况下，换你是地方官，你也只能进行抑配，把完成指标的希望放在杀大户上。比方当时地方在放贷时，还要求贫富相保，这样就算贫户还不起钱跑路了，还可以让担保的富户替贫户还钱，这导致当时许多富户破产，被政府狠狠地榨了一笔油水，所以江西师范大学的方志远教授就说过，青苗法与其说是农业贷，倒不如说是一种财产税。

除了以上弊端，青苗法还有一些执行环节的问题，那就是有的官员把霉粮放给民户，收的时候又要求新粮，放的时候斤两不足，收的时候故意压秤，明摆着是要宰人。倘若是地主这么玩，百姓还可以告官，可现在是官员给你这么玩，百姓则哭诉无门。

还有当时的老百姓没有理财意识，借了官府的青苗贷以后，就挥霍了，甚至有的社会投机分子，就专门以讹骗贫民的青苗贷为业，借此发了大财。如此，真等到官府来收本金利息时，百姓自然无钱可交，只能卖儿卖女。

如上种种，只能说青苗法的本意是好的，可真实行下去，却导致社会风气变坏，无数人深受其害，穷人富人都输了，赢的只有朝廷。

如果按我事后诸葛亮的观点，要想真正解决青苗法的弊端，就是要学习我们如今的"精准扶贫"政策，不要把"收取多少青苗息"当作目标，而是把"百姓是否脱贫"当作目标，这样就可以做到公私两济，政府与百姓两全其美。

可如今我们精准扶贫的成功，是建立在清正廉洁的政府和高度发达的生产力之上的，这是小农经济的宋代社会不可能出现的条件，所以王安石的青苗法注定只能是区域法，一旦当它推向全国，就势必是一场民不聊生的灾难。

当然了，这个世界上本就不存在只有利、没有弊的变法，如果有，早八百年就有人变了，哪还轮得到他王安石？

对于青苗法的这些弊端，王安石是心知肚明的，这涉及一个利弊取舍问题。他的真正目的是吞辽灭夏，再造汉唐，当下的这些民生困苦都是为了达成这个最终目标所不得不经受的阵痛，毕竟想要改变一些东西，就必须得学会舍弃另一些东西，对此他觉得值，所以顶着压力和骂名都要继续推行下去。

可司马光等人觉得不值，在他们眼中，吞辽灭夏就是痴人说梦、不自量力，而青苗法是害民之法，这是近在眼前的，所以他们誓要抵制变法。

于是，朝野上渐渐分为两派势力。一派支持王安石变法，称新党；一派反对王安石变法，称旧党。这就是历史上著名的"新旧党争"。

而值得一提的是，嘉祐二年（1057）那场龙虎榜的年轻人杰，都或被动或主动地卷入这场党争的旋涡之中。

第一位是吕惠卿。这位当年考进士时，考了个一甲，远超同期人杰，是真正的学霸。同时他也早早就认识了王安石，并与之订交。

所以，在王安石变法时，第一件事就是推荐吕惠卿进入条例司，担任检详文字，成为新党的二号人物。时人就称王安石为孔子，吕惠卿为颜回。

第二位是章惇。此人嘉祐二年考中进士后，嫌成绩低，竟拒敕不受，两年后果真考了个一甲，是个心高气傲之辈。当年他与苏轼在陕西相识，苏轼就对这位章兄钦佩不已，认为他是一个枭雄人物。

章惇是被人介绍给王安石的，他们二人相谈甚欢，王安石连叹相遇恨晚，就让章惇加入条例司，担任编修三司条例官，成为新党的核心骨干。可能就连王安石本人都没有料到，多年以后，章惇将会以一己之力挽救他的新法。

第三位是王韶。此人自少好兵，曾亲自在宋夏边境考察军务，在熙宁元年（1068）上《平戎策》三篇，认为要打败西夏，应该先收复河湟，招抚当地的羌族，这样就可以达到孤立西夏的效果。

可当时朝廷上下因循守旧，对外奉行"多一事不如少一事"的原则。这让王韶大为愤恨，一怒之下就投奔了新党，答应王安石在秦州一带实行市易法，因此换取了王安石的支持，最终在河湟之役中大显身手。

第四位是曾布。熙宁二年（1069），曾布上书大谈变法，其论多与王安石不谋而合，因此得到了王安石的器重，三日之内就收到了五份任职文书，是新党在理论上的大代表。后来韩琦上书指责变法危害，把宋神宗都说得不自信了，是曾布连夜赶稿，逐字逐句把韩琦的奏疏一一批驳，这才坚定了皇帝继续变法的决心。

除了以上四位，还有一些投机者。

比如邓绾，在王安石变法时，他就写信歌颂，说王安石是今之古人，吕惠卿是贤人。邓绾被王安石提拔高官，时人对他的行为感到不齿，就嘲笑讥讽他，可他满不在乎，还说道："笑骂从汝，好官须我为之。"

再比如蔡确，这位不是龙虎榜中人，而是嘉祐四年（1059）的进士，章惇及第的那届。据说此人曾有贪污行为，但因巧舌善辩，一度把旧党驳斥得哑口无言，得到了王安石的欣赏，将其提拔为新党成员。

还有沈括，他早年以恩荫入仕，又于嘉祐八年（1063）进士及第。与其他北宋文官不一样，他的技能表现在理工科上了，自熙宁四年（1071）丧满回朝，就被王安石器重，加入新党，后来负责研究武器制造和堡垒营造，是个"科技狂人"，还留有一本奇书，名曰《梦溪笔谈》。

总的来讲，后人评价王安石变法是"法非不良也，而吏非其人"，这话是有几分道理的。王安石用人只看能力，不问道德，这就让很多有才无德的投机小人乘虚而入，造成熙宁一朝所用非人的情况。

讲完了新党，再聊聊旧党。

旧党的元老，如韩琦、富弼、欧阳修等人，在熙宁年或退或隐，对朝政的影响微乎其微。与王安石同代的司马光、吕公著、范纯仁等人，在熙宁初期与新党唱反调，但都被正得圣眷的王安石死死压制，兴不起什么风浪。

旧党的真正希望，在那些年轻一代的后生身上，只是这些年轻人杰的想法，却又各不相同。

第一位是程颢。这位是程朱理学的鼻祖级人物，他在变法中被分为旧党，但比较神奇的是，他与王安石相处得十分不错。甚至在王安石打算实行农田水利法时，程颢还作为特派员亲自下一线进行考察，为此法的订立出了不少功劳。

在熙宁年间，王安石态度蛮横地排斥一切反对变法者，见谁都脾气火暴地一通骂，唐介就是被王安石一顿嘴炮，活活喷得病发而亡的。可这样乐于雄辩的王安石，在面对程颢时，却是格外优容，说起话来客客气气的，大概是程颢这人太好脾气了，闹得他自己都有点不好意思。

只不过，程颢认为王安石变法树敌太多，是不可能成功的，所以王安石始终不愿重用程颢。程颢无奈只能外放州郡，潜心著述，最后创立了洛学。

第二位是张载。这位是关中大儒，他熙宁二年（1069）入朝，宋神宗想擢拔他帮助王安石变法，可张载认为自己初来乍到，对变法不甚了解，想观察一段时间后再做计较。

后来王安石亲自邀请张载，被张载婉拒。此后，他的弟弟张戬公然反对变法，张载自知不能免了干系，干脆辞官，回到横渠教书，创立关学，并为世人留下了传说中的横渠四句："为天地立心，为生民立命，为往圣继绝学，为万世开太平。"

第三位是曾巩。历史上把曾巩划分到了旧党，但我觉得这位老兄应该是比较纠结的。作为欧门子弟，他的师傅与师兄弟都反对变法，他也只能反对。可王安石就是当年他推荐给师傅的，现在他的老弟曾布还成了新党骨干，他夹在中间，可谓里外不是人。

他曾尝试向王安石商量新法事宜，发现王安石果然不听，只好作罢。现在新党和旧党水火不容，他两头受气，直接佛了，干脆外出为官，你们这些腌臜事我不掺和了，一走了之。

第四位是苏辙。他在熙宁二年（1069）刚回汴京，听闻神宗有变法之意，就上了一疏，认为发财的要点当在去"三冗"上。宋神宗阅览奏疏，大为欣赏，认定苏辙是个变法派，将他置于条例司内，担任检详官。

但苏辙在条例司多次与王安石、吕惠卿发生分歧，尤其是在制定青苗法上，苏辙就说："你把钱借给百姓，有吏员趁机敲诈怎么办？钱到百姓手里，谁能保证不乱花？如此等到还钱时，又要酿成惨剧了。"他还举出唐代理财大臣刘晏的例子，认为当务之急是整顿常平仓法，而不是发放什么青苗贷。

可王安石和吕惠卿哪里听得进去，青苗法还是势不可当地下达了，而其害处正与苏辙先前所料的分毫不差。此时，苏辙发现自己的意见不得采纳，就自请离开条例司，被差往洛阳，担任河南府推事。

其实，每个人都有能让自己内心牢固的东西，比如国家，比如百姓，比如自由，比如那份自以为是的骄傲。每个人都是为了那个东西才坚持走下去的，这些就是他们不肯妥协的原则。

所以，在旧党中，这些年轻人杰与旧党元老是不同的，他们不是无脑地反对王安石变法，而是每个人都有每个人的考量与想法，并且愿意为之坚持罢了。

可无论如何，借由王安石变法一事，新的党争飓风已经在酝酿，身在大宋官场上的每个人都不能幸免而逃。

而被卷入其中的，自然也少不了苏轼。

上皇帝书

熙宁二年（1069）二月，苏轼回到汴京。

按照规矩，他以殿中丞直史馆判官告院，依旧是闲差。

当时王安石的变法如火如荼，朝野人士或自觉或不自觉地被卷入其中，包括他的弟弟苏辙在内。

苏辙一还朝就静极思动，上书神宗，被擢入条例司加以重用。可他只是在馆阁挂了个闲职，充满好奇地看着王安石究竟想干什么。

老实说，他对王安石应该是有过期待的。

苏轼后来被划分为旧党，但他本人的政见并不保守。不论是他在制科上写的《进策》，还是在凤翔时写的《思治论》，都可以看出，他对仁宗时期的因循守旧是不满的，还提出了要"择吏、丰财、强兵"的三大主张。

可是，当王安石的那一项项充满争议的法令下达后，他失望了。

这不是他想要的变法。

在苏轼眼中，祖宗之法存在缺陷，但并未到需要改变的地步，国家的当务之急，还是在整顿吏治上，这与范仲淹庆历新政的思路是一脉相承的。

> 当今之患，虽法令有所未安，而天下之所以不大治者，
> 失在于任人，而非法制之罪也。

苏轼在法制观念上比较保守稳健，他认为除非这条法令害民到了不可不变的地步，才可以变。如果只是有些缺陷，那么能用就再凑合着用，不然出台一项新法，变数太大了。

所以，苏轼的政治思想是进步的，只是步子跨得小，不是不变，而是渐变。

饶是如此，苏轼还是没有跳出来和王安石唱反调。在他的恩师、前辈、朋友、弟弟都公然反对王安石时，他依旧闲在馆阁，无动于衷，不但没主动进攻王安石，连个助攻都没有。

可树欲静而风不止。

苏轼的师傅是欧阳修，恩公是韩琦、富弼、文彦博，弟弟是苏辙，全都是反对变法的旧党。所以，就算苏轼没有明确发表过什么言论，可在王安石眼里，还是把他看成了潜在的政敌。

当苏辙离开条例司后，宋神宗就想让苏轼接替苏辙，担任条例司的检详官。

王安石果然出来阻止了，他告诉皇帝，苏轼兄弟以纵横捭阖为能事，不堪大用。这其实就和当年的韩琦一样，目的是打压潜在的竞争对手。只不过韩琦是个笑面虎，虽有小心思，可表面功夫做得到位，一副我这都是为你好的样子。王安石则相对耿直，干脆就说苏轼兄弟是流俗之人，所学不正，还是别用了。

而苏轼的第一次发声，是在他回京的三个月之后。

熙宁二年（1069）四月，王安石主张科举改革，从此以后，进士考试不再考诗赋，只考经义和策论。

宋神宗不敢自作主张，就下诏让两制、两省、待制以上、御史台、三司、三馆等诸位臣僚，限期一月之内，拟一份建议报告呈上来，大家一起来商讨这件事。

苏轼当时的职衔是"直史馆"，属于"三馆"成员，所以他要在一个月内发表对此事的见解。

于是，他上了一篇《议学校贡举状》。

在这篇文中，他认为废诗赋、改策论纯属多此一举，徒增纷乱。考试的关键不在于考什么有用，而是考什么可以更好地发现人才。

平心而论，这并非苏轼故意与王安石为难，毕竟这份报告不是他主动挑衅，而是皇帝下诏要求，他这才顺势提出的建议，属于他馆阁臣僚的分内职事。

宋神宗还召见他，想听听他对新法的建议。

对此，苏轼依旧没有趁机埋汰新法，而是指出皇帝当下"求治太速，进人太锐，听言太广"，希望朝廷可以放缓节奏，顺应时势慢慢来。

可以说，直到此时，苏轼还是没有寻隙王安石。在科举改革上，他只是听从天子的要求提出个人观点罢了；在当庭对策时，他也只是委婉点出：陛下您有点操之过急了。没说不变，只是希望能慢慢变。

但问题在于，他这个时机没选好。

当时正值五月份，御史中丞吕诲弹劾王安石有"十恶"，打响了旧党人士攻讦王安石的第一枪。

虽然王安石有皇帝撑腰，很快挤走了吕诲，可吕诲旗下的御史台不是吃干饭的，一群御史轮番围攻王安石，弹劾他的奏疏如雪片般飞向皇帝的案头。

这时，王安石正焦头烂额，看谁都像是找自己茬的。故而，当苏轼这一奏状呈上来后，立时挑起了王安石的忌惮，将此视作是对自己的挑战。

所以，当宋神宗提出想让苏轼修中书条例时，立刻引起了王安石的注意，他可不希望有这么个疑似政敌的人伴驾左右，于是力谏不可，硬是把苏轼摁在馆阁，不让他再寸进一步。

可想而知，此时的苏轼一板砖拍死王安石的心都有了。

自宋朝建立伊始，宋太祖惧怕朝臣专权，就在制度上动了手脚，让二府、三司、台谏等部门互相牵制，难以团结。到宋真宗时，皇帝故意让庙堂上"异论相搅"，看似是宽容大度，能容得下不同声音，实际上是为了让不同的声音彼此内耗，以保障皇帝独尊的超然地位。到了宋仁宗的时代，这种政治氛围慢慢变成常态，往好了说是开明民主，往坏了说就是思想不统一，办不了大事。

苏轼是嘉祐二年（1057）的进士，宋仁宗时代的宽松气氛他是记忆犹新的，可如今却是不一样了，王安石通过条例司，将二府三司的军政财权一肩并挑，还在皇帝的支持下大胜御史台，御史谏官们或逐或贬，这哪里还有一点仁宗时的共治气象？

在他眼里，现在的王安石俨然就是一个专政的权臣形象，当年太祖太宗最忌惮的人物出现了！

所以，在当年的秋天，苏轼在国子监当考官，就发出了一篇策问：晋武平吴以独断而克，苻坚伐晋以独断而亡，齐桓公专任管仲而称霸，燕王哙专任子之而败亡，分明都是独断专任，为何结局不一样？

想来苏轼是结合当下的遭遇有感而发，但此题目被王安石看到，自然就认定苏轼这是在暗戳戳地讽刺他，于是更加认定，苏轼就是一个把自己隐藏得很好的旧党人士。

现在，我们认定旧党的领袖是司马光，但在王安石的眼里，司马光就是个铁憨憨，他从未把此人放在眼里过。比方他就曾对宋神宗这样说过："光才岂能害政，但在高位，则异论之人，倚以为重。"意思是说，以司马光的才能压根儿就不可能危害新法，绝对是有人在背后教唆他的。

那这个"有人"是谁呢？

在熙宁二年（1069）十月，司马光推荐苏轼担当谏官。

王安石看到这一幕，他悟了。

与司马朝夕切磋者，即此刘攽、苏轼之徒耳。

这人绝对是苏轼！

苏轼闻言估计能吐出一口老血来，真是人在家中坐，锅从天上来，没招谁没惹谁，就莫名其妙地被钦定成了旧党的幕后黑手，此刻他就算不想当旧党，都由不得他了。

到了熙宁三年（1070）三月，新一届的进士考试开始。

这一年的主考官是吕惠卿，苏轼则担任编排官。

当年是欧阳修、梅尧臣等人考他们，现在轮到他们考别人了。

但是，因为这一年朝廷变法的事天下皆知，主考官又是新党人士吕惠卿，于是一些举子就开始投机取巧，故意给新党歌功颂德，以求录取。

比如，有个叫叶祖洽的考生，他就在策文里力主变法，称赞宋神宗、王安石的革新之举，明眼人都知道，他这篇文章是在迎合时事、谄媚执政。

所以，苏轼希望将此卷黜落。

原因很简单，科举考的是文采和学识，倘若人人都学叶祖洽这样拍统治者马屁，那么考场的风气就坏了，还能选出个什么人才来？

只可惜，主考官是吕惠卿。他是新党的二号人物，看到这篇文章后，立刻意识到可以借机炒作一番，给朝廷的变法造势。他把这篇文进呈皇帝，结果那年叶祖洽成了钦点的状元郎。

苏轼不服，给神宗上了一篇《拟进士对御试策》，不但警告皇帝此人若擢为第一将会造成恶劣的后果，还在文中提出三大口号："必畏天，必从众，必法祖宗。"

据说，当初王安石为了变法，提出"天变不足畏，祖宗不足法，人言不足恤"[1]三句箴言，以巩固宋神宗的变法之心，而苏轼这三句话，恰恰与王安石的变法口号针锋相对。

可以说，如果此前苏轼还只是就事论事、旁敲侧击的话，那《拟进士对御试策》里的这三句话，就相当于是和王安石公开叫板了。

熙宁二年（1069）年末，苏轼先是在《谏买浙灯状》中试探神宗对自己的态度，发现皇帝很大方地接受了自己的意见，这让他喜出望外，并据此做出了一个错误的判断：皇帝是好的，事情坏就坏在王安石的身上。

于是，他紧接着又义无反顾地上了一篇《上神宗皇帝书》，试图全面否定掉王安石以及新党的变法措施。

在这篇论文中，他开宗明义，提出三大要旨：

> 臣之所欲言者三，愿陛下结人心，厚风俗，存纪纲而已。

首先，是结人心。

在他看来，新法的实施，造成了人心尽丧，若是长此以往，恐怕国将不国，为此他洋洋洒洒，逐条批判了王安石各类新法的弊端。

第一，他认为条例司这种东西就不该存在。国家本有二府三司这样的正规机构，可皇帝却另设条例司，导致中书与三司的权限混淆，这只会导致群情不安，故而希望皇帝可以将条例司废掉，以正视听。

第二，他认为朝廷为了推行青苗法，派遣提举官到地方监督新

---

1 王安石究竟是否说过"天变不足畏，祖宗不足法，人言不足恤"，尚存争议。熙宁三年（1070）时，朝野盛传王安石以这三句话为变法口号，司马光还以此为题当翰林院的策问，但事后宋神宗问起，王安石却说自己从未听说过这三句话。不过，王安石的变法精神确实是以这三句箴言一以贯之的。

法的施行，是摆明了对地方官不信任，这会导致上下相疑，图惹人笑。而这些提举官为了政绩，难保不会邀功生事，所以建议把这些提举官收回来，免得扰乱各地秩序。

第三，他认为农田水利法鼓励官民勘察水利，可很多人为图奖励，到处搞浮夸作风，不考虑当地的水质、地形，就大干快上，到最后不但弄出一堆不合格的水利设施，还闹得劳民伤财、鸡飞蛋打。况且勘察水利还会牵扯到官田私田、法律诉讼等问题，可谓朝廷本无事，庸人自扰之。

第四，他认为免役法不合理。当年唐朝把租庸调改为两税法，这个"庸"，本来指的就是劳役，然后被算进了正税中，现在要是再收免役钱，岂不是重复收了两次？如果听之任之，将来迟早会演变成要收第三次，那老百姓还活不活了？

第五，他认为青苗法不合理。以青苗钱代替高利贷，本是好意，可王安石放贷的目的是收利息，那把钱借给贫民，就是有去无回，于是地方官为了收取利息，肯定要抑配给不需要贷款的富户，这不是赤裸裸的抢钱吗？

第六，他认为均输法不合理。政府为了牟利，以官商代替私商，可做生意需要商业头脑，让官员们去做生意，只会亏本，到头来反而损失了原本的商业税，于国于民，可谓双输。

其次，是厚风俗。

他认为，一个国家追求的应该是风俗是否淳厚，而不是一味地追求富强，即在大国的崛起和小民的幸福之间，苏轼选择后者。

　　国家之所以存亡者，在道德之浅深，不在乎强与弱；
历数之所以长短者，在风俗之厚薄，不在乎富与贫。道德
诚深，风俗诚厚，虽贫且弱，不害于长而存；道德诚浅，

风俗诚薄，虽强且富，不救于短而亡……臣愿陛下务崇道
德而厚风俗，不愿陛下急于有功而贪富强，使陛下富如隋，
强如秦，西取灵武，北取燕蓟，谓之有功可也，而国之长短，
则不在此。

最后，是存纪纲。

他提倡神宗应当效法仁宗，恢复当年台谏官员制衡宰执的传统，
重塑宋朝开明民主的政治氛围。只有做到结人心、厚风俗、存纪纲，
国家才能安泰，百姓方得安康，不然国家危亡，只在旦夕之间。

这篇文章一出，苏轼可谓背水一战，彻底表明了自己旧党的立
场，走向了王安石以及新党的对立面。

就在这篇《上神宗皇帝书》写完没多久，远在河北的韩琦上疏
弹劾王安石，王安石一气之下称病不出。苏轼敏锐地意识到这是一
个驱逐王安石的良机，于是趁机发难，撰《再上皇帝书》，目标直
指王安石本人。

今日之政，小用则小败，大用则大败，若力行而不已，
则乱亡随之。

他危言耸听地指责新法是乱国害政，怒斥王安石是"小人"，
新党皆是一群"希合苟容之徒"。

不只如此，当时王安石称疾不出，御史程颢因有急奏，就登殿
奏请神宗，希望让王安石赶紧复位主持工作。于是苏轼把程颢也给
骂进去了，认为他是和王安石"缔交唱和表里之人"，一番炮弹，
将所有新党以及旧党中立场摇摆的人都攻击了个遍。

我们现在常说，苏轼在政治上摇摆不定，不会站队，这才造成

了他一生不得志的悲剧。

其实恰恰相反。

就从这次弹劾王安石来看，苏轼可谓不动则已，一动惊人。一开始只是指陈变法的具体措施，并未语及人。可当韩琦上书、王安石暂去相位之际，苏轼立刻抓住机会，将笔锋直指王安石本人，试图一击必杀，把王安石赶下相位。

而相比之下，作为旧党领袖的司马光此时就显得十分迟钝，试图当个韩琦和王安石之间的和事佬，完全没有意识到，此时新旧两党的斗争已然你死我活。

故而，后来司马光去职时，就一番感慨地说道：

> 臣之不才，最出群臣之下。先见不如吕海，公直不如范纯仁、程颢，敢言不如苏轼、孔文仲，勇决不如范镇。臣畏懦惜身，不早为陛下别白言之。轼与文仲皆疏远小臣，乃敢不避陛下雷霆之威，安石虎狼之怒，上书对策，指陈其失，骤官获谴，无所顾虑，此臣不如轼与文仲远矣。

平心而论，苏轼在《上皇帝书》中的政论看似洞明，实则管窥，并未从社会整体视角去理解熙丰变法的意义，具有一定片面性。不提别的，单是文中对免役法的指责，到后来他自己都否定了。可见这篇文章里的一些逻辑漏洞，他心里是门儿清的，只是故意这么写而已。

说到底，这两篇论文不是他作为政治家的言论，而是他作为一个政客的言论。

政治家需要为国家谋福祉，而政客只需要打击政敌、达到目的就行，所以这两篇文章并不能代表苏轼真实的政治见解。他上这两篇文章的目的也不是真的想去分析变法得失，仅仅只是为了打击王安石罢了。

所以，历来我们都把苏轼当成一个没有政治心机的大男孩，这才是天大的误解。

所谓的童心未泯、天真无邪，只是苏轼的性格使然，他或许是有着孩子一般的率真，但当政治的风暴真正席卷过来的时候，他的眼神会在一刹那间，变得比所有人都坚定不移。

离京

有部分人总喜欢以自己浅薄的阅历和偏颇的三观来臧否古人。

在他们的口中，诸葛亮少智无谋，岳武穆不会做人，可殊不知，这些人当年的地位放在如今，个个都是国家级或省部级的干部，而那些一脸"爹味"教训他们的人，可能连考个基层公务员都费劲儿。

在这些年，我无数次听到有人说苏轼就是个不懂政治的吃货词人，王安石是个不切实际的政治空想家。可事实上，苏轼的政论他们从不曾阅读过，王安石欲逆天改命的大气魄他们更不曾领悟，只是凭借街头巷尾的几许杂言，就按自身先入为主的印象，为这些比他们高了不知多少个段位的人物定了性。

比如，人人都说苏轼在官场上不会站队，这就是一个很典型的固有偏见。可能是因为语文课本的滤镜，我们总会不由自主地放大苏轼文人的一面，从而忽略了他还有政客的一面。

要知道，但凡能在政治中心混的，就没一个善茬。饶是傻白甜如苏轼，一旦明确了自身的旧党立场后，他在《再上皇帝书》中，对王安石就不可能再有所保留，像党同伐异这种事，要么就不做，做了那就得往绝里做。

可以说，在熙宁初年的"苏王交恶"中，如果把很多人换到苏轼的位子上，他们可能都活不过前两集。政治永远都是真实残酷的，面对旧党的挑衅，王安石自然不可能坐以待毙。

早在熙宁三年（1070）八月，他就授意姻亲景温告了苏轼一状。

他说，当年苏洵病逝，苏轼兄弟扶灵回乡，沿途上居然狐假虎威，诱骗当地士兵帮他们运送私盐、瓷器等货物，用以贩卖牟利。此事刚一曝光，就在朝野上掀起了轩然大波。

在当时，苏轼是文坛天才、政坛新秀，可一旦被人实锤出贩卖私盐，违法犯罪事小，人设崩塌这事儿就大了。不但在读书人的圈子里没法儿再混了，连仕途都要就此断送，故而这一指责，可谓恶毒之至。

宋神宗派人详查，按弹劾者景温所说，时任天章阁待制的李师中曾在苏轼回乡途中与之相遇，可以出庭指证苏轼。但李师中为人正直，不愿作伪证陷害苏轼，就一口咬定绝无此事。

老臣范镇发出质问：当年苏轼丧父回乡，韩琦给他赠银三百两，欧阳修给他赠银二百两，他均推辞不受，这世上哪有大钱不收，却冒着走私的风险挣小钱的道理？

但在宋代，御史是可以风闻言事的，就算景温弹劾的罪状查无实据，都不能以诽谤论罪，为的是保障言论自由。所以，尽管所有证据都指向诬告，苏轼的清名还是或多或少受到了不可逆的损害。

毕竟，这种事往往都是越描越黑，造谣只是张张嘴，辟谣却要跑断腿。这应当是王安石的手段，就算打不倒你，也要搞出一堆黑料，让你自顾不暇。

宋神宗本来对苏轼还挺有好感，可经过这件事，他对苏轼建立起的信任便被悉数打消。他失望地对司马光说"苏轼非佳士"，可见谣言的威力是多么令人防不胜防。

事情发展到这一步，苏轼肯定是没脸再在京城待了。

与他友善的旧党人士纷纷被贬谪出京，就连旧党旗帜司马光都自请外放，去了洛阳闲居，自此十五年闭口不言政事，安心在家中编撰《资治通鉴》。

熙宁初年的这场政治斗争，以王安石的新党大获全胜而告终。

既然如此，不如走人。

熙宁四年（1071）六月，苏轼上书神宗，希望可以外任地方。

以他的资历，按常规的"磨勘"迁官，就算去了地方，当一个知州都是绰绰有余，可王安石有心要压抑他一头，就只拟他通判颍州。

宋神宗见了，大概是觉得这官位有点对不起苏轼，就把颍州改为杭州，让他去这个东南形胜、三吴都会的繁华之地，当个无忧无虑的通判吧。

可以说，苏轼第一次去杭州，是政治斗争失败后的结果。

他努力过，只是没达到预计的效果。

有些事就是怎么做也做不好，不是我们可以轻易掌握的。

但是没关系，人总会长大。所谓的经验不过是走错的路，只要小心翼翼地变得聪明，就可以得到真正的成长。

生命有时就是这样，总得有裂缝，阳光才能照进来。

名扬天下

欧阳修

熙宁四年（1071）七月，苏轼离开京城，前往杭州。

在途中，他绕了个弯儿，去陈州见了弟弟苏辙一面。

当初，苏辙因与吕惠卿不和，去了陈州，在他们苏家昔日恩公张方平的手下，当起了一名学官。苏轼到了陈州，兄弟二人相会，一起拜见了张方平。

张方平看到两个孩子已然长大，眼眶不由泛出泪花，再回想起第一次见他们兄弟的画面，不禁感慨时光匆匆，曾经的年轻人现在都已成长起来，可以在朝堂上独当一面。

他忽然想起了什么，告诉这对他亲眼看着长大的孩子：你们不用老陪着我，你们还有一位老师，他在等着你们。

张方平指的，是他的死对头：欧阳修。

说起来，张方平与欧阳修二人怄了大半辈子气，唯独在对待苏家兄弟上却是不谋而合，都把他们往骨子里宠。如果说，张方平是他们人生中的第一个伯乐，那欧阳修就是他们真正意义上的恩师。

熙宁四年九月，苏轼、苏辙兄弟二人在拜别张方平后，前去颍州见到了退休在家的欧阳修。

此时的欧阳修，已然头发花白，老眼昏花。因患有糖尿病，他整个人都瘦了一圈，走起路来颤颤巍巍的，不得已挂上了拐杖。只是听闻此生还能一见爱徒，他还是勉力前往大堂，亲自接见了这两个学生。

师生言谈之间，苏轼看得出，老师表面精神矍铄、双目炯炯，可实则牙齿脱落、双耳重听，有好几次都没听清楚他讲的话。想起昔年老师称量天下士的无上风采，他不由鼻子一酸。

苏轼早在孩童时，就听说过欧阳修的大名，天天诵读着他的文章，晚上做梦还梦见过他。后来上苍垂青，苏轼不但见到了儿时偶像，还拜在他的门下，正式成了欧门弟子。

记得那时，老师拍着他的肩，喜笑颜开地和众人宣布："这孩子是和我一样的人，不是其他学生可以比的。将来等我老了，就把文章之道全部传授给他。"

可能在老师看来，他们两个太像了，都是纯粹的人，所以只做最真实纯粹的自己。也正因为纯粹，即使面对挫折也不会消极地逃避，即便经历再多坎坷也不会怯懦地退缩。

苏轼在中央的所作所为，远在颍州的欧阳修自然早有耳闻。虽说苏轼失败了，没有胜过王安石，但作为老师的他还是很欣慰，因为相比那些为了名利而投身新党的学生来说，这个他最爱的学生是真的做到了不忘初心。

他们师徒二人一起去颍州的西湖上泛舟，苏轼在船上妙语连珠，尽力为闲居的老师打发着无聊的退休时光，逗得老师眉开眼笑。欧阳修知道他即将去杭州任通判，就将自己的老友诗僧惠勤推荐给他，让他到时候去孤山拜见，比比到底谁更能巧言善辩。

后来，苏轼拜别欧阳修，前去杭州赴任。第二天，他就去往孤山，拜访了这位惠勤和尚，二人果然聊得投机，成了好友。

就在次年的秋天，苏轼正和惠勤在孤山聊着天，欧阳修的死讯忽然传来。他先是怔了片刻，而后满脸鼻涕眼泪的，在空旷的佛舍内泣不成声。

二十年后，苏轼以龙图阁大学士的身份出知颍州，那时的他终于懂得面对恩师的坟冢摆出笑容，懂得面不改色地承担上一辈交付给自己的责任。

他重访了欧阳修的故居，还去游览了西湖，在颍水上泛舟，只是身边再没有老师会含着笑倾听他的讲话了。

许是感到有些疲惫，他正想睡去，却被远方缥缈之处传来的歌声惊醒，那唱的正是恩师的《木兰花令》。

他困意尽去，也抬手写了一篇《木兰花令》，就好似跨越了二十年的悠悠时光，与老师遥相呼应，对文唱和。

> 霜余已失长淮阔。空听潺潺清颍咽。佳人犹唱醉翁词，
> 四十三年如电抹。
> 草头秋露流珠滑。三五盈盈还二八。与余同是识翁人，
> 惟有西湖波底月。

回忆起欧阳修的一生，他总是唯恐明珠蒙尘似的，始终在为朝廷招揽人才。《宋史》上说他是"奖引后进，如恐不及，赏识之下，率为闻人"。而事实也证明了，但凡被他赏识提拔的人，日后都无一例外地在各个领域做出了自己的成绩。

其实，即便不算嘉祐二年（1057）的那场龙虎榜，光是大名鼎鼎的唐宋八大家里，除了唐代的那两位和他自己，其余五人，王安石和苏洵就受过他的识拔，苏轼、苏辙和曾巩则都是他的门下弟子。

可以说，欧阳修的一生，为大宋和中国的历史发掘出了无数不可多得的文化名人，并让他们在时光流转的岁月长河中熠熠生辉。

熙宁五年（1072）七月，人们发现欧阳修躺在榻上，带着一脸安详的神情离世。我想他是带着高兴离开的，把生命灌注到那些学生的身上，他觉得值得。

在他去世后，天子为之哀悼，宣布休朝一日。他的那些弟子及受过他恩惠的后生们，如王安石、曾巩、苏轼等人，皆争先恐后为他撰写祭文或墓志，那些诗词文章里面，寄托的是一种名为传承的哀思。

> 三过平山堂下，半生弹指声中。十年不见老仙翁，壁上龙蛇飞动。
>
> 欲吊文章太守，仍歌杨柳春风。休言万事转头空，未转头时是梦。

那一日，欧阳冢的灵碑前满是白菊，树木常青。

立仗马

杭州，古称钱塘。相传当年大禹南巡，为江水阻隔，乃造船渡江，后遗舟于此，古人又把方舟称为杭，故而此地便有了杭州之名。

因杭州地处江南腹心，自古便是三吴都会，文人墨客理想的宜居天堂，就连宋仁宗都曾为之赋诗说："地有湖山美，东南第一州。"

熙宁四年（1071）十一月，苏轼总算到任杭州，他这次的职务是通判，其实就是"同判"，即同管公务之意。

起初，宋太祖为防止地方割据，会在各路州县都安插通判，意在制衡当地的知州。故而，当地在上报或者下发各类文件时，都需通判署名，方才奏效，可见这一官职是有实权的，属于当地的二把手。

这是苏轼第二次出任地方，第一次他在凤翔府干过三年，但凤翔是西北偏地，长官叫知府，副官叫签判，而杭州却是东南大州，长官叫知州，副官叫通判。所以论起来，这算是他第二次担任州府判官了。

来到杭州的苏轼，依旧是那样的孩子气，但眼底却有藏不住的忧伤。他是因反对变法，才来到杭州任通判的。可现在王安石用事中央，作为地方官员的苏轼，遵守中央命令，在地方贯彻新法，就成了分内职事，否则就是渎职，真可谓身处水火，进退维谷。

他开始羡慕弟弟，只当一个学官，不必理会这些俗务吏事，不必像他一样眼睁睁地看着民生多艰，却无能为力，还要去充当那鞭挞百姓的帮凶。

苏轼不久就发现杭州的监狱里关满了犯人，都是因买卖私盐而下狱的。在中国古代，食盐一直都是官府的管控品。因为人人都要吃盐，但又不是处处都能产盐，故而，国家只要控制住产盐地，就可以垄断食盐的产销，为国家带来丰厚的财政收入。

王安石在中央变法，就试图在食盐上做文章。他不满足只控制食盐的产销，而是希望朝廷能全盘取代商人，实行配给制，由官府亲自向百姓发盐，再收取盐钱，于是盐利就成了一种变相的固定税收。

江南地区本是食盐的重要产地，很多沿海居民都以贩盐为生，虽说朝廷三令五申，食盐要由官家掌控，可这些人为了生存，还是会成群结队，聚众贩盐，慢慢形成了走私的"盐帮"。

这些盐帮拥有一定武装力量，地方政府未必敢惹他们，往往睁一只眼闭一只眼。可等到王安石主政，他眼里容不下沙子，就从中央调集了一支军队前往江南，严厉打击盐帮，用武力杜绝私盐贩卖。

可想而知，数月之间，许多私盐贩子纷纷下狱，还有一些购买私盐的百姓，一经发现，都要进号子。按苏轼的上书，仅两浙一带，每年因盐法下狱的，就有一万六七千人之众。

除夕之夜，作为通判的苏轼，在官厅里审问着这些盐犯。其实在他眼里，这些犯人本不该下狱，正所谓靠山吃山、靠水吃水，沿海居民本就以贩盐为生，但朝廷却为了牟利，非要断其生路，这就是剥民之策。尤其王安石主事以后，实行食盐配给制，严重扭曲了市场，造成盐价虚高、劣盐泛滥，一些百姓为图便宜购买私盐，本就是不得已而为之的事情。

眼看着这些犯人一个个如丧考妣的样子，他们的家属跪在门外哭得撕心裂肺，苏轼突然觉得心里像被勒住一样难过。他多么想法外开恩，将这些犯人开释回去，让他们与家人好好过个年，可事到临头，又发现自己没有那个勇气，只好生自己的闷气。

等忙完公务，他已没了回家和家人守岁的兴致。他心想，这些犯人是为了生计，这才不得不铤而走险，触犯法网，以致身陷囹圄，在除夕夜不能和家人团圆。而自己为了区区薄禄，养家糊口，也不得不废寝忘食，来处理这些荒唐琐事，那他与这些被自己审理的犯人，不也是一样的处境吗？

想到这里，他在官厅的墙壁上，留下了一首长诗：

　　除日当早归，官事乃见留。

　　执笔对之泣，哀此系中囚。

　　小人营糇粮，堕网不知羞。

　　我亦恋薄禄，因循失归休。

　　不须论贤愚，均是为食谋。

　　谁能暂纵遣，闵默愧前修。

从前他以为只要自己足够强大，就可以拯救很多东西。

现在他明白了，可能这个世界的确不尽如人意，纵然他位至判官，依旧不能按自己的心意去救赎那些期盼着他的人。但是，至少在他力所能及的范围内，他还是会选择为了那些人一次次地去冲撞南墙，哪怕头破血流，只是这些看似可笑的固执，又有谁人能懂？

在杭州通判的任上，他尽力让自己不再忧虑，起初面对新法的实施，他只能避重就轻地去做一些无关痛痒的事，却又因为只是无关痛痒而很快厌倦。直到第二任杭州知州陈襄的到来，他才渐渐从困惑与迷惘中重拾自我，找到了自己的价值所在。

熙宁五年（1072），苏轼开始振作身心，试图疏浚杭州的水利工程。

我们都知道，杭州近海，常年遭受海水侵蚀，而海水内含有盐分，不能饮用，因此杭州居民要饮水，只能去搬运城西的山泉溪流。

可是，一来山泉有限，不能完全满足杭州居民的用水需求，二来山高路远，一来一回，耗费巨大，于是饮水问题，就成了杭州居民日常生活的一大难题。到了唐朝时，有位杭州刺史叫李泌，他勘测地势，引西湖水入城，在城区开了六口井，总算解决了困扰杭州百年的饮水之困。

但到了宋朝熙宁年间，这六口井因年久失修，有三口被淤泥堵塞，另外三口也因内部损坏老化，出水不畅。杭州人民的用水问题，再一次提上了议程。

苏轼在和杭州太守陈襄商议后，就物色了四位懂水利的僧人，让他们规划疏浚方案，同时他自己发动富商集资，在民间征召民夫等。就这样，花了半年时间，六口井终于被成功疏通。

就在第二年，江淮大旱，河枯井涸，其他地方的百姓苦于缺水，唯有杭州百姓用水充足，人人感叹苏通判有先见之明。苏轼也在《钱塘六井记》中记述此事，表示人要有备，才能无患。

时光慢慢溜走，在杭州的苏轼依旧未变，只是时不时会掩面叹息。他在焦虑，王安石的新法成了朝廷的"国是"，即不容置疑的政治纲领，在各地州县如火如荼地执行，而他无力阻止，只能眼睁睁地看这一切的发生。

他常说自己的性格像一头自由散漫的麋鹿，但官场却把他变成了一匹循规蹈矩的立仗马。

所谓立仗马，就是那种在仪仗队里用以表演的马匹。这些马在旁人眼中，是金鞍玉饰、高贵优雅的，可在苏轼眼中，马本是有野性的，而这些立仗马之所以高雅，可以终日安静而不嘶鸣，是被皮鞭抽打训练出来的结果，从来不是它的本性。

所以，苏轼宁可去当一匹在田间拉货干活的劳碌马，也不想去做那看似金贵却失了魂灵的立仗马。

只是命运无常，在杭州的岁月里，时光就这样交错成十字线，将他的生命铺陈开来，谁都不能预见未来的他终将走向何方。

西湖

最让苏轼心驰神往的，还是杭州的西湖。

苏轼曾说过："杭州之有西湖，如人之有眉目。"而他的官舍，就坐落在西湖和钱塘江之间的眉眼盈盈处。

西湖美景，天下闻名。这里湖波浩渺、千舟竞发，亭台楼阁点缀其间。苏轼闲来无事时，便在望湖楼煎茶自娱，或者闲游灵隐寺，爬爬凤凰山，日子过得很是惬意。

未成小隐聊中隐，可得长闲胜暂闲？

我本无家更安往，故乡无此好湖山。

说起来，他分明是第一次来西湖，可每到一处，却又觉得似曾相识，好像从前他就来过一般。

有野史记载，苏轼曾拜访寿圣院，拾级而上时，他望着山梯，忽然开口道："我平生从未到过这里，但眼前所见，就好像曾经经历过一样，从这里上至忏堂，当有九十二级。"

他命人去数，果真是九十二级台阶。于是他指着山寺笑道："我的前世是这里的住持，今日的寺僧，皆是我的法属。"

前生我已到杭州，到处长如到旧游。

更欲洞霄为隐吏，一庵闲地且相留。

西湖带给苏轼的，除了前生旧游的记忆，还有数不尽的应酬。

毕竟，杭州是人文荟萃之地，而他又是久负盛名的大才子，刚一到，前来邀他饮宴的名流便不计其数。按苏轼的自述，他来这杭州做通判，倒是真入了酒食地狱了。

在这些与他交往的名流之中，就有号称"张三影"的大词人张先。

想当年，张先曾拜谒欧阳修，欧阳修就对他的词作十分赞赏，竭力为之揄扬，而这，却是在无意中成全了他的得意弟子苏轼。

我们现在常常称赞苏轼宋词写得漂亮，可事实上，早期苏轼并不擅词作，他的填词技能，是至杭遇见张先后，方被开发出来。

譬如，他在杭州写的那首《江城子》，模仿的就是张先《菩萨蛮》的路子：

凤凰山下雨初晴。水风清，晚霞明。一朵芙蕖，开过尚盈盈。何处飞来双白鹭，如有意，慕娉婷。

忽闻江上弄哀筝。苦含情，遣谁听！烟敛云收，依约是湘灵。欲待曲终寻问取，人不见，数峰青。

这阕词，虽是苏轼仿作，却能跳出哀筝苦情，点出烟敛云收后的数点峰青，这在气象上，就已超越了张先的格局。

不过，苏轼与张先二人的交往，真正出名的，还数那"一树梨花压海棠"的香艳逸事。

说是有一次，张先以八十五岁的高龄，纳了一名十八岁的小妾，跑去和苏轼炫耀，苏轼就写了一首《戏赠张先》，故意调侃他：

十八新娘八十郎，苍苍白发对红妆。

鸳鸯被里成双夜，一树梨花压海棠。

这则逸事向来被人们津津乐道。好事者指责这个张先真是老不羞，一大把年纪还祸害人家小姑娘，还有的人戏谑苏轼，说他是看热闹不嫌事儿大。

但这个事其实半真半假。张先晚年是买过妾，但不知道是不是十八岁，二人也的确就此事相互和诗。苏轼取笑张先的那首还流传了下来，叫《张子野年八十五，尚闻买妾，述古令作诗》：

锦里先生自笑狂，莫欺九尺鬓眉苍。

诗人老去莺莺在，公子归来燕燕忙。

柱下相君犹有齿，江南刺史已无肠。

平生谬作安昌客，略遣彭宣到后堂。

诗中用的典故，主人公都姓张，看似什么都没有说，实际上什么都已经说了，这才是苏轼的作诗水平。至于那首后世流传的《戏赠张先》，看似朗朗上口、老少皆宜，实则不过是打油诗水准，若说是苏轼所作，未免太看轻东坡先生的文采了。

至于那句脍炙人口的"一树梨花压海棠"，最早出自明代人的笔记，一直到民国还在市面上流行，但从没人说这是苏轼所作。第一次把这句诗归到苏轼名下的，是1985年台北庄严出版社出版、姜涛主编的一套丛书《中国传奇》，该书第九卷收有"苏轼逸事"，说苏轼曾以"一树梨花压海棠"调侃张先，该书后来成了台湾地区各中小学的课外教材，故而影响深远。而后改革开放，海峡两岸交流频繁，这一谣言愈传愈真，竟成了苏轼身上最著名的香艳逸事之一。

我们都知道，苏轼为人豁达，好交友，很多人往往喜欢说起他在杭州与佛印、琴操二人的一些故事。他们三人一文、一僧、一妓，多少令人感兴趣的话题都可以从这等身份上引出故事来。

但事实上，苏轼与佛印订交，当在元丰年间，第一次至杭时，他还不认识佛印。至于名妓琴操，即蔡云英，究竟是否真有其人，还是后人编造杜撰，抑或是将其他艺伎的事迹嫁接在她身上，皆是一团迷雾，难以考证。

其实，苏轼并不好色，有人说他"性不昵妇人"，虽喜欢高谈阔论，常在席间和歌伎开玩笑，油腔滑调好不正经，但其实是真正把这些沦落风尘的女子当作平等的朋友在相待。

他为人没有架子，与这些女子交往，往往喜欢恶作剧，但又懂得尊重她们，这和那些狎妓急色的官员截然不同。苏轼在杭三年，要么是被一群莺莺燕燕簇拥着去西湖游玩，要么是和朋友一道去找名妓作诗唱和，看起来倒真像是把那些妓女当成自己的兄弟了。

不过，文僧妓三人行的故事虽多为杜撰，但也不是真的一点影儿都没有。

苏轼就有个好友，是位僧人，法号大通禅师。

大通禅师谨守清规戒律，十分厌恶妓女，认为妓女是不洁之人，故曰佛不度妓，更不准妓进入寺庙，生怕亵渎了佛门圣地。

一日，苏轼喝多了，偏要破他的这个例，带着一名与他相熟的歌伎，强行闯进了大通的禅房。

大通禅师一见，脸色顿时一僵，只是碍于苏轼的身份，不好发作。但苏轼浑然不觉，自顾自地吩咐歌伎，让她唱出事先准备好的曲词：

师唱谁家曲，宗风嗣阿谁。借君拍板与门槌。我也逢场作戏、莫相疑。

溪女方偷眼，山僧莫皱眉。却愁弥勒下生迟。不见老婆三五、少年时。

一曲唱罢，苏轼冲着大通禅师拱了拱手，领着歌伎人笑而去。

在杭州的这些年，苏轼大咧咧的脾性让他收获了很多友谊。可以说，友谊这种事是一种遇见，它不能等待，也不能准备。你快乐，不如有人因你而快乐，那样的生活才是美好的。

这是他在西湖边三年所感悟到的——所谓的快乐，从不是得到的多，而是计较的少。苏轼就是个不计较的人，有这么多形形色色的朋友已然足够，其他的都不重要了。

密州

时光易逝，眨眼就是三载。

熙宁七年（1074），苏轼在杭州的任期已满，按例他该上书朝廷，由中央决定他日后的升降去留。以苏轼的资历与政绩，如若继续任职地方，一个太守之位自然不在话下，只是到底该安排苏轼去哪儿，这倒叫朝堂上的君臣犯了难。

幸好，苏轼有他自己的想法。

当时，因为苏辙人在济南，担任齐州掌书记，苏轼对胞弟万分想念，就请求朝廷，可以给他安排一个前往山东的差事。当年九月，朝廷做出回应，着苏轼权知密州（今山东潍坊诸城），当个太守去吧！

十月份，苏轼携家人启程，大半个江南的士人、僧侣和道士都来了。这些人不分三教九流、贵贱尊卑，都是来为他送行的，撵都撵不走。

他们一路簇拥着苏轼行至湖州，才在酒宴上做了拜别，据说现场还有个漂亮的姑娘红了眼，抹着眼泪问："苏学士这一去，还回不回来？"

> 一年三度过苏台。清尊长是开。佳人相问苦相猜。这回来不来？
>
> 情未尽，老先催。人生真可咍。他年桃李阿谁栽？刘郎双鬓衰！

熙宁七年十二月，苏轼一家人，总算赶到了密州。

如果要问苏轼这一路上有何感受，那就只有一个字：

惨！

此时的密州正遭逢蝗灾和旱灾，苏轼一路走来触目所见，是庄稼作物均被漫天的蝗虫摧残糟蹋，被百姓捕杀的蝗虫尸体堆积在路边，延绵二百余里。单是向官府报备的捕杀总数，就有三万斛之巨！

这些破败与萧条，看得苏轼触目惊心。

他不是没见过地方闹灾。在凤翔当签判时，就曾遭遇过旱灾，但他运气不错，只是前往太白山请了一封神表，就把雨水祈来了。在杭州通判任上，江淮大旱，水源短缺，但多亏他提早疏通六井，不至于酿成大祸。

但这次的密州，旱情却是从未有过的严峻，加之蝗灾肆虐、盗贼频发，还有朝廷上的新党人物在横征暴敛，一堆糟心事都给凑一起了。想来朝廷安排他到这里，就是看中了他在杭州的治绩，希冀他可以将多灾多难的密州百姓带出绝境吧。

可以说，这次的密州之任，是上天给了苏轼一个前所未有的考验。

他刚一到府衙，就迫不及待地询问起受灾状况。这里的官吏不清楚苏轼为人，就报喜不报忧："蝗虫不是灾祸，是来为田地除草的。"

苏轼闻言，气不打一处来。向来与人为善的他，这次很罕见地发了火，并迅速召集衙役，组织百姓，开始大规模地除蝗救田，以求尽人事而补天祸。

他这一路行来时，发现街头有不少弃婴。原来是因天灾来临，长久饥馑，很多家庭都养不起婴孩，只能遗弃。苏轼见状于心不忍，就筹措出一笔经费，规定但凡养不起孩子的父母，每月都可以在官府领米六斗，可持续领取一年，待一年后，父母与婴孩有了感情，就不会再轻易丢弃了。

与此同时，面对这场百年不遇的大旱灾，他发动群众，四处寻找水源，并把希望寄托于求神祈雨上。

自熙宁八年（1075）四月起，苏轼便开始沐浴斋戒，前往密州境内的常山长跪求雨。以今人视角来看，苏轼这一行为难免迷信可笑。但从当时的时代背景来看，遇到天灾就求神拜佛，这是古代常用的办法，固然未见得有用，但至少能给人一些心理安慰。

别的不提，苏轼以太守之尊，亲临常山辟谷求雨，这份真诚，纵不能感动天地，至少可以打动密州的百姓，让大家全心信赖这位新的长官，进而团结成一股绳，一起携手应对天灾。

但是，时间一长，苏轼绝望地发现，真正缠绕密州的梦魇，还不是天灾，而是人祸。

准确地讲，是来自中央的敲骨吸髓。

远在开封的朝堂之上，政治局势发生剧变。新党领袖王安石罢相，接替他的是韩绛和吕惠卿，时人分别以外号称呼他俩为"传法沙门"和"护法善神"。

如果以职位来算，韩绛为同中书门下平章事，是宰相。吕惠卿为参知政事，是副宰相。但是韩绛性格软弱，没啥主见，处处墨守成规，所以真正掌权拿事的人还是吕惠卿。

想当初，王安石在中央搞变法，虽说旧党群起反对，但反对的只是变法措施，对于王安石这个人，大多数人还是愿意承认他是个品行高洁的君子的。

但作为王安石助手的吕惠卿，在朝堂上一向风评不佳，人人都觉得他是个心术不正的小人。自打吕惠卿上台后，他在为国敛财上变本加厉，创立了"手实法"。

所谓手实法，就是让百姓估算自家财产，再向官府上报，朝廷会按各户人家的财产状况，将民户分为五等，按一定比例平摊役钱，算是一种变相的财产税。

为了保证执行力，官府还会挨家挨户地检查，如果有敢瞒报隐匿的，家产一律没收。同时，吕惠卿还鼓励民间检举告发，告发者可以得到没收财物的三分之一作为奖励，这项政策不是什么新鲜玩意儿，就是把汉武帝时期的"算缗法"和"告缗法"换了个马甲而已。

最后的结果不必多说，手实法一出，民间告密成风，人人自危，半数的中上户被仇家检举揭发，毁家破产者不计其数。

可以这么讲，如果说王安石时代的变法，还只是先国富后民强，那么吕惠卿时期的变法，那就是只要国富，不要民强。

如今密州正逢多事之秋，天灾未去，人祸又至，苏轼深感无力。他知道，自己就算上书，也不会有什么改变，反倒给了吕惠卿之流攻讦他的口实，于是他只好将最后的希望寄托在宰相韩绛的身上。

他给韩绛写了一封私信，希望他可以阻止吕惠卿，延缓手实法、榷盐法、方田均税法等法令的实施。在这封私信的末尾，苏轼还特别注明：

可则行之，否则置之，愿无闻于人，使孤危衰废之踪，重得罪于世也。

看来，当年王安石授意景温诽谤苏轼一事，至今仍让他心有余悸。他只求韩绛在力所能及的范围内拯救斯民，若是做不到，那这封信就当没看到，不要和别人说，免得让他成为小人围堵的众矢之的。

韩绛果真没让苏轼失望，把他没主见的人设坐得稳稳的，副相吕惠卿在朝廷上一手遮天，而身为宰相的韩绛却只能当他的应声虫。

苏轼无奈，中央指望不上，只能自救。他虽说不能求来雨水，让密州转危为安，但他可以尽力与百姓们同甘共苦。在职两年，他屡屡亲临一线，宵衣旰食，商议救灾。若是饿了，就采摘野生的枸杞和菊花来充饥，始终设身处地地和受灾百姓同在。

有次，一帮兵卒在前去剿匪的途中，和地方村民发生冲突，有百姓跑去衙门哭诉。苏轼听了，诉状看都不看，一把投掷于地，说："不可能有这种事！"

百姓听了，心凉了。果真是官官相护，朝廷的人只会维护朝廷的兵。而那些散兵游勇听闻后，放了心，认为苏轼是站在他们这边的，就一个个回了衙门。

谁知，苏轼立马变了脸，当堂传唤人证物证。在证据确凿后，他立刻将这些违法士兵明正典刑，给了老百姓一个交代。

经过这一事，密州百姓对苏轼佩服得那叫一个五体投地。山东本是民风粗犷之地，《水浒传》里的宋江起义就发生在这一带。可是，如此桀骜不驯的民众，唯独对苏太守信赖有加，这就是苏轼在密州的两年来，用实际行动积攒下的民望与人心。

有一次，苏轼在常山祭谢回程，忽见一马平川，便张弓搭箭，前去打猎，在豪气冲天之际，写下了那首我们都背过的《江城子·密州出猎》：

老夫聊发少年狂，左牵黄，右擎苍，锦帽貂裘，千骑卷平冈。为报倾城随太守，亲射虎，看孙郎。

酒酣胸胆尚开张，鬓微霜，又何妨！持节云中，何日遣冯唐？会挽雕弓如满月，西北望，射天狼。

正是在这一刻，苏轼的词风发生了质变。

我们都知道，苏轼在文学史上，是一个"文、诗、词"三位一体的天才。论文，他自幼受其父苏洵教导，长大后师承欧阳修，位列唐宋八大家之一；论诗，他的弟子乃是江西诗派的创始人黄庭坚，有投石问路、抛砖引玉之功。

但是，真正让我们记住苏轼，让他在文学创作上远超同代人，并成为中国历史上独一无二的文学大家的，既不是他在文章上的造诣，也不是他在诗句上的成就，而是因为他笔下的宋词！

我之前说过，早年的苏轼很少填词，直到在杭州遇见张先，这才开始攀登作词这座高峰。但杭州毕竟吴侬软语、缠绵悱恻之乡，苏轼在杭州的词作，多为天真烂漫、伤春悲秋之作，虽也是好作品，但恐难超越李煜、柳永等前人。

幸好，苏轼来到了密州。

如果只论文学氛围，密州自不能和汴京、杭州相比，就是和眉州、凤翔相较，都相差甚远。但是，山东质朴彪悍的民风，深深地感染了苏轼，让苏轼从秦楼楚馆的脂粉堆里跳出，在恶劣的环境中找到了刚健明快的词风。自此，他绕开娇柔婉约之路，为宋词开辟了一条风格豪放的康庄大道，从此新火试新茶，诗酒趁年华。

春未老，风细柳斜斜。试上超然台上看，半壕春水一城花。烟雨暗千家。

寒食后，酒醒却咨嗟。休对故人思故国，且将新火试新茶。诗酒趁年华。

据说有一次，苏轼听说他的一个幕僚擅歌，就问道："我的词何如柳永？"

这幕僚也是个妙人，只听他这样回答："柳郎中的词，只适合十七十八的少女，执红拿板，歌'杨柳岸晓风残月'。学士的词，需要找个关西大汉，拿着铜琵琶、铁绰板，高唱'大江东去'才行！"

苏轼听了，笑得差点儿直不起腰，宋词中的婉约和豪放，却是无意间被这位没有留下名字的幕僚一语道尽了。

熙宁九年（1076）中秋之夜，苏轼在超然台上欢饮达旦，酒喝得微醺上头。他想起在齐州的弟弟，不禁微笑起来，仿佛有无数暖阳从中迸发，束缚住了岁月悠悠。

明月几时有？把酒问青天。不知天上宫阙，今夕是何年。我欲乘风归去，又恐琼楼玉宇，高处不胜寒。起舞弄清影，何似在人间。

转朱阁，低绮户，照无眠。不应有恨，何事长向别时圆？人有悲欢离合，月有阴晴圆缺，此事古难全。但愿人长久，千里共婵娟。

任何作品，在写出来之前，是属于作者的，但写出来之后，就属于读者了。《水调歌头》也一样，有些人从中看到了怀乡念弟，有些人从中看到了乐观向上，还有些人看到了人生真理、宇宙奥妙，但不论他们看到的是否是当初苏轼想表达的，都不重要了。你理解出来的东西，那就是属于你自己的。

或许比起《水调歌头》本身，我更关心苏轼写出这一作品的心态。

你说，一个人的一生，要上演多少故事，经历多少离合，到最后又能剩下多少供人怀念的快乐呢？

苏轼这一路走得跌跌撞撞，可是他却还是固执地相信着自己，不哭泣，不逃避，不轻易放弃爱所有人的心意。

或许在遇到了斯人斯事之后，苏轼还是愿意相信，人生总会有各种各样的烦恼与不堪，但是往前走，总是能看见曙光。

黄楼

熙宁九年（1076）十二月，苏轼奉诏移知河中府，离开了多灾多难的密州。

宋朝的地方长官，不像汉唐时称"郡守""刺史"，可以独掌封疆大权，而是"权知州事""权知府事"，简称就是"知州""知府"，属于临时代掌地方政事，这都是因为宋太祖忌讳地方割据，才故意订立的此等规矩。比方说，通判、签判是二把手，一任只能干三年，而知州、知府是一把手，任期更短，只干两年，就算功德圆满。

所以，苏轼在密州干满两年后，就要去京城述职。这一行他总算得偿所愿，在东园和他的弟弟苏辙团聚了。兄弟二人在这里住了一段时间后，上面的朝命变了，让他改往徐州，担任知州。

徐州，古城彭城，是《禹贡》中的"华夏九州"之一，历来便是兵家必争之地，在宋代以打铁冶金闻名全国，民风之彪悍不减山东密州。

苏轼到了徐州不久，黄河就发了大水。

熙宁十年（1077），夏秋之际，黄河在澶州曹村决口，原本北流的黄河水掉头向南奔来，沿途四十五个州县惨遭淹没。八月，大水漫延至徐州境内，为徐州周边大山所阻，虽一时未能侵入城中，可当时正赶上汛期，一连数天大雨连绵，水势日涨一日。到了九月，南清河的水位已达二丈八尺，眼看就要越过长堤，水漫徐州，城中百姓无不惊慌失措。

面对来势汹汹的洪水，苏轼早早就将城内的青壮民夫组织起来，用土石将防水的大堤加高加厚。

他做了最坏的打算，造了一批逃生用的木筏。但他清楚，徐州城内的百姓成千上万，这些木筏是万万不够的，要想真的做到守土安民，只能寄希望于将洪水阻拦在城墙之外。

一连数日的暴雨，使洪水快速涨潮。是夜，苏轼短衣赤膊，挂着手杖，亲自赶赴东南大堤，和城中的青壮年们一起加固堤坝，抗洪救灾。

这时，有小吏前来报告，说有富户要求出城避难，正在城北强闯城门。苏轼一听就急了，当下正是众志成城、抵御洪水的关键时刻，如果城中富人全跑光了，在前线抗洪的穷苦子弟只会感到不值，人心一旦动摇，这城还如何去守？

他冒着瓢泼大雨从城南奔往城北，老远就看到好几个城中富户的车队停在城门外，一些华贵打扮的人和城门的戍卒对峙，叫骂声与哭泣声混杂在一起，在这凄厉的雨夜下分外清晰。

苏轼拄着木棍，挡在那些放声叫骂的富户面前。

他说道："我是徐州太守苏轼，会一直留在城内，与百姓一同抗洪救灾，绝不让洪水入城，希望你们能相信我们，留下来与我们一起共渡难关！"

这些富人面面相觑，苏太守的大名他们是知道的，现在既然连人家都选择坐镇城内，与百姓共存亡了，他们这些人还能说什么呢？

苏轼在劝退富户们后，不敢稍歇，立即赶往徐州的武卫营，他要去请求驻屯在那里的士兵相助。

武卫营直属宋朝的禁军系统，平日里只听从中央调遣，但现在十万火急，苏轼也顾不得犯忌讳了。他只身前往武卫营的驻地求援，所幸武卫营的统领不是迂腐之人，同意调拨数千禁军，与苏轼一同赶往抗洪前线巩固大堤。

经过数个日夜的赶工抢救，可算把长堤修筑得固若金汤，阻挡住了来势凶猛的洪水。这时苏轼又采纳一位僧人的建议，凿开了清泠口，终于把城外的积水引入黄河故道。

经过两个多月昼夜不歇的奋战，徐州水患终于得以平息，天空阴云散去，露出来的高照艳阳投在了苏轼的身上，将他的身影打上一层暖光。

终于看到了久违的阳光，他眉间舒展，长松口气，向徐州军民宣布了这个消息。全城的百姓在片刻的安静后，猛然爆发出一阵响彻云霄的欢呼声。

街道上的人开始奔走呼号，不管认识的不认识的都在相拥大笑，有青年放声呐喊，有妇女喜极而泣，就连怀中婴孩都在咿呀嬉笑。看到这些，苏轼终于笑了。

或许这就是那么多人喜欢苏轼的理由。从杭州、密州再到徐州，他走过的地方总会留下抹之不去的温暖，他的模样总会被人们铭记，那些是专属他走过的痕迹，长长久久，经年不忘。

在这次水灾过后，苏轼为了聊表纪念，打算建造一座亭台楼阁。

彼时在徐州府邸内，有座"霸王厅"，相传是项羽所建，因慑于霸王之威，这里常年无人敢进，久而久之就成了废阁一座。

苏轼倒是百无禁忌，下令拆毁霸王厅，用拆下的材料，在东门重新起造了一座大楼。因为阴阳五行上讲，土可以克水，所以苏轼命人用黄土刷墙，为之取名"黄楼"。

待黄楼落成时，恰逢宋神宗将年号由"熙宁"更改成了"元丰"，时为公元1078年。

元丰元年的九九重阳节，苏轼在黄楼大宴宾客。他的弟弟苏辙寄来一篇《黄楼赋》，遥祝黄楼竣工，苏轼见了兴奋不已，亲自将这篇赋刻在了石碑上，以作纪念。

苏轼在写碑时，他的红颜知己马盼盼恰在其侧，苏轼写到一半，因有事暂离，马盼盼在等苏轼回来的时候穷极无聊，便代他写下了"山川开合"四个大字，因其笔迹模仿得惟妙惟肖，真假难辨，苏轼回来看到后，差点儿真以为是自己写的了。待马盼盼实言相告，他才后知后觉，不由哑然失笑。

苏轼不是多情之人，但他也希望累的时候有个肩膀可以倚靠，难过的时候有人可以给他安慰，而马盼盼就是少有可以走入苏轼内心的异性。

然而，马盼盼的身份是徐州官伎，注定不得自由，这段相逢一开始就已注定了结局，还是按预定的残忍轨迹走了下去。

有一次，苏轼携马盼盼夜宿燕子楼，想起了一则关于前朝的往事。

在唐朝时，有个徐州刺史名叫张愔，他有一宠姜，叫关盼盼。一次，大诗人白居易路过徐州，参与张愔家宴，与关盼盼有过一面之缘，还留下了"醉娇胜不得，风袅牡丹花"之类的句子。

多年之后，张愔病逝，关盼盼为夫守节，誓不再嫁，依旧居住在徐州燕子楼。白居易听说后，就赠写了一首《感故张仆射诸妓》：

> 黄金不惜买蛾眉，拣得如花三四枝。
> 歌舞教成心力尽，一朝身去不相随。

闭关在燕子楼的关盼盼读到此诗，看到"一朝身去不相随"这句，知晓白居易在讽刺自己没有给夫君殉节，就写了一首回诗：

> 自守空房恨敛眉，形同春后牡丹枝。
> 舍人不会人深意，讶道泉台不去随。

写完之后，关盼盼为夫殉节，绝食而死。

好吧，我知道写到这里，你们肯定愤怒了，所以特此辟谣一下，关于白居易逼死关盼盼这一情节，它是一个史料层累的过程，并非历史上真有其事。

这件事，唐代的《白氏长庆集》就有过记载，但只说起当年白居易途经徐州，张愔设宴款待，并请自己的爱妾盼盼侍奉宴席，注意，这里只说他的爱妾叫盼盼，连姓关都是后人编出来的。过了两年，张愔去世，盼盼守节，而居住在长安的白居易对此事毫不知情。是在第二年，他们共同的好友张仲素回到长安，在和白居易相聚的时候，席间说起了张愔和盼盼的事儿。白居易听了后很是感慨，就写了几首诗来抒情。这些诗句只是白居易临场的和诗，根本不是专门寄给他人的，此后他与盼盼便再无交集，至于后来盼盼的结局如何，原文完全没有任何记载。

以上就是"白居易逼死关盼盼"事件的原始记录，但在后人传播抄录的过程中，一些人开始了添油加醋，直到宋真宗时期，有部叫《丽情集》的野史，第一次记载了白居易寄诗讽刺关盼盼的事儿。到了苏轼生活的年代，这一谣言三人成虎，越传越真，白居易逼人殉葬一说在坊间大行其道，故而苏轼在登临燕子楼时，就听到了这传闻，便一时有感而发。至于这件事是不是真的，反正他当时就只是抒情一下，哪管得了那么多？

其实，苏轼对这则故事如此感怀，主要是因他的女伴和昔年的张愔爱妾恰好同名。他觉得自己和张愔都是同病相怜，皆与名为"盼盼"的姑娘相爱，却又注定不能长相厮守，就像远方雨过天晴后的彩虹，虽然短暂却很美，可终究会落幕得行色匆匆。

在徐州的两年间，苏轼和马盼盼彼此陪伴着，他们一起走过风雨，即使多年以后，时间再也无法沿路回溯到从前，但无可争议的是，他们还是在彼此的记忆里留下了难以忘却的一笔。

　　明月如霜，好风如水，清景无限。曲港跳鱼，圆荷泻露，寂寞无人见。纨如三鼓，铿然一叶，黯黯梦云惊断。夜茫茫、重寻无处，觉来小园行遍。

　　天涯倦客，山中归路，望断故园心眼。燕子楼空，佳人何在，空锁楼中燕。古今如梦，何曾梦觉，但有旧欢新怨。异时对、黄楼夜景，为余浩叹。

这是苏轼凭吊燕子楼所写的《永遇乐》，我并不怀疑他在这一刻的真诚，但那注定只能是一些天真的言语，一个单纯的约定。

元丰二年（1079）三月，苏轼任期圆满，移知湖州军州事。

徐州父老拦在苏轼马前，纷纷挽留他不要走。苏轼在人群中没能找寻到他想见的那抹倩影，心中一阵空落落。

他面无表情地说："不必如此，我没有恩于你们。"

有百姓道："前年要是没有太守，我等就成为水鳖了。"

苏轼哭笑不得，拜谢道："穷人命分恶，所向招灾凶。水来非吾过，去亦非吾功。"

在离开徐州的最后一瞬，苏轼回望了一眼。真是羁旅天涯，此去经年人独悲，本以为这辈子都不会后悔的事，最终却还是上演成了悲剧。

他留下一首《江城子·别徐州》，算是苏词中，少有对他妻妾之外的女子流露出的些许情意：

> 天涯流落思无穷。既相逢，却匆匆。携手佳人，和泪折残红。为问东风余几许，春纵在，与谁同。
>
> 隋堤三月水溶溶。背归鸿，去吴中。回首彭城，清泗与淮通。欲寄相思千点泪，流不到，楚江东。

或许马盼盼也曾在黄楼上远望着他离去的背影，只是他们二人之间注定难以修成正果，不过是彼此陪伴一程，到了该散场的时候便散场罢了。

那日，二人就此分手。

四年后，马盼盼去世。

乌台诗案

庙堂

我们把时间往回拉上五年，花几千字，来讲一讲苏轼外放的这几年，大宋朝堂上发生的巨变。

熙宁年间，庙堂上王安石一手遮天，皇帝对他宠信无匹，宰相曾公亮和苏轼聊天时就曾说"上与安石如一人"。正是因为有圣眷的支撑，王安石才能在党争中屹立不倒，旧党的各路元老都纷纷求去，新法在中央成为无可置疑的国是，在全国范围内紧锣密鼓地推行。

但是，伴随着宋神宗年纪的日渐增长，以及后宫和旧党等保守势力的影响，他对王安石不再那么言听计从，而是慢慢有了自己的主见和野心。

他心想，如果真按照王安石预想的那样，大宋因新法雄起，最终吞辽灭夏、再造汉唐，那将来的史学家，是把这个功劳算在王安石的头上，还是他的头上？

于是，一个挥之不去的念头在宋神宗的脑海中时隐时现：要不要把王安石踢开，然后我一个人单干？

很多事情你不敢想，可一旦起了那个念头，它就会疯狂滋长。因为宋神宗自我意识的觉醒，他对王安石的施政不再一意迷信，而君臣二人的初次分歧，便起自"市易法"。

熙宁五年（1072），有人上书，说有商人趁着天灾，囤积居奇，投机倒把，大发国难财，建议朝廷像设立常平仓那样，由官府代替商人，在丰年平价收购货物，到歉年再平价卖出，以此来平抑物价。

说白了，市易法就是用国企代替私企，包揽包销各类百货商品，将商贾的利润由朝廷赚了去。王安石既然要理天下之财，自然不会放过这个增加财政收入的法子，便从善如流，在京城设立了"市易司"，用来主办此事。

问题出在市易司的负责人：吕嘉问。

吕嘉问因要讨好王安石，在主持市易司期间，学起了那些无良商人，低价收购各类百货，再高价卖出，结果市易法平抑物价、稳定市场的初衷没有起到作用，反倒成了朝廷公然敛财、剥削百姓的工具。

吕嘉问的所作所为，很快引起了公愤，不但旧党的文彦博上书抵制市易法，连新党的薛向、曾布等人都弹劾起了吕嘉问，并对市易法的施行表达了不满。

这件事惊动了宋神宗。当他向王安石询问此事时，王安石却死保吕嘉问。宋神宗心头不快，第一次对王安石的为政用人产生怀疑。

恰逢熙宁六七年间，中原爆发了罕见的大饥荒，流亡的百姓逃到京西一带。有个名叫郑侠的官员见到这一幕，心生悲悯，就绘制了一幅《流民图》，附上一封奏疏，递到了神宗皇帝的御前。

他说："臣谨以逐日所见，绘成一图，但经眼目，已可涕泣，而况有甚于此者乎！如陛下行臣之言（罢新法），十日不雨，即乞斩臣宣德门外，以正欺君之罪。"

自从西汉董仲舒以来，儒家提倡"天人感应"一说，如果发生了自然灾害，那一定是统治者的施政出了问题，上天才会降下警示。

中原地区一连大半年的旱灾，让宋神宗忧心忡忡，他心想：这不就是冲着朕来的吗？不行，大臣看朕的眼神都不对了，心里实在有点慌，于是就对这些年自己起用王安石变法是对是错，产生了深深的自我怀疑。

当他认真地看完郑侠递上来的《流民图》后，眼泪落在不住颤抖的身躯上，仿佛每一滴都有着难以承受的重量。尤其是看到郑侠说，如果罢了新法，老天还不下雨的话，就请朝廷将自己斩首示众后，这位年轻的皇帝在当晚一夜无眠，就好像含了一口腥热的血，不论咽下还是吐出，都有种无法言喻的苦涩。

罢了，那就依他吧！

就在第二天，宋神宗突然颁布圣旨，罢除青苗、方田、保甲、免役等新法，共计十八项措施。

三日之后，天降甘霖。

百姓欢呼雀跃。

这一场大雨，浇灭了宋神宗和王安石的君臣相得，曾经他们为了国家的强大，选择了一条与众人背道而驰的路，即使是飞蛾扑火、头破血流、饮鸩止渴、自掘坟墓也在所不辞。

可现实的残酷，让皇帝感觉自己的行为与世界的逻辑格格不入，曾经一直相信的东西，在一夜之间面目全非。当他一觉醒来，望着连绵不绝的大雨，忽然就觉得自己原先的坚持有多么可笑。

这世上最糟糕的感受，就是不得不怀疑自己曾深信不疑的东西。

虽然王安石还在跟他不断强调，自然灾害都是常数，与新法无关。但他已听不进去，而是坚定认为就是因为朝廷厘定的免行钱太重，造成了天怒人怨，上苍这才用灾害来警示自己的。

王安石失望了，心灰意冷地请求皇帝罢免他的职务。皇帝虽再三挽留，但王安石去意已定，只好应允了他的请求。

熙宁七年（1074）四月，王安石辞去相位，以观文殿大学士的身份，前往江宁赋闲养老。

王安石离去，同平章事（宰相）成了软弱无能的韩绛，参知政事（副相）成了狡诈多变的吕惠卿，提举市易司的人成了骨鲠刚直的曾布。

庙堂之上看似是三驾马车，但吕惠卿很快将曾布排挤到了饶州，还和邓绾一起说服了皇帝严惩郑侠，全面恢复新法。

至此，吕惠卿代替王安石，成了新党事实上的领袖。

吕惠卿当了半辈子王安石的副手，第一次品尝到大权在握的滋味，但他心中清楚，皇帝真正信任的人还是王安石，他可不想再沦为那人的影子。于是，他大兴冤狱，株连到了王安石弟弟王安国的头上，就是为了预防王安石的东山再起。

在当时，执掌中书的韩绛唯唯诺诺，无法制服吕惠卿，干脆上书皇帝，要求把王安石再请回来。这一建议正中皇帝下怀，果断下诏，复用王安石重新秉政。

熙宁八年（1075）二月，王安石再次奉诏入京，任同中书门下平章事，重登宰相大位。

王安石强势归来，韩绛、吕惠卿就要给人家正主腾地方，在当年的秋冬之际两皆罢出。彼时人在密州的苏轼闻知，就作《盖公堂记》嘲讽说这是"三易医而疾愈甚"，而他这种阴阳怪气讽喻时政的习惯，即将在不久的将来让他经历一场生死大劫。

王安石虽已复相，但君臣之间嫌隙已生，宋神宗早就不再是当年那个对王安石言听计从、百依百顺的君主了。他羽翼已丰，有了自己的主见，皇权的意志不再是他人可以动摇的，所以王安石常常叹道："我的话官家要能听一半也行啊！"

熙宁八年，恰好又发生了几次天变，在王安石眼中，那是"天变不足畏"，可宋神宗坚持"天人感应"说，双方再次发生冲突。你王安石连老天都不畏惧，更别说朕这个天子了！皇帝的这些细微心态被王安石捕捉到，这让他意识到，这个相位自己是坐不下去了。

这时的王安石不但失去了宋神宗的支持，还失去了曾布、吕惠卿等重要助手，就连他最后赖以为助的儿子王雱也患上背疽，三十来岁就病逝。白发人送黑发人的王安石经此打击，万念俱灰，彻底失去了改革的雄心壮志。

在王安石的一生中，即使是最糟糕的时候，他也并不是特别难过的，因为心里早已经麻木了。从小他就跟随着父亲，耳闻目睹了那么多的民间疾苦，见过了一个又一个的炎凉世态，所以后来在黑暗中独处时，他回忆起一切事情都是那么的苍白无力。

他是多么希望自己可以改变这一切，用双手撑起即将塌陷的天空，所以他小时候坚强，长大后倔强，时光却始终静默无声。即便如此，他依然坚信，只有不断地进击，才可以度过漫漫寒冬，看到那终将到来的春天。

所以，在他变法的这些年来，有三千多个不眠之夜，他都坐在高高的屋顶，面对着外界的唇枪舌剑、旧党的疏章锋芒。他在心里砌了很厚的心墙，企图把自己幽闭，因为只有这样想，才会让自己好过点，才会抵过那些汹涌的中伤，带着不灭的信念，找到自己该走的方向。

可是，王雱的死成了压垮他的最后一根稻草。

那天他倔强地挺直脊背，死死抱着儿子冷去的身体，所有的话语都冻结在唇边。消逝的生命已无可挽回，至于那拳拳的爱子之心，都变成了几近崩溃的绝望。那种撕心裂肺的感觉，那种把灵魂和肉体活生生剥离的惨痛，终于让这位几乎隐忍到最后一刻的老人崩溃大哭。

人的一生中，能有多少最重要的人和事？

可无论是理想还是感情，现在他全都失去了。

熙宁九年（1076）十月，王安石选择了退休，上书皇帝请求解职。

他已经没有力气再像从前一样再来一遍了，因为从前那样努力过，最终却只能换来无奈和失望。皇帝也知道强留无益，只得同意他的请辞，命其归居江宁府，颐养天年。

到了最后，王安石还是来不及再看一眼这曾经差点儿实现了他理想的汴京城。他没有说话，也没有动，只是背影格外落寂。想想也是，如果这就是结局，那么人所信仰的理想，未免太过脆弱了。

这些年他费尽心机，成为大宋的宰相，可总感觉好像少了些什么。他用他最耀眼的年华演绎了一场极致的盛景，可他的倒影却无法遏制住他眉眼间的苍凉——所有人都铭记着范仲淹，而他似乎就快要被遗忘了。

他想，如果范仲淹是沐浴阳光的树叶，那他就是在黑暗中的根。

即使他为大宋鞠躬尽瘁，依然没有唤起别人的同情。

危机

王安石的离开，标志着新党的败落，以及变法第一阶段的告终。

当初，王安石身边的新党众人，若是不论品德，只从能力上来讲，倒真算得上是人才济济。

如今，吕惠卿和王安石反目，外出陈州；曾布因反对市易法，被视为新党叛徒；章惇和邓绾内斗，二人皆先后被外放；王韶因上书触怒皇帝，被贬到了洪州。

如此一算，当初意气风发的变法天团，现在倒成了树倒猢狲散。

王安石辞去相位后，接替他入参大政的，是吴充和王珪。

吴充是王安石的儿女亲家，但此人在立场上相对中立，刚一秉政，就向皇帝提议，要召回司马光、吕公著等旧党中人。只不过赋闲在洛阳的司马光提出要求，只有吴充废除掉所有新法，他才愿意出山。

可想而知，宋神宗虽然罢免了王安石，但不代表他放弃了富国强兵的愿景，对于司马光的条件，他是不可能接受的。吴充没有皇帝授权，自然不可能决定新法的存废，只能继续充当新旧两党之间的和事佬。

王珪则是一个典型的官僚主义者，在两党之间左右逢源，谁都不得罪，勉强可以算是中立无党。在他担任宰相期间，从来不对新法过多置喙，一切以皇帝的意思为准，当时人们说他上朝叫听圣旨，进朝叫领圣旨，下朝叫得圣旨，于是给他起了一个绰号，叫"三旨相公"。

可以看出，宋神宗试图让新旧两党和衷共济，是为了团结协作也好，异论相搅也罢，庙堂上既有新党，又有旧党，才是他愿意看到的图景，所以即使是王安石主政时期，依旧有文彦博、冯京等旧党元老伫立在朝堂之上。

这就是他为何会选择吴充和王珪。因为王安石和司马光水火不容，只有吴充和王珪为相，才能达到既可以实行新法，又不会得罪旧党士大夫群体的效果。

熙宁十年（1077），在徐州刚刚抗洪完毕的苏轼，收到了来自中央二万四千贯的拨款，用于当地的灾后重建。我们可想而知，倘若当时坐在相位的不是吴充，而是吕惠卿的话，那么别提救灾款项，不再多收徐州百姓的血汗钱就算烧高香了。

元丰二年（1079）三月，苏轼从徐州离任，知湖州军州事。

按照当时的规矩，知州奉调官职，是需要交上一份谢表感谢天恩的，苏轼自然不例外，一封表奏九重天，就自行前往湖州赴任。

只是这时候的苏轼还没有意识到，这一份谢表，将会让他的人生地覆天翻。

这份谢表有什么问题？

元丰二年（1079）六月，有个叫何正臣的侍御史，从他的谢表中摘出了这么一段话：

知其愚不适时，难以追陪新进，察其老不生事，或能牧养小民。

很多事，不上秤没有四两重，可要是上了秤，那一千斤都打不住。

苏轼这段话，往好了讲，是自谦之词，在说自己资质愚钝，不合时宜；往坏了讲，那就是阴阳怪气，埋怨朝廷没给自己选好职调。尤其是他毫不留情地把朝廷上的重臣说成是"新进"，这让朝堂上因变法而擢拔高位的新党众人看了，如何不芒刺在背？

果然，这份谢表被何正臣挑出，指责苏轼愚弄朝廷，妄自尊大。他还表示，苏轼这个人，每遇水旱之灾、盗贼之变，便喜形于色，说这都是因为推行新法才引起的上天震怒。还有另一位御史舒亶也说苏轼玩弄文字，给老百姓灌输诋毁新法的思想。因此，他们一齐上书，希望皇帝可以严惩苏轼，以正视听。

有了这两名御史牵头，御史台的官员由一开始对苏轼谢表的非议，升格成了大家一起来找碴，都试图从苏轼诗文中寻找出他诽谤朝廷、讥讽新法的证据。

平心而论，说苏轼每逢灾变就喜形于色，这是赤裸裸的污蔑，但说他在诗文中抨击新法，对执政大臣出言不逊，这倒是事实，所以御史台围攻苏轼，未必就是无的放矢。但值得疑惑的是，这些年讽刺新法的旧党人士那么多，他们为何就偏偏挑准苏轼不放？

在我看来，其一，是其他旧党中人抨击新法，都是写成奏章，上书给皇帝看的，偏偏苏轼写诗来嘲讽新法，是给老百姓讲的，这个性质就不一样了。其二，这本就是新党对旧党的一次政治进攻，真正的目标人物是旧党党魁司马光，只是司马光避居洛阳，绝口不言政事，没有把柄可抓，而苏轼曾被王安石认为是司马光的谋主，又是个嘴上没有把门的，天天在地方上写诗诵词，全无顾忌，正是一个鲜明的靶子。

事实证明，这场风波真正的幕后主使正是时任御史中丞的李定。

李定是新党中人，在熙宁之初，因依附王安石而官路亨通，在担当知制诰时，母亲病逝，他却为了避免服丧，隐匿不报，被重视礼法的司马光怒骂为"禽兽不如"。由此可知，李定指使麾下御史台集体寻衅苏轼，是项庄舞剑，意在沛公，目的是将远在洛阳的司马光拉下水，以报当年的一箭之仇。

据说，御史台从苏轼的诗集中足足挑了一百多首诗句，说是讥讽新法、谤讪君上，其实其中大多数都是在捕风捉影、牵强附会，大有清代乾隆年间大兴文字狱的架势。

御史台将苏轼的问题上报，皇帝阅了，不免恼怒，下诏让知谏院张璪、御史中丞李定共审此案。二人一合计，决定先罢免苏轼湖州知州一职，再派人将苏轼押解进京，由御史台详细审理案情，潜台词就是设法咬到更多的旧党人士，最终达到他们党同伐异的目的。

苏轼即将迎来他人生中最重大的危机和转折点。

这是命运既定的轨迹，一旦转动，就容不得假设。

被捕

元丰二年（1079）七月，太常博士兼御史台推勘官的皇甫遵接到皇帝敕令，带着一个儿子和两个公差，前往湖州，负责将要犯苏轼拘捕归案。

缉拿苏轼的消息一出，朝堂之上顿时掀起轩然大波，在京城谁人不知大名鼎鼎的苏轼？驸马都尉王诜和苏轼是旧友，一听皇帝要缉捕苏轼，不由大吃一惊。因为皇帝的诏令只私发给了御史台，外人并不知苏轼到底犯了什么罪，可无论如何，这么大的事，作为好友，总该送出消息，好让苏轼可以预先做一个心理准备。

王诜遣人快马加鞭，去通知了人在南都宋州的苏辙，苏辙接到消息，大惊失色。他苦笑着想，父亲当年担忧的事情果然还是发生了，哥哥还真是个招祸的体质，当即不敢怠慢，让女婿王适星夜兼程，赶赴湖州，给苏轼通风报信。

两拨人就这样马不停蹄，你追我赶。其实，原本王适是赶不上皇甫遵的，但不想皇甫遵行至润州，他的儿子忽然生病，在路途上耽搁了大半天，王适便先一步赶到湖州。

其实，倘若王诜和苏辙不遣使传信，苏轼面对拘捕，没准儿还能临危不惧，镇定处之。但好友和弟弟的信使一来，言辞又说得含糊，仅说钦差要来拿他，却只字不提他到底犯了什么事，皇帝又是如何处置他的，反倒把苏轼给弄得不会了。

七月二十八日，皇甫遵来了。

他径直走进衙门，官袍整齐，手持笏板，当庭那么一站，一股不怒自威的气势自然而然散发出来。两个白衣青巾的台卒在他左右站着，一看就是来者不善，这把苏轼给吓得不轻，躲在屋子里不敢出门。

因为王适的早先通知，苏轼已把湖州知州的权限托付给了通判祖无颇。许是旁观者清，祖无颇劝告苏轼，是福不是祸，是祸躲不过，人来都来了，只好出去一见了。

此时的苏轼早已六神无主，问："那我该穿什么衣服？"

祖无颇说道："既然还没正式定罪，那肯定是穿官服了。"

于是，苏轼穿戴整齐，手捧笏板，出门和皇甫遵一见。

刚一到庭院，苏轼就看到两个公差兜里鼓起，看起来好似藏有匕首，原本平静下来的情绪又一次着急了，心想：他们不会不讲武德，把我在这庭院里就地正法了吧？

那一瞬，他心如死灰。

他说："轼自知有罪于朝廷，想来今日是要赐死了。君要臣死，臣不敢辞，只是恳请钦差法外开恩，可以让在下回去和家人诀别。"

这下轮到皇甫遵脸上抽搐了。他只是代表御史台摆摆威风，给苏轼一个下马威罢了，哪知这苏轼脑洞这么大，怎么连"赐死"二字都说出来了，大宋的传统可是不杀士大夫的！

他忙道："不至于，不至于。"

祖无颇看苏轼乱了方寸，只好站出来，向皇甫遵拱手说道："太博应当有逮捕公文吧？"

皇甫遵问："你是何人？"

祖无颇说："代理知州祖无颇。"

皇甫遵这才让两个公差将兜里的东西拿出，原来只是逮捕文书，祖无颇查验一番，发现公文内没有什么严厉词句，只是写着让苏轼革职进京、配合调查，这才好言劝慰了苏轼一番，而苏轼看到公文内容，也总算是放宽了心。

皇甫遵不想再节外生枝，就催促公差将苏轼捆了带走。湖州的百姓听闻苏知州被抓，纷纷赶来码头洒泪相送，场面一时悲伤莫名。堂堂一名太守，顷刻之间，竟被人驱赶如犬鸡一般。

苏轼的妻儿也闻讯赶来，望着苏轼哭成一团。看到泪流不止的妻子王闰之，苏轼尽力装作毫不在意的样子跟她道别，像哄小孩一样地讲了一个故事：

在宋真宗时，有个叫杨朴的隐士高人，他一生闲散于乡野，不愿出仕为官。有一次，真宗皇帝路过郑州，听闻有这么一个人，就要召他一见，杨朴不愿见，结果就被公差强行送去面了圣。

宋真宗见了杨朴，就问道："听说你很会作诗？"

杨朴被强行抓来，心中本就不乐，把脖子一梗，说道："我不会。"

宋真宗再问："朕召你来时，有无他人赠诗给你？"

杨朴说道："只有拙荆送了一首。"

宋真宗大感意外，就要听，杨朴便摇头晃脑地念了一遍：

> 且休落魄贪酒杯，更莫猖狂爱咏诗。
>
> 今日捉将官里去，这回断送老头皮。

宋真宗听罢，哭笑不得，便把实在无心为官的杨朴给放回去了。

苏轼讲完这个故事，便眨巴眨巴眼问王闰之："夫人就不能学一学杨处士的妻子，作一首诗送我吗？"

看到苏轼这般若无其事，王闰之不由破涕为笑。她知道，丈夫是怕她担心，这才胡诌了一个故事逗她，于是收起悲伤，坚强起来，让大儿子苏迈陪护苏轼，她则带着一家老小去往宋州，投奔苏辙。

苏轼就这样被押进船舱，一路前往汴京。或许没人能理解他此时此刻的静默，事实上他和家人告别时的微笑就已用尽了所有的力气，才没有表面上的那么云淡风轻。

当官船停泊在太湖维修时，苏轼独自望着黑沉沉的湖水，脑海闪回过往的种种画面，年少成名、签判凤翔、杭州留名、三任知州……曾经的他是何等风光，现在却被人如土鸡瓦狗似的驱赶。

突然，一个想法闪现在他脑海中：自尽。

这是苏轼第一次萌生死意，如果这个世界想抛弃他，那他就要先抛弃这个世界，以此来作为他最倔强的反抗。

那天，官船行至扬子江边，他趁着渡江的时机，把眼睛一闭，就要投湖自尽。

那个瞬间，他恍惚看见了自己的死亡，没有盛大的葬礼，只有弟弟和妻儿们颓然自弃的笑，像是嘲弄，像是悲悯，眼中满满都是绝望。

在被公差及时拉住的那一刻，他忽然就后悔了，也想明白了。如果自己真的是她的爱人，是他的兄长，是他们的父亲，是那些人的伙伴，那就站起来吧！

这段生命还没有走到尽头，注定还要再为他们绽放一次。

诗狱

元丰二年（1079）八月十八日，苏轼被投入台狱。

在宋代，主管司法的部门有三法司。其中，刑部主管司法行政，大理寺主管司法审讯，御史台主管司法监察。按理说，苏轼的案子，应该交由刑部或大理寺来审理，只是这次新党是有备而来，皇帝又特别嘱咐，于是便将苏轼交给了御史台。

在西汉时期，因御史府内栽种了许多柏树，树上时有乌鸦栖息，所以御史台又有"柏台""乌台"之称，而本案因诗而起，又是由御史台审理的，所以人们将这个案子称为"乌台诗案"。

苏轼刚一入狱，以何正臣、舒亶为代表的御史们，就开始在全国范围内搜罗苏轼的诗文，他们想从中寻找出谩骂朝廷的蛛丝马迹，于是不单在市面上收购苏轼诗集印本，还到处传讯苏轼的友人，向他们索要苏轼私下寄给朋友的诗作，不仅要针对苏轼，还试图将打击面扩大，把其他旧党众人也牵连进来。

为此，他们搜索苏轼诗文无所不用其极，比如王闰之带着一家老小投靠苏辙，一行人刚到宿州，就遭遇了差官的盘问。他们翻箱倒柜，寻找苏轼的诗文，把一家老小吓得心惊胆战。等差官走后，王闰之一气之下，把苏轼的诗文付之一炬，骂道："是好著书，书成何所得，而怖我如此。"

所以，今天我们可以看到的苏诗苏词，元丰二年以前的大多都已不存，不过这个黑锅不该是王闰之的，而是应当归罪于那个万恶的专制主义时代。

妻子和孩子被差官恐吓，而苏轼在御史台的日子也不好过。

何正臣、舒亶等人从苏轼的诗文中，寻章摘句地挑出一些句子，然后就开始恶意曲解，上纲上线。比方说苏轼有句诗，叫"东海若知明主意，应教斥卤变桑田"，意思是东海如果知道天子的主意，应当自动将沧海变成桑田，怎么还没有变呢？

这句话，苏轼在狱中给出的供状，说他这是为了控诉盐法，但御史根本不听苏轼的解释，在他们的口中，这句诗就成了苏轼在讥讽皇帝好兴水利，活该事不可成。

毕竟，只是控诉控诉盐法为害，那只是士大夫在正常行使参政议政的权力，但如果给他办成"谤讪君上"，就可以直接判为大逆不道，把苏轼给定成死罪，足见李定、张璪之流，这次是铁了心要对旧党狠下杀手。

面对这些牵强附会的罪名，苏轼心知人为刀俎，我为鱼肉，干脆用了搪塞的办法，只承认在《山村五绝》中有议论朝政的意思，其他文字都与时事无关。

但是，随着御史将一百多首被他们曲解认为有问题的诗摆在他面前时，苏轼知道，他是躲不过了。那么，既然你们喜欢曲解，我就索性给你们耍无赖，你们说有问题，那就是有问题。

当然了，有一点苏轼还是十分清醒的，就是但凡御史说他是讽刺朝廷、抨击新政的，他都一概直认不讳，但就是绝口不会承认他有嘲讽皇帝之意。

随着审讯日久，被牵扯的人越来越多，这正是李定等人的目的，即以苏轼为突破口，将司马光、张方平、范镇等旧党人士一网打尽。

但是，这些旧党的元老重臣稳如泰山，很难撼动，于是就从苏轼的诗文顺藤摸瓜，先把曾经给苏轼通风报信的王诜拿下，再把张方平的女婿王巩网罗进来，一番大肆株连，到最后涉案人员竟多达二十六人。

苏轼得知这些消息后，再也无法强装镇定，开始放声大哭。

我知道这一刻任何文字都是无力的，他唯有拼命地哭号，大声地呐喊，才能宣泄心里的愧疚和恐惧。

他再一次想到了死。

他想起自己常服的青金丹，如果一次性吞服，是足以致命的。于是他把丹药埋藏在土里，打算一旦上面以死罪论处，他就吞丹自尽，好歹能留自己一个体面。

他的眼前不禁浮现出母亲的脸，想到母亲曾给他讲的关于范滂的故事，他颓然自弃地笑了出来。没想到年少时和母亲的对话竟一语成谶，他竟真的成了范滂，但却没有范滂那般视死如归的勇气。倘若让母亲看到他现在的样子，一定会取笑他的。

他真的累了。

因他入狱的人越来越多，他无法肯定这样的自己是否是母亲认可的，开始天真地以为只要牺牲自己，就可以保护所有人。

在他入狱期间，儿子苏迈每天都会给父亲送饭，他们父子二人约好，如果外面一旦传出凶讯，那就在饭里面加条鱼来提醒。

有一天，苏迈因盘缠用尽，去他处借贷，便请在京友人代为送饭。这不靠谱的孩子临行前忘了告诉友人他们的暗号，而友人想着给苏轼改善改善口味，就烹了一尾鲜鱼，给牢里送了去。

苏轼呆呆地望着送来的鱼羹，以为自己时日无多了，差点儿当场自戕。只是忽然想起还没有和家人告别，就请求狱卒梁成替他送一封家书出去。

他说："轼必死无疑，只是有弟弟在外，放心不下，我写成两首诗，希望你可以送给他，算是诀别。如果我侥幸获免，就没有遗憾；若逢不测，而诗没有送到，那我一定死不瞑目了。"

狱卒梁成在苏轼下狱期间，对他多有照顾，但面对这种事，他也是不敢拿身家性命来开玩笑。犯人写的文字，按理要交给典狱官，只是苏轼身份特殊，他这两首诗就层层上递，最终摆在了皇帝的案头。

宋神宗有些纳闷，这人本就是因诗获罪，怎么还敢写诗？

他翻开第一首品读了起来：

> 圣主如天万物春，小臣愚暗自亡身。
> 百年未满先偿债，十口无归更累人。
> 是处青山可埋骨，他侍夜雨独伤神。
> 与君今世为兄弟，又结来生未了因。

这首诗是苏轼写给弟弟苏辙的，皇帝先看前两句，发现苏轼赞他是"圣主"，还自省是"愚暗自亡身"，意思是现在的下场纯属自取其祸，不但没有怨恨朝廷的意思，反倒还深深自责，这让神宗微微动容。现在朝堂上人人都说苏轼恃才傲物，目无君父，可从这诗句来看，似不尽然吧？

皇帝再看第二首：

> 柏台霜气夜凄凄，风动琅珰月向低。
> 梦绕云山心似鹿，魂飞汤火命如鸡。
> 眼中犀角真吾子，身后牛衣愧老妻。
> 百岁神游定何处，桐乡知葬浙江西。

自苏轼入狱后，杭州父老感念苏轼是个好官，纷纷为他办道场、作法事，祈祷苏轼可以平安归来，只是苏轼自认这次必死无疑，生不能再回杭州，就盼着死后，弟弟可以把他葬在杭州西湖之上，算是有托孤之意的绝命诗吧。

看到这里，神宗一声叹息，杀掉苏轼的想法就慢慢淡了下去。就在同一时间，各路营救苏轼的奏章也总算陆陆续续地呈上。

结案

苏轼的亲友姗姗来迟。

先是他的弟弟苏辙。

自打得知兄长出事后，苏辙就夜不能寐、食不甘味，在安顿好兄长的一家老小后，他便四处串联，想着营救苏轼出来。

唐代安史之乱爆发时，大诗人王维曾经身陷叛军，接受伪职，战后被唐肃宗拷问，他的弟弟王缙便上书皇帝，希望可以通过罢免自己的官身，来代替兄长赎罪。

苏辙援引此例，上书神宗，恳请可以用自己的官职救赎老哥一命，虽说并没有什么用处，但关键时刻，这种兄弟情深，还是能让宋神宗浅浅地感动一下。

还有他们苏家的老伯乐张方平。

张方平正退休在家，骤然听说苏轼出了这档子事，不顾他还在赋闲的身份，写就了一封言辞激烈的疏章，要"僭越上言"，命他的儿子张恕赶赴京城，敲登闻鼓投信，只是张恕生性懦弱，在登闻院徘徊许久，愣是没敢把书信呈进去。

后来苏轼出狱，看了张方平的这封营救信，只是吐了吐舌头，没有说话。旁人不知其故，还以为苏轼是埋怨张恕，最后是苏辙看了信件，才挑明说：幸亏张恕临时怂了，才无意间救了我哥一命。张老先生这篇奏章，虽说是救人，但言辞太过猛烈，如果真让皇帝看到，反而会触怒龙威，到时我哥恐怕是真的要身陷险境了。

而相比言辞激烈的张方平，时任宰相的吴充就深谙语言的艺术。

有一天，吴充和皇帝闲聊，假装无意间说道："魏武帝是什么样的人？"

曹操在当今评价较高，但在古代，向来都是白面奸雄的角色，所以宋神宗听了，很是不屑一顾地说："何足道哉。"

吴充说："陛下以尧舜为标杆，看不起魏武帝，这自然是好的。可魏武帝那么猜疑的一个人，尚且可以容纳祢衡，而陛下效法尧舜，却不能容一苏轼，何也？"

皇帝一听，连忙肃然惊起，说道："朕没有那个意思，只是召他对质，厘清是非而已，迟早会把他放出来的。"

从这里可以看出，吴充的段位要比苏辙、张方平高得多，苏辙再怎么动之以情，那不过是你们兄弟二人之间的事。皇帝其实很难共情，至于张方平就别提了，往好了说是晓之以理，往坏了说就是蓄意喷人，没把皇帝激怒就算好彩了，还救哪门子的人？

吴充就知道，宋神宗的需求就是他想当一个明君，既然被他鄙夷的曹操都可以容纳知识分子的吐槽，而他如果连曹操都不如，那还有什么脸面要求在史书上留下一个好名声呢？

在这场诗狱期间，不只旧党众人在全力营救苏轼，就连新党的一些人，都看不下去李定、张璪等人的卑劣行为。

王安石本已赋闲在家三年有余，听闻乌台惊变，苏轼被捕，也撰信一封，质问怎么可以圣世而杀才。他的弟弟王安礼更是不理会李定等人的劝阻，在皇帝面前表示：自古大度之君，不以言语罪人，如果苏轼因言获罪，恐后世之人以为陛下不能容才。

见到王家兄弟都力保苏轼，宋神宗回答道："放心吧，朕就没打算深究此事，会赦了他的。只是爱卿切记不要泄漏此事，现在苏轼结怨于众，朕恐言官们要为此加害于你。"

从宋神宗这句话中，我们可以看出，他并未真想处罪于苏轼，只是当时舆论已然沸腾，就算是皇帝，也不得不为之让步。

举个例子，宰相王珪就向皇帝说过苏轼有不臣之心，可宋神宗觉得，就算苏轼真有罪过，也不至于此吧。

王珪说："苏轼写过一首诗，有'根到九泉无曲处，世间惟有蛰龙知'的句子，陛下飞龙在天，苏轼以为不知己，而求知于地下的蛰龙，这难道不是存有异心吗？"

皇帝听了哭笑不得，就说："诗人之词，岂能这样解读？他那诗是写桧树的，关朕什么事！"

原来，这是苏轼在杭州时，有人家里栽种有两棵桧树，枝繁叶茂，苏轼为了咏桧，就写了这么一句。在牢狱之内，提审官就以此句问过他："蛰龙有无讥讽之意？"

苏轼回答："王安石也写过'天下苍生待霖雨，不知龙向此中蟠'，我这个龙就是他那个龙。"

提审官一怔，不想苏轼玩了这么一招借力打力，就没敢往下问。

其实，像这么荒唐的诗句解说，明眼人都可以看出是蓄意诬陷。但王珪这么一个见风使舵的墙头草，却在这个关节处落井下石，可见当时朝野的风声，大都是不利于苏轼的。

据说，王珪上奏时，苏轼的旧友章惇恰好在场，当即插口道："人君人臣，都可以称龙。"

宋神宗点头说："不错，诸葛亮还自称卧龙呢，难道诸葛亮也有不臣之心？"

王珪马屁拍错，一时闹了个大红脸。

除此之外，还有一个重量级人物，那就是宋神宗名义上的祖母：太皇太后曹氏。

曹氏是宋仁宗的皇后，开国名将曹彬的孙女，在苏轼深陷诗案时，曹氏正卧病在床，皇帝隔三岔五地常去看望她。

她发现皇帝神情有异，便问道："官家因为什么事不开心？"

宋神宗不敢隐瞒，说近来国事多艰，还有苏轼写下谤讪的文字，尚未结案。

曹氏一听，艰难地从床上起身，问道："可是苏轼、苏辙二兄弟？"

皇帝一愣，没想到祖母还听说过苏轼此人，忙问其故。

曹氏这才讲起，当初苏轼、苏辙两兄弟参加制科考试，名列上等，仁宗皇帝回到宫里，还很开心地说，自己给子孙找到了两个宰相呢。

曹氏说："苏轼一定是被那些小人中伤的，他们在为官品行上抓不到把柄，就从诗句上做文章，我的病是治不好了，只希望官家可以赦免苏轼，免得伤了天和。"

十月二十日，太皇太后曹氏薨逝，她临死前的遗言，是希望皇帝可以宽恕苏轼，既然有了太皇太后曹氏的遗命，那么苏轼的性命这下无论如何都是保住了。

如果苏轼知道有这么多人前赴后继地来救他，他该会是一种怎样的心情呢？在那些无法逃避的黑色时光，在内心被黑暗吞没之处，在那样一个污浊的地方，是这些敢于冲破世俗的友人给了他难以置信的光亮，将他从塌陷的泥沼中救起，给了他浴火重生的希望。

不过，要说真正不想苏轼死的人，其实还是神宗皇帝本人。

据说，在十一月份的某天，苏轼正准备睡觉，就看到狱卒押着一个人进了牢房。苏轼没有多想，倒头就睡。约莫到了四更天，他被人摇醒，迷糊地听人说"恭喜学士，恭喜学士"，他揉着眼睛问怎么了，对方只道"安心熟睡就好"，说完就离开了牢房，无人拦阻。

原来，这个人是神宗皇帝派来的小太监，任务是观察苏轼在牢中的状态。他见到苏轼鼾声如雷，便如实回禀了皇帝，皇帝就看着左右说道："朕知苏轼胸中无事者。"倘若苏轼真是一个小人，身陷生死之局，又怎么可能如此坦荡？

后来，苏轼和朋友回忆往日时说："某今日余生，皆裕陵（神宗）之赐。"

有了以上的定调，十二月二十六日，历经四个月的乌台诗案落下帷幕，最终处理结果如下：

苏轼贬谪黄州，担任黄州团练副使，不得签书公事，在本州安置；王诜、王巩、苏辙三人，以降职贬谪处置；司马光、张方平、范镇、陈襄、黄庭坚等二十二人，皆罚款处置，算是给这场案子画了个句号。

苏轼出狱后，还不知收敛，当天晚上又写了两首诗：

> 百日归期恰及春，余年乐事最关身。
>
> 出门便旋风吹面，走马联翩鹊啅人。
>
> 却对酒杯浑是梦，试拈诗笔已如神。
>
> 此灾何必深追咎，窃禄从来岂有因。

御史台要是真想罗织罪名，单是他最后这句"窃禄从来岂有因"，就可以让他再回去蹲一趟。

苏轼这人就像他自述的那样"平生性不忍事"，有些话就像食物中有苍蝇一样，非吐出来不可，不知道什么时候就会说出不该说的话来，故注定这一生都要为文字所累。

> 平生文字为吾累，此去声名不厌低。
>
> 塞上纵归他日马，城东不斗少年鸡。
>
> 休官彭泽贫无酒，隐几维摩病有妻。
>
> 堪笑睢阳老从事，为余投檄向江西。

其实，阴阳怪气本就是文人的传统本能，有些话它在心里头就是会忍不住发酵，不说出来真的会憋死人的。

故而，当这两首诗写完，他就顺势把笔一扔，无可奈何地拍了拍脑袋。

"怎么还不改？你当真是无可救药！"

东坡居士

东坡

元丰三年（1080）春，苏轼在举国迎接新年的贺声中悄然离开东京。他的目的地是黄州。

友人担心他在黄州住得不习惯，他只是说"黄州岂云远，但恐朋友缺"。说起来，他这人好像要的是真不多，只要有朋友在，就可以满足他，就都可以走下去了。

苏轼到了黄州，由于身份是犯官，既没有官邸居住，又囊中羞涩，逐渐走投无路。这时，他很幸运地遇上了定慧院的院持颙师长老，极力邀请他到定慧院暂住。

颙师长老早慕苏轼大名，知道要不是对方遭逢大难，他们这小寺院，恐怕请都请不来人家，故而特意将紧靠竹林的一间屋子收拾出来，取名"啸轩"，作为苏轼的居处。

在那些日子，苏轼就在定慧院内与和尚们同吃同住，闲暇时还可以与和尚讨论佛法。不得不说，他好像就是这样一个人，不论到什么处境里，都能寻摸出快乐来。

所以我们以往聊到苏轼，总是习惯于提到他的豁达，在逆境中依旧保持乐观的心态，林语堂先生称他是"无药可救的乐天派"，就好像他理所应当该如此没心没肺地快乐着。

但我总认为，苏轼并不像他表现的那么没心没肺，他的心里承受了太多不能释怀的过往，只是他很会掩饰。明明撞得头破血流、满身狼狈，还要爬起来继续走着，脸上还总喜欢挂着笑。

他在定慧院定居期间写的这首《卜算子》，就让我觉得他阳光开朗的背后藏下了太多的落寂。

　　缺月挂疏桐，漏断人初静。谁见幽人独往来，缥缈孤鸿影。

　　惊起却回头，有恨无人省。拣尽寒枝不肯栖，寂寞沙洲冷。

苏轼的笑容骗过了太多人，仿佛他面对别人对自己的伤害都可以做到毫不在意。但一个人笔下的自己，或许只是理想中的自己，并非现实中的自己。

所以，其实并没有人真正了解过苏轼，不知道他那明晃晃的笑容背后，到底隐藏了一副怎样的哀伤面孔。我们都只是按照自己的理解，一厢情愿地去创造一个幻想中的苏轼，以此满足自己内心的寄托罢了。

苏轼在定慧院住了有三个多月，苏辙就将王闰之、苏迨、苏过以及王朝云送到了黄州。想起当初在湖州苏轼被锁拿而去，家人已为他提心吊胆了小半年，现在总算是有惊无险地再次团聚，贬官就贬官吧，只要人没事，就什么都好。

因为苏轼的一大家子都到了，寺庙里不方便有女眷，苏轼只好另觅住处。所幸黄州太守陈君式为人热心，不但没将苏轼当成犯官看待，还把他一家安顿在了临皋亭。

临皋亭是当地的一个水驿，平日里负责接待溯江而上的赴任官员，故而往外走八十步，放眼望去，渺渺大江上是缭绕的云雾，对岸的重峦叠嶂若隐若现，峭壁耸立，似有若无，犹如一幅水墨丹青。

苏轼对这里十分满意，闲着没事儿就在江边溜达，偶尔去捡一些石子，对着江面打水漂。他很喜欢用这种孩子般的调皮去对抗那些突如其来的悲观和倦意，通过孜孜不倦的自省来塑造全新的自己。

这年八月，哺养苏轼长大的乳母任氏，因在黄州水土不服忽然身故。苏轼还没来得及悲伤，就又收到弟弟的讯息，侄女也不幸天折。在十月间，又接到堂兄苏不欺在成都病逝的讣告。短短两个月，苏轼珍视的人接二连三地离去，这样的变故让他感到有些无所适从。

在黄州期间，苏轼是没有俸禄的，他向新太守徐君猷讨要了一处废弃的土地，带着全家去开垦，清理了足足有五十亩的农田，从此过起了自力更生的农夫生活。

据说，唐代诗人白居易曾被贬忠州，在城东的土坡种植了很多花花草草，并为之取名"东坡"。苏轼想到自己和白居易际遇相似，就把自己开辟的这块地也叫"东坡"，后来还在东坡盖了五间屋子，取名"东坡雪堂"，又因他爱吃的酒肉叫"东坡酒""东坡肉"，时间一久，索性给自己取了个雅号：东坡居士。

从此苏轼就变成了苏东坡。

他知道，苏东坡是潜藏在他体内的另一人格。

他也知道，他需要苏东坡，正如世人需要他那样。

在黄州的数年，他总是拿自己优秀的复活力来挑衅造物主，不珍惜自己的生命，仿佛这样就可以操纵自己的命运，于是在经历了枯荣岁月之后，他几乎忘记了自我。

元丰五年（1082）三月初七，苏轼在沙湖道途中遇到大雨，有雨具的人都跑了，剩下的人都十分狼狈，只有他在怡然自得地散步。

既然内心渴求的阳光总被某些无可名状之物遮蔽，那就依仗着一场滂沱的大雨来洗刷原有的伤口，等到那些沁凉渗入皮肤肌理，消去年少时的盛气，就可以悠然等待雨天的过去、晴天的来临。

> 莫听穿林打叶声，何妨吟啸且徐行。竹杖芒鞋轻胜马，谁怕，一蓑烟雨任平生。
>
> 料峭春风吹酒醒，微冷，山头斜照却相迎。回首向来萧瑟处，归去，也无风雨也无晴。

现在，他终于懂得拥抱另一个自己，并微笑地对他说谢谢。

世界就是这样，每个人都在汇聚成巨大时钟的分分秒秒中活着。没有什么东西是过不去的，只有自己跟自己过不去。偶尔抬头看一看天空，真没有什么大不了的。

或许这就是人们喜欢苏轼的缘故，他那有趣而又温暖的灵魂即使被岁月洗涤后仍然鲜活，好像永远都不被落寞腐蚀，不被绝望侵袭，也不被脆弱击溃。

赤壁

临皋亭的对岸就是樊山。

三国时，东吴孙权曾在这里修建过避暑行宫。赤壁之战时，周瑜的水军就从此经过，到黄州南岸的樊口与刘备会合，一起迎战舳舻千里的曹操大军。

中国人酷爱三国，苏轼也不例外。他居于黄州，时常会泛舟渡江，漂至彼岸的武昌樊山，去打上几尾鲜鱼，一边尝着"东坡鱼"，一边怀古叹今，遥想三国时的风流人物。

元丰五年（1082）七月十六日，苏轼的故友杨世昌从四川赶来看望他。二人一起驾船泛舟，不知不觉，游于赤壁之下，他们一边饮酒对酌，一边吟诵词章，兴起之时，苏轼扣弦唱歌，杨世昌则顺势吹起箫来，余音袅袅，不绝如缕，叫人听了哀哀落泪。

苏轼愀然，正襟危坐，问："箫声何以如此哀怨？"

杨世昌说："'月明星稀，乌鹊南飞'此非曹孟德之诗乎？当年曹操破荆州，下江陵，顺流而东，酾酒临江，横槊赋诗，那是何等的英雄，可如今又身在何处？今天你我渔樵于江渚之上，就像蜉蝣置身于天地之间，像沧海中的一粒粟米，太渺小了！在浩瀚的历史长河中，不论是曹操还是你我，都不过是一个须臾短暂的插曲罢了，所以我真的很羡慕长江，永远没有穷尽。如果可以，我也想得道飞仙，和明月一样长存于世间。但我知道这是不可能的，只能把遗憾寄托在这悲风之中。"

苏轼笑说："你羡慕长江和明月，可时间的流逝就像江水，并没有真正逝去，而是像月一般时圆时缺，终究没有增减。所以，如果你觉得事物易变，那么天地间万事万物时刻都在变动；如果你觉得事物不变，那么万事万物又都是永恒的。大家其实都一样，又有什么可羡慕的？何况天地之间，万物各有主宰，若不是自己应该拥有的，即使分毫也不应去求取。只有江上清风、山间明月，耳闻便成了声音，入眼便绘出了形色，取之不尽，用之不竭，是大自然恩赐的宝藏，我和你都可以共同享受。"

杨世昌是道士，渴望得道成仙。他看到如曹操那样的一世枭雄，在岁月的洗刷下也依旧成了历史的尘埃，便忍不住哀吾生之须臾，羡长江之无穷，感叹为何人就不能够长生。

但苏轼却告诉他，与其天天想着长生，倒不如好好地活在当下，快乐的一天要比平淡的一年来得更弥足珍贵。只要愿意，不论是江上的清风，还是山间的明月，都可以成为我们快乐的源泉。

我们都知道这篇文叫《赤壁赋》，但其实还有一篇《后赤壁赋》。三个月过后，他们再度游览赤壁，友人捕鱼来吃，苏轼便从家里取来了珍藏的美酒，喝到上头，就一起同登赤壁矶。

苏轼攀岩而上，站在一处险坡，把友人吓得够呛，但他却临危不惧，对着面前的波涛长啸，仿佛是希冀用吼声来将这些日子隐藏的委屈都发泄出来一样。

等到苏轼喊完，被深夜的江风一吹，酒醒了。好吧，现在看着脚下的万丈波涛，终是有些怕了，这才和友人匆匆地回到船上。

他们也不划船，而是任由船只在江面漂泊。

这时，迎面飞来一只白鹤，与他们的船擦身而过。

那晚，苏轼回到家里，倒头便睡。

在梦中，他看到了一名道士，穿着羽毛编织的衣裳，轻快地走过临皋亭，还向他拱手作揖，说："赤壁之游乐否？"

苏轼问他的姓名，他却低头不答。

过了一会儿，苏轼恍然一拍额头。

哦，对，我知道你是谁了，你不就是晚上边飞边叫着从我这里经过的鹤吗！

道士听了哈哈大笑，摇身而去。

苏轼登时惊醒，一骨碌翻起身，开门一看，却什么人都没有。

这故事听来颇为奇幻，却被苏轼记载于《后赤壁赋》中，后人就干脆说，这白鹤代指的就是杨世昌。其实在苏轼的笔下，他总会幻化出一些仙侠风格的浪漫，就连他的侄孙苏籀都说他："子瞻诸文皆有奇气。至《赤壁赋》，仿佛屈原、宋玉之作，汉唐诸公皆莫及也。"

苏轼在黄州还有一则奇幻传言，说他刚刚来黄州时，就有个白衣秀才以"赤壁"为题，向他求取诗词。

苏轼为人豪爽，向来有求必应，允诺他第二天前来取诗，但不知为何，那白衣秀才却失了约，之后便再没出现过。久而久之，苏轼就将这件事抛掷脑后了。

有一天，苏轼在赤壁宴客，到了午时，原本风平浪静的江面突然掀起怒波，狂风卷着几尺高的浪头冲击着矶岸。

苏轼眼见风起云涌，忽然就想起当年三国时的赤壁大战，当即挥毫泼墨，写下了那首传诵千古的《念奴娇·赤壁怀古》：

> 大江东去，浪淘尽，千古风流人物。故垒西边，人道是，三国周郎赤壁。乱石穿空，惊涛拍岸，卷起千堆雪。江山如画，一时多少豪杰。
>
> 遥想公瑾当年，小乔初嫁了，雄姿英发。羽扇纶巾，谈笑间，樯橹灰飞烟灭。故国神游，多情应笑我，早生华发。人生如梦，一尊还酹江月。

这首词刚一写完，一个大浪就朝着苏轼迎面拍来，而从浪花中则冒出一条白色大鲤鱼，一口就叼走了那写着赤壁词的宣纸。随着鲤鱼的身影没入大浪之中，江水也渐渐平静了下来。

当晚，苏轼果然又做梦了。

梦中正是那个白衣秀才，他自述是长江的江神，久闻东坡居士大名，特来求诗，今既以千古绝唱相赠，作为回报，便赠予苏轼一副石枕、石床。

苏轼猛然惊醒，发现自己果真睡在石枕、石床之上。而后人据此传说，便在此处修建起"睡仙亭"，至今仍为黄州一大景点。

苏轼的"赤壁三唱"，让黄州赤壁成了当地的一大名胜，但若要较真，其实当年人家周瑜和曹操决战的赤壁是在今天的蒲圻县，而苏轼游玩之处则在黄冈县城外，真名曰"赤鼻矶"。换句话说，这个地方叫"赤鼻"，而非"赤壁"，苏轼和杨世昌纯属把地方给搞混了。

但那年头，不兴考据，不论是苏轼还是杨世昌，都把赤鼻看作了三国时的赤壁，外加苏轼的"赤壁三唱"实在有名，后人索性将错就错，把蒲圻赤壁和黄州赤壁，分为文武赤壁，摆在一起纪念算了。

而到了南宋初年，一个叫王炎的诗人就干脆明白地写道：

乌林赤壁事已陈，黄州赤壁天下闻。

东坡居士妙言语，赋到此翁无古人。

五年

苏轼从小喜欢读《庄子》，有一句叫"知其不可奈何而安之若命"，意思是既然拿这没有办法，就当成命里注定的安然接受算了。后来在《赤壁赋》里，他借着友人之口，说出了一句"知不可乎骤得，托遗响于悲风"。

在我看来，把苏轼说成是无可救药的乐天派，倒不如说是为了适应环境而不得不做出的被动变化，只是一种无可奈何的妥协罢了。但只要仍是愿意变化的，就证明他的心中仍存在着光和热。

世事一场大梦，人生几度新凉。夜来风叶已鸣廊，看取眉头鬓上。

酒贱常愁客少，月明多被云妨。中秋谁与共孤光，把盏凄然北望。

这首他在中秋之夜填的《西江月》，历来都被认作是思念弟弟苏辙之作。可问题在于，当时苏辙人在筠州，还在黄州之南，苏轼何至于把盏北望？

可能只是漫长的贬谪生涯真的让人难以释怀，还未醒悟的他只能沉默无语、独自缅怀，将无可寄托的愁思写入词中，寄向遥远的北方。

元丰五年（1082）九月，一首《临江仙》在黄州的大街小巷传诵。

> 夜饮东坡醒复醉，归来仿佛三更。家童鼻息已雷鸣。
> 敲门都不应，倚杖听江声。
> 长恨此身非我有，何时忘却营营。夜阑风静縠纹平。
> 小舟从此逝，江海寄余生。

这词一出，谣言四起。

因为那句"小舟从此逝，江海寄余生"言辞太模糊了，就有人说苏轼写完这首词后乘舟而去。

这消息被黄州太守徐君猷听到后，差点儿没把他吓死。苏轼的身份可是"犯官"，是被放来黄州受他监管的，如果人跑了，或是有个什么三长两短，他是吃不了兜着走的。徐君猷立刻驾车直奔临皋亭，但见日上三竿苏轼还在呼呼大睡，方知这是一个误会，不由哈哈大笑。

无独有偶，他在黄州闹出的误会，还不止这一遭。

自元丰六年（1083）开春后，苏轼的身体每况愈下。二月间，他染了风寒，感冒咳嗽，刚好了不久，又得了痔疮，天天疼得咬牙切齿，还没缓利索，又得了红眼病……没见过这么背的。

大夫嘱咐他别吃辛辣油腻的食物，尤其是肉。结果他表示，我

144

的大脑已经决定听话了，但我的嘴巴就是不允许啊！

因为不听医嘱，这病一直拖着，最后无奈，只好宅居在家里休养，足足有一两个月没有出过门。

在黄州，人人都知道东坡居士是个坐不住的，每天就喜欢往人堆里钻，撺掇人家给他讲鬼故事。人家若说不会，他就说"那你现编一段"，闹得群众哭笑不得。现在一两个月没见到人，也没发现有什么新作品传出，故而谣言慢慢传播。

这年四月，苏轼的师兄、唐宋八大家之一的曾巩在江宁不幸病故。当时就有谣言传出，说苏轼和曾巩同日病死，传谣的人还附会说，他们和唐代诗人李贺一样，是被上帝召唤到天上去修白玉楼了。

这则谣言越传越凶，传到了京师，连宋神宗都听到了这个传闻。

他召见苏轼的同乡宗孟，询问此事。但宗孟也不知情，只能含糊其词地说："日来外间似有此语，但未知是否确实。"

这还不如不说呢！

这种事，人们往往是宁可信其有的，宋神宗以为苏轼真的身故，连饭都吃不下去了，再三叹息道："才难，才难。"

当时这则谣言还传到了范镇的耳中，作为自苏轼一进官场就对他多方照拂的老前辈，他当即失声恸哭，命家族子弟代去黄州吊唁，顺便好生安顿苏轼的家属。

幸亏有子弟持重，说："这传闻真假还不知道，不如先去打探一下，如果消息确实，再吊唁不迟。"

范家派人去黄州走了一遭，发现人家苏轼活得好好的，就是宅了一阵子而已，没想到人人都以为他死了。

苏轼听后哭笑不得，心想：这都叫什么事儿！

思来想去，苏轼就表示他和韩愈一样，都是摩羯座的，而摩羯座的人生平多谤誉，容易走霉运，如此看来，他和韩愈真是同病相怜啊[1]。

元丰六年九月二十七日，苏轼的侍妾王朝云为他生了一个儿子。

这是苏轼的第四子，虽是庶出，可他却心爱不已。他以前说"废学从儿懒"，故而对前三子（苏迈、苏迨、苏过）教训严格，如今他却不再苛责孩子上进，这点从他取名的"遁"字就可以看出，与其惊天动地度过一生，倒不如安安稳稳，无灾无难吧。

人皆养子望聪明，我被聪明误一生。

惟愿孩儿愚且鲁，无灾无难到公卿。

经历了那么多的事，苏轼或许也一度迷失方向，但他好像还是愿意直面生活的惨淡，不计较得失，不放弃梦想。或许正是因为他始终没有抛弃最初的那份坦率和热情，所以他的明天还会带着未知的希望。

其实，苏轼说到底一直都没有变，他就像个童心未泯的孩子，这世界在他眼中就是一场有趣的游戏，在某个场景里他充当了自己的神，可是却因为玩得太兴奋而忘记了回家的路。

元丰六年十月十二日，他大晚上的不睡觉，去承天寺找张怀民，让人家陪他一起在中庭散步。

就这么点无聊事儿，苏轼何必非要写一篇文字纪念呢？

后来我想了想，何夜无月，何处无竹柏，或许他只是缺少一个随时随地愿意陪伴自己虚度光阴的小伙伴罢了。

---

1 所谓的十二星座，其实不是什么新鲜玩意儿，早在隋代就从天竺传入中国。其中，摩羯座最初译名叫"摩竭""摩蝎"，是梵文 Makara 的音译。有次，苏轼发现他和唐代诗人韩愈都是摩羯座的，就经常叹气，说自己和韩愈都命苦，这大约是属于摩羯座的宿命，从此摩羯一生黑。

山下兰芽短浸溪，松间沙路净无泥，萧萧暮雨子规啼。

谁道人生无再少？门前流水尚能西！休将白发唱黄鸡。

所以，我还是宁可相信，不管过了多久，不管他是否已将灵魂里的苏轼改造成了苏东坡，他依然是从前那个天真的少年，拥有一双自由的翅膀，带着阳光一样灿烂的笑容。

辞别

自元丰三年（1080），苏轼被谪黄州不久，宋神宗就在琢磨着如何把他召回来。

彼时王安石去位，变法的大旗由宋神宗本人亲自接过，起用的人都是蔡确、王珪这样的逢迎之辈。在他们的操刀下，宋朝的官职体系进行了一次大规模的手术，史称"元丰改制"。

宋神宗为了提高行政效率，做了一个违背祖宗的决定。他采用唐代的三省制，即中书省草旨、门下省审核、尚书省执行，不过宋神宗也怕相权过大，就把侍中、中书令、尚书令这三个首席长官空置，以尚书省左仆射兼门下侍郎、右仆射兼中书侍郎为正宰相，再另设门下侍郎、中书侍郎、尚书左右丞为副宰相。

元丰四年（1081），新官制逐步落实，宋神宗志得意满，希望可以调和新旧两党之间的矛盾，打算召回司马光、苏轼等旧党人士。

比如，在商讨新官职时，宋神宗就把御史中丞留给司马光，把中书舍人、翰林学士留给苏轼，并且在朝议时公开表示："此诸人虽前此立朝议论不同，然各行其所学，皆是忠于朝廷也，安可尽废？"

当时的宰相是蔡确、王珪之流。尤其蔡确是一个油滑的政客，早年间依附王安石加入新党，在王安石失势后，吴充等人欲趁机废掉新法，但蔡确横插一手，以"萧规曹随"的典故，使得宋神宗在元丰年间继续坚持变法。

蔡确虽是王珪举荐的，但他是个精明的阴谋家，善于揣摩皇帝的心思，所以在元丰年，他的声势很快盖过王珪，成了皇帝之下第一人。而以他恋权的脾性，又怎可能眼睁睁看着司马光等旧党起复，然后夺取他现在所拥有的一切？

为了阻止司马光的归来，蔡确心生一计。他知道宋神宗的梦想是灭掉西夏，而司马光又是坚决反对战争的，于是便授意党羽上《平西夏策》，鼓动皇帝发兵西夏。这样一来，司马光肯定拒不入朝，起复一事遂不了了之。

元丰四年（1081），朝廷议修国史，宋神宗想着司马光暂时不能召回来，那让苏轼回来总是行的吧？于是打算让苏轼当著作郎。此时，宰相王珪面露难色，宋神宗心知苏轼和王珪有隙，现在他还用得上王珪，不好意思扫了对方面子，就改用曾巩。不过曾巩很快就在元丰六年（1083）去世。

到了元丰五年（1082），宋军与西夏作战失利，宋神宗焦头烂额，忙着处理战败事宜，召回苏轼的计划就被搁置了。而后新官制颁行，神宗才想借此机会起用苏轼，但依然被大臣阻止，没能成功。

因王珪阻挠，苏轼的起复一拖再拖。直至元丰七年（1084）春，宋神宗懒得再和他商量，干脆自行其是，以皇帝手札下达恩典，着苏轼量移汝州，官职仍是团练副使，不得签书公事，但总归是挪窝了。

元丰七年（1084）三月，皇帝的特赦令抵达黄州。按照规矩，苏轼得上表谢恩，而这次的《谢量移汝州表》又不出意料地被有心人挑了毛病。

据说，谢表呈达御前，皇帝读后，对侍臣道："苏轼真乃奇才！"

但有人趁机挑拨："观轼表中，犹有怨望之语。"

皇帝愕然，问："怎么讲？"

那人说："观轼表中，有'兄弟并列于贤科'与'惊魂未定，梦游缧绁之中'之语，是说苏家兄弟皆前应直言极谏科，现在又因诗词被贬，那言外之意，是不承认自己有罪，毫无悔过之意。"

皇帝怔了一会儿，才说道："朕已灼知苏轼衷心，实无他肠也。"

言者语塞，无言以对。

从这里可以看出，宋神宗私心里还是偏爱苏轼的。只是身为皇帝，有太多事情不能自主，为了变法大业，他只好忍痛将苏轼贬谪黄州，而这并非他的本意。

但无论如何，现在有了皇帝的恩旨，苏轼总算可以离开黄州了。

苏轼离去的那天，黄州大大小小的军民百姓皆设宴相送。

大家都心知肚明，苏轼这一走，恐怕此生都不会回到黄州了，于是一个个都赶紧向苏轼乞诗求字，而苏轼并不是那种惜墨如金的文人，遇到向他求诗的人，一向是来者不拒。

但唯独一人，他始终没有题过诗。

那就是黄州的官伎李琪。

李琪性格胆小腼腆，这五年来从未得到过苏先生的墨宝，今天是她最后的机会了。她鼓起勇气，取下围在脖颈上的白绢，跑到苏轼座前，恭敬地请求苏轼赐给她诗句。

苏轼端详着李琪，就叫她先去研墨，好半天才提起笔，在白绢上写道：

东坡五载黄州住，何事无言赠李琪？

这句话的意思是：我以往虽然没有为你题过诗，但我在黄州五年，有哪件事与你无关呢？

写到这里，苏轼就没再写下去，而是掷笔袖手，与旁人谈笑起来，像是已经忘了还有诗没写完。

李琪看着写了半截的诗句，那叫一个欲哭无泪，但也不敢再去催问苏公，只能憋得面颊通红，呆立在席间，束手无策。

有人看不过去了，就说："这两句很是凡易，又没接下文，不知何故？"苏轼不答，只是继续和旁人谈笑风生。

直到宴席将散，李琪焦急得不行，忍不住走到他面前，一副欲言又止的模样，苏轼这才大笑说："几乎忘了出场。"然后往下续写了两句：

> 恰似西川杜工部，海棠虽好不题诗。

这一落笔，顿时满堂喝彩。

谁都知道，杜甫一生最爱海棠花，却从没有一篇咏海棠的诗句，究其原因，是爱到深处，反而不知道该用什么文字去表达了。

在和众人挥别后，苏轼离开黄州，一路南下。可能是困居一隅太久，这次出行，他感到外面世界的景色都仿佛被镀上一层不真实的颜色，于是贪婪地呼吸着山水之间的新鲜空气。

然而，命运却在他做好准备重新开始时，又跟他开了一个大大的玩笑。

七月二十八日，苏轼的幼子苏遁，病夭于前往金陵的途中。

失去苏遁后，苏轼生活中的每个瞬间都好像在被提醒，现实不但要残忍撕开他的伤疤，还要在上面撒盐，让他痛得无以复加。

这是苏轼人生中莫大的悲剧，直到他再一次遇见王安石，那个让他一度不知道如何面对的老人。

熙宁九年（1076），也是因为爱子王雱的夭折，王安石请辞相位，离开了他曾经大展身手的汴京，从此闲居于金陵江宁府[1]。

这一年，经历过人生大起大落的苏轼，早已不再像当年那般幼稚偏激，而是学会理性地审视王安石的变法，在他给友人的信件中就写道：

> 盖谓吾侪新法之初辄守偏见，至有异同之论。虽此心耿耿，归于忧国，而所言差谬，少有中理者。

元丰七年（1084）七月，苏轼的船抵达金陵，还未靠岸，就远远看到王安石佝偻着身子，牵着一头毛驴，早早地立在江边等他。苏轼还依稀可见当年的风采，王安石却已是实实在在地老了。

苏轼见状，都来不及冠带，连忙跳上岸，拱手作揖。

"轼今日敢以野服见大丞相。"

"礼岂为我辈设者！"

苏轼看着面前的王安石，曾经的他高大伟岸，如今却被病痛折磨得形销骨立。他忍不住鼻子一酸，岁月果真催人老。

王安石不善言辞，只是站在原地对苏轼笑着，而苏轼的表情一开始似有惊愕与慌乱，而后却在瞬间笑得无比坦然。

这是他们两个人时隔十四年后的再见，漂泊之苦，丧子之痛，不过相逢一笑泯恩仇。

不知道他们是否有过感慨，想象过时光若能倒流，过往如流水

---

1 有一种观点认为，王安石两次罢相，是因为吕惠卿"发其私书"，说王安石给他的私信里面有"毋使上知"四字，属于欺瞒朝廷，触犯了皇帝的忌讳。但根据王安石学生陆佃（陆游的爷爷）的调查，王安石从来没有写过这些信件，疑似是旧党中人炮制出用来诬陷吕惠卿、抹黑王安石的冤案。

般回潮，一切可以重新来过，那时他们不再一意孤行地敌对，而是可以携手共进，大宋的明天又会不会更好[1]？

不到两年，王安石便和这个世界溘然作别，享年六十六岁。

当时朝堂上是他的政敌司马光主政，但好在司马温公是正人君子，没有趁机埋汰王安石，反而奏表朝廷给他追赠太傅，且追赠的制文正是交给苏轼来起草的。

面对这个让他爱恨交织的故人，苏轼却反常地给了一个很高的评价：

> 将有非常之大事，必生希世之异人。使其名高一时，学贯千载。智足以达其道，辩足以行其言。瑰玮之文，足以藻饰万物。卓绝之行，足以风动四方。用能于期岁之闲，靡然变天下之俗。

或许人死去后，所有的东西都会消失，徒留一个身后名供他人去评判，而关于王安石，人们却始终很难给出一个中肯客观的评价。

小时候看电视剧，总喜欢问大人：这个角色是好人还是坏人？有时候大人会说，不好也不坏。我很茫然，这世上除了好人和坏人，还有第三种人吗？

现在想来，可能王安石就是第三种人，用单纯的好和坏来定义他都太肤浅，他的一生都在为了一群素不相识的人艰难跋涉，很多人都不知道他究竟在坚持什么，也许他做的那些连他自己也无法说出准确的意义，但只有坚持才能让他莫名安心。

清人蔡上翔说，自南宋以来"荆公受谤七百有余年"，直到梁

---

1 关于苏轼和王安石的故事，详见番外三。

启超后，中国人才开始学会不戴有色眼镜地看待王安石。然而一直到今天，学术界对王安石的评价还是不一而足，推崇者姑且不论，而其中贬毁者，无外乎就是觉得王安石的变法是"国进民退"，虽在一定程度上提升了国家实力，但法令在实施的过程中却损害了无数老百姓的利益，甚至连带着认为，北宋之亡就始于王安石。

但是，我希望很多人要明白一个道理，那就是这个世界上从来不存在百益而无一害的变法。尤其是在封建社会，不论是先秦的商鞅变法，还是中唐的两税法，或是明代的张居正改革，虽然在短期内做到了富国强兵，但从长远来看还是增重了老百姓的负担，这就是后人总结出的"黄宗羲定律"。

所以，王安石变法失败，根本原因不在于法令的有缺，因为有缺可以慢慢纠偏。且若是法令有缺就代表着变法必然失败，那么商鞅公开宣布愚民弱民说，两税法扩大了针对百姓的剥削面，清朝更是把明末三饷加到了正赋，怎么到最后就成功了呢？

其实所谓的改革，最大的问题还在于清除与之利益相关的反对集团，而在我看来，王安石变法失败的最大问题，就在于他一上台就大张旗鼓地说他要改革，什么祖宗之法不足畏，那样别人一看，你这不就是冲着我来的吗？必然死命地群起反对。

王安石最好的做法，是不该以"反对变法"为理由去对付异党，而是应该找具体的理由去一个个拆解，让大家以为都是个例，联想不到自己也会受损，那样就不会抱团。而单个人，注定是掀不起风浪的。如此持之以恒个三五年，等人都换成自己人了，这时候再落实到具体法令上，岂不是瓜熟蒂落、水到渠成？

老子说过，治大国如烹小鲜，正如明代的张居正，他就从来没说过自己是在改革，而是标榜他是在"恢复祖制"，然后通过各种理由清除掉反对派，以温水煮青蛙的方式逐步推行自己的想法。如此一来，就算他本人从没说过改革，但在后人看来那就是在改革。

所以说，这个世界上没有那么多两全其美的事，你想要得到什么，就要同时做好舍弃的准备，或许王安石早已经做好了身堕地狱的准备，只为了从黑暗中做出向着光芒奔去的改变。

而什么都无法舍弃的人，什么都无法改变。

宋神宗

从宋神宗上台伊始，起用王安石变法，这一系列的折腾，目的就在于富国强兵、吞辽灭夏，打造一个四夷宾服的天朝上国。

熙宁时，宋神宗召见群臣，询问如何对辽、夏用兵。

群臣迎合上意，纷纷表示：我朝岂能永远给辽夏输送币帛？当今陛下神武，如若兴兵讨虏，定能一战而胜！

在场之中，唯有张方平头脑清醒。

"陛下谓宋与契丹战，凡几战，胜负几何？"

众人面面相觑，答不出来。

等到宋神宗问起，张方平这才回话。

"宋与契丹大小八十一战，惟张齐贤太原之战才一胜尔，陛下视和与战孰便？"

宋神宗和满朝大臣被问得哑口无言。

张方平这话当然是在恫吓皇帝。虽然宋辽战争中，宋军确实长期处在下风，但也不至于才打了一场胜仗。再说了，以前打不过契丹，难道就代表永远都打不过吗？

所以，宋神宗并没有被张方平的话说服，那颗吞辽灭夏之心依然不死，于是才有了王安石变法，才有了先取河西，而后燕云。尤其是熙宁三年（1070），一个人走入了他的视野，带给了他进取西夏的契机。这个人就是和苏轼同期的龙虎榜学生之一，王韶。

王韶在嘉祐二年（1057）考中进士后，没有如苏氏兄弟那样考中制科，于是客居陕西，考察边境的战事，并将自己的所见所闻写成三篇《平戎策》，上书给了神宗。

王韶认为，西夏可以打，但需要先收复河湟，招抚当地的生羌部落，断其右臂，孤立党项，完成针对夏人的包围网。

王韶的策略得到了宋神宗和王安石的嘉许。在帝相的联袂支持下，王韶以一介书生统兵边陲，负责招抚当地的少数民族。

熙宁五年（1072），王韶领军进入吐蕃地区，历时一年有余，收服熙、河、洮、岷诸州，拓地两千余里，招抚蕃众三十万。这是北宋自太宗之后最大的一次开疆拓土，史称"熙河开边"。

但熙宁后期，因为辽朝的干涉和越南的入侵，宋朝不得不停止针对西夏方面的开拓。而王韶也因性格耿直，先是和王安石反目，后又开罪宋神宗，被贬到地方上去，在元丰四年（1081）就早早去世，于是西北前线的大好局面开始急转直下。

元丰四年，西夏政变，梁太后幽禁了夏惠宗，宋神宗认为这是个兴师问罪的好机会，尽起五路大军，开始了声势浩大的伐夏之战。

当时远在黄州的苏轼，也意识到这是个攻灭西夏的良机，但他不建议直接兴兵讨伐，而是兵分四路，集结于边境，每天做出进攻的假象，实则按兵不动，暗地里派出间谍，通过离间分化，挑拨梁太后和夏惠宗的矛盾。不出一年，等对方被折腾得精疲力竭，再大兵压境，一战定乾坤。

王安石说苏轼是纵横家之流，果是真知灼见。

但宋神宗认为，这样继续拖下去难免夜长梦多，不如当机立断，玩一把大的。毕竟，他希望将更多的精力放在日后与辽人的角逐上。

当年七月，宋廷发动了足足三十万人众，向灵武方向发起进攻，这完全是想把西夏给一战灭国的架势。

但是，宋神宗不明白的是，兵不是越多就越好，尤其是西北苦寒之地，大量的兵员只会造成沉重的后勤压力，而事实证明，这次宋军吃亏就吃亏在了后勤上。

宋朝的五路大军攻入西夏境内后，面对茫茫荒漠，口粮吃完，非战斗性减员与日俱增，虽说也打了几场胜仗，但面对饥饿和寒冷的威胁，宋军很快就自行崩溃。夏军此时也趁势反击，杀得宋军丢盔弃甲，这次声势浩大的伐夏之征，以宋军的损失惨重告终。

但是，宋神宗并没有放弃一战灭夏的决心，次年九月，他命令徐禧和种谔挥兵攻入横山，直逼西夏首都兴庆府。因为吸取上次伐夏之征的教训，沈括提议建筑城池，步步紧逼，围杀西夏。

但问题在于，这个城池，建在哪里？

徐禧提议建在永乐城，但种谔反对，认为永乐城三面绝壁而没有水源，在这里建城那就是马谡第二，应当退守在银州才对。但是徐禧一票就否决了种谔，坚决要在永乐建城，连沈括都不敢多说什么。因为这个徐禧虽然身份只是给事中，但却是皇帝派往前线的代言人。

由此可见，元丰年间，在经历过王安石变法之后，皇帝的权威相比宋仁宗时期已经大幅度提升，只是这种提升，真不知是福是祸。

徐禧此人是个狂生，早年因攀附上吕惠卿，仿效当年的王韶，上《平戎策》而走入皇帝视线，以布衣之身统兵西陲。苏轼曾与他有过一面之缘，认为此人是映门的松柏，非栋梁之材，不堪大用。

果然，这次徐禧一意孤行，筑城永乐。西夏皇帝听闻后，发动三十万大军来攻，永乐城被重重围困，而城内守军没有饮水，士气低落，处处被动，永乐城的形势岌岌可危。

宋神宗听后大惊失色，连忙亲笔写下手诏给西夏皇帝，表示如果他们可以放过永乐城的官兵，宋朝可以尽还侵占的土地，可诏书还没有到，城就破了，徐禧战死，夏人屠城，二十余万军民葬身永乐城。

败讯传来，宋神宗仿佛觉得天塌地陷。他跌跌撞撞向前走着，终于在满朝大臣的面前失态，崩溃大哭。他本以为自己会是个例外，只要拼命努力就可以建立丰功伟业，成为青史留名的一代明君，却没想到会被现实狠狠扇了一个耳光，从此认命，郁郁寡欢，甘于匍匐在命运的脚下，变成一个端坐于朝堂上却失了魂灵的躯壳。

在人生的最后时刻，他想起了苏轼，忽然觉得他们有些相似。

他这一生，一直在苦苦追寻着一个汉唐盛世，一个尧舜之梦，可尘嚣过半，想要得到的终究没能得到，结局不该如此，却只能如此。

元丰八年（1085）三月五日，宋神宗赵顼抱恨而终，年仅三十八岁。

福宁殿的哀悼声，带去了一个壮志未酬的君王，也带去了一个破茧成蝶的熙丰时代。

庙堂之高

元祐更化

苏轼在江宁停留期间，王安石劝他和自己一起归隐，彼时他们同样中年丧子，同样官场失意，所以他太理解王安石了，那种孤身一人的痛苦和绝望，是看不到头的漫漫长夜。

在黄州五年期间，他辨不清自己究竟失去的多还是得到的多，只能对任何人都报以笑容。可心里珍藏的东西，任何时刻都不会随岁月消逝。

> 细雨斜风作晓寒，淡烟疏柳媚晴滩。入淮清洛渐漫漫。
>
> 雪沫乳花浮午盏，蓼茸蒿笋试春盘。人间有味是清欢。

他开始接二连三地上疏，希望朝廷可以允许他在常州居住。等待消息期间，他住在南都张方平的家中，还用这些年攒下来的钱在太湖之滨的宜兴买了田，是真打算退出官场了。

元丰八年（1085）二月，朝廷的命令下来，允许他们前往常州居住，仍为团练副使，不得签书公事。

就在苏轼兴冲冲地携着全家启程宜兴时，朝廷上却变了天。

三月五日，宋神宗赵顼驾崩于福宁殿，按祖制传位于其子赵煦，即宋哲宗。但此时的哲宗还不满十岁，什么都不懂，自然不可能临朝亲政，所以大宋真正的执政人，是太皇太后高滔滔。

高滔滔是英宗之妻、神宗之母，是个十分泼辣的悍妇，在那个封建时代，她不但敢顶撞婆婆曹太后，连丈夫她都敢甩脸子。不过另一方面，她为人又大公无私，从不为娘家谋私利，连高家盖房子她掏的都是私房钱，于是被人们誉为"女中尧舜"。

高滔滔年轻时生活在仁宗、英宗的时代，对那时的安宁无事深有感触，由于久居深宫，她并未感受到那种安宁的背后有无数的危机悄然滋生，只是把一切的过错归罪于熙宁变法。

她认为这天下本来好好的，全都是让王安石给搞乱了，尤其是她那英年早逝的儿子，本来好好的身体，都是因为边臣要去打什么西夏，结果打败了，害得神宗活活地惊悸悔疚而死。作为一个母亲，她不论怎么去想，都觉得是这帮新党害死了自己苦命的儿子。

于是，这一次她垂帘听政，所做第一件事，就是要全面推翻王安石变法，召回那些仁宗、英宗时的旧党老臣，恢复祖宗的成法，重现仁宗时期的"嘉祐之治"。为此，她连年号都给定成了"元祐"。

随着司马光、吕公著等人的起复，曾因反对新法而被贬的苏轼，高滔滔当然不可能就这么放他去辞官归隐。苏轼到宜兴才半个月，就接到了朝命，让他到登州做太守去。而苏轼刚到登州不久，委任又改，让他为礼部郎中，别在地方上了，回汴京吧。

元丰八年（1085），司马光自洛入京，虽然只是副相，但谁都知道他的崛起势不可当。不单单是苏轼，就连冯京、范纯仁、苏辙、刘挚、范百禄等众多旧党人士，皆被司马光举荐，陆续入京荣任要职。

作为旧党老资格的苏轼，官位更是三级跳。身为礼部郎中的他，进京才半个月，就被命为起居舍人。再过三个月，又升为中书舍人。半年后，更是奉诏担任翰林学士知制诰。

翰林学士知制诰这个官职，是皇帝的机要秘书，凡是天子的诏书，都由其起草，故素有"内相"之称。一般担任这个职务的人，没过多久就会被升为宰相。

可能现实就是这样，总喜欢折腾到你遍体鳞伤后，再让你开心到想要掉眼泪。人们常把这样的感觉叫作苦尽甘来，而苏轼也是直到后来才知道，今天这一切，早在许多年前就埋下了伏笔。

某一天，苏轼正在殿中值班，受到了太皇太后高滔滔的召见。

高滔滔问道："卿前年做何官？"

苏轼回答："团练副使。"

"现在什么官？"

"翰林学士。"

"可知为何升得这么快？"

"是太皇太后和陛下的识拔。"

"不是。"

"莫非是大臣推荐？"

"也不是。"

苏轼脸色一变："臣虽无状，却不敢走歪门邪道。"

高滔滔这才说："这都是先帝的意思啊。先帝每次诵读你的文字，都会连叹奇才，只是没来得及重用罢了。"

苏轼一怔，眼前浮现出先帝年轻时的面容，心情刹那间被悲伤覆盖，忍不住哭泣起来。

赵顼于他而言，不仅仅是君上，更是一个因造化弄人而错过的知己。现在想想，这一路走来，仁宗、英宗、神宗、韩琦、欧阳修、陈希亮……他这一生真的很幸运，早在一开始就已经被那些人灌满了无数的爱。

元丰八年（1085），随着司马光、吕公著等旧党人士的相继主政，风水轮流转，新党那边的人开始走霉运。

在元丰年间，宋神宗推进变法，主要靠的是王珪、蔡确、章惇这三驾马车。宋哲宗即位，高滔滔主政，宰相王珪自知大祸临头，未几便因病去世，不过这样反倒躲过了元祐年间的清算，让他的家族可以继续繁衍生息。

但令人感到疑惑的是，王珪屡次阻挠苏轼起复，可到最后，人们都不清楚他和苏轼到底是什么仇什么怨，反倒发现他把苏轼的进士考卷带回家珍藏起来。另外，王珪有个孙女，就是秦桧的老婆王氏，后来参与害死了英雄岳飞，现在还在岳庙跪着。王珪还有个外孙女，是南宋著名词人李清照，这么一看，王珪的家风和他本人一样叫人摸不着头脑。

王珪死后，代替他当宰相的是韩缜。韩缜一上台，就和另一位宰相蔡确掐了起来，但起复的旧党众人依旧不买账。

元祐元年（1086）闰二月，苏辙行动了，要求罢黜蔡确和韩缜。他把矛头直指韩缜，说熙宁时辽人前来勒索土地，韩缜丧权辱国，割地七百余里，罪当万死！

苏辙说的是熙宁年间辽朝提出的重划地界之议，面对契丹的讹诈，最终以宋人弃地收场，但是苏辙把问题推给了韩缜，这未免站不住脚。

因为当年宋辽重划地界时，王安石对契丹的要求是严词拒绝的，但很快他就遭遇第一次罢相。宋神宗转而去询问富弼、文彦博、曾公亮等旧党人士。旧党都不希望发生战争，就提议让皇帝弃地，和契丹言归于好。不久王安石复相，再次劝皇帝不可割地，但宋神宗此时已拿定了主意，结果这土地就稀里糊涂地割出去了。

所以，苏辙如果真要批判，那么割地的罪魁祸首该是宋神宗，该是韩琦、富弼、文彦博这些主张弃地的人，怎么也轮不到一个奉命行事的韩缜吧？

但形势比人强，元祐初年旧党纷纷回京，可代表政府最高权力的宰相还是新党中人，那么将他们赶下台就成了应有之义，所以苏辙对韩缜的弹劾，其实本质上代表着新旧两党的新一轮党争开始了。

而这里，就有苏轼曾经的好友章惇。

司马光掌权，自然要提拔旧党众人，于是就举荐了苏辙、范纯仁、范祖禹等五人，由太皇太后亲发懿旨，给五人安排职位。

但当时担任枢相的章惇反对，认为国家体制的升迁自有渠道，这样通过大臣举荐、绕过宰相机构去升官，显然是对国家程序的践踏，违背了祖宗成法。潜台词就是，你们旧党不是号称要恢复祖制吗，怎么涉及自己升官，就连祖宗规定的程序都不走了，这不是双标吗？

司马光被诘问得承受不住，就把脖子一梗，表示：他们都是众望所归，如果你觉得我在提拔亲信，那我情愿辞职，以证清白。

章惇说：我从来没说过你徇私，只是这个先例不可以开，万一将来出了个奸臣，用今天的事来为引用亲党当例子，到时该怎么办？

在论辩这方面，就连苏轼都不见得是章惇的对手，更遑论司马光了。于是，在章惇的据理力争下，这次任职告吹，不过他也因此而得罪了旧党。

苏轼和章惇是旧友，见状帮谁也不是，只好试图去当个和事佬，援引刘备容忍许靖的例子，劝解章惇不要再和司马光为敌。但现在箭在弦上，就算章惇不想对付司马光，以司马光为主的旧党也不见得能放过章惇。

就在台谏之事不久，旧党王岩叟就上奏弹劾章惇，说他诘问众人时"语涉轻侮"，是对陛下的不尊重，应该罢黜。到后来，刘挚、朱光庭乃至于苏轼的弟弟苏辙，都开始大规模地弹劾章惇无人臣状，而脾气豪横的章惇依旧如故，以一人之力舌战群儒，和整个旧党对阵。

在和司马光就免役法的争论中，他更是洋洋洒洒数千言，将司马光驳斥得体无完肤。最后，章惇因情绪激动，当着太皇太后的面大叫"他日安能奉陪吃剑"，致使殿前失仪，被旧党抓住，大肆攻击。而高滔滔也厌恶了章惇无法无天的性格，便将其贬谪到了汝州。

对苏轼来说，司马光是他尊重的贤臣，苏辙更是他的亲弟弟，他们和章惇在朝堂上你死我活，矛盾不可调和，他夹在中间，里外不是人，索性缄默不语。既然阻止不了，那就什么都不管了。

但在章惇眼中，自己当年在乌台诗案对苏轼舍身相救，可现在苏辙追着他弹劾，作为哥哥的苏轼却一言不发，着实令他心寒。

也不知是否巧合，苏轼被移出黄州时，去的地方就是汝州，现在章惇从相位堕下，第一站也是汝州，只是这二人一个起复，一个贬谪，心境大不一样。

章惇就这么决绝地转过身去了，这一转身他们就是天涯海角，就是抵死不再相见，从此立场身份都要变，再做不得朋友。

除了章惇，还有一人，那就是蔡确。

蔡确早年因攀附王安石骤得高位，成为新党的骨干。在王安石下野后，新宰相吴充试图劝说神宗废掉新法，但被蔡确以"萧规曹随"的例子顶了回去。到了元丰年间，他升任宰相，屡次以阴谋堵塞司马光回朝，真要论实权，他还在王珪之上。

按理来讲，蔡确就是一个随风倒的政客。不论是支持新法，还是反驳吴充，其实都是他先摸准了皇帝的脉搏，然后为了权力进行的政治投机罢了。

然而，在元祐初年，当司马光要全面推翻变法，谁都知道新法是肯定保不住时，曾经见风使舵的蔡确却一反常态地站了出来。他打死也不让旧党废掉新法，还把所有责任都包揽到自己身上，说那些过错都是自己的，希望通过牺牲自己来换取新法的存续。

但终究还是双拳难敌众手，拼命想要留住的终究没能留住。

元祐元年（1086）闰二月，蔡确被贬陈州，次年又因弟弟犯事被再贬安州。此时他心情抑郁，在游览车盖亭时，一口气写下十首诗抒发怨气，给了旧党落井下石的口实。他们抓住蔡确的诗词，上纲上线，恶意曲解，一竿子捅到了太皇太后那里，说这个蔡确把她比作武则天。结果高滔滔大怒，在文彦博的撺掇下兴起了文字狱[1]。

这次，不只蔡确，很多新党中人都被网罗进此案，想想当年王安石虽排斥异己，可大多都是给工资给待遇，放到地方州县继续为官。比如苏轼，即使是贬谪，去的地方也都是湖光山色的人间天堂，可轮到旧党主政，却是把新党往穷山恶水里赶，这是巴不得别人赶紧死在蛮荒之地的心态。

现在世人常常惋惜苏轼的乌台诗案，借此来抨击新党大兴文字狱，然而旧党针对新党的车盖亭案，不论规模还是手段，都比当年的李定、张璪之流还要狠毒，且影响也恶劣得多。毕竟乌台诗案针对的只是苏轼一人和几个朋友，而旧党却借着车盖亭案几乎放翻了新党所有人。

后来蔡确被贬新州，时人就把司马光、范纯仁、韩维誉为"三贤"，而将蔡确、章惇、韩缜斥为"三奸"。在苏辙、刘挚、王岩叟、朱光庭、王觌这些人的交章弹劾下，旧党不但废掉了王安石变法的所有成果，还将新党众人彻底赶出中央，全面接管了朝政，后人将这段时期称为"元祐更化"。

当年乌台诗案时，苏轼的友人王巩被牵连，被贬谪到了岭南，

---

1 车盖亭案刚传至京师，高滔滔并未生气，旧党中人虽声讨蔡确，但不至于将其贬谪岭南。不过文彦博与蔡确素有私怨，就借着当年哲宗即位之事，说蔡确曾诬陷高滔滔要传位给神宗之弟，挑起了高滔滔的怒火，这才导致蔡确再贬新州。在当时，苏轼虽鄙薄蔡确为人，但昔年乌台诗案的经历，使他对因言罪人深恶痛绝，于是上疏太皇太后，建议从轻处罚蔡确，只是高滔滔心意已决，文字之狱遂不可解。

幸得侍妾柔奴随行不弃，一起在岭南艰苦度日。如今旧党得势，王巩总算可以奉旨北归。

苏轼对当年牵连王巩一事耿耿于怀，在喝酒时，他的脸上涌起歉疚，王巩看在眼里，便叫出柔奴为苏轼献歌。

苏轼问柔奴，岭南是不是不好？

柔奴却只是笑答，只要有让你心安的人在身边，到哪里都是家乡。

常羡人间琢玉郎，天应乞与点酥娘。尽道清歌传皓齿，风起，雪飞炎海变清凉。

万里归来颜愈少，微笑，笑时犹带岭梅香。试问岭南应不好，却道，此心安处是吾乡。

其实无独有偶，蔡确因车盖亭案也被贬岭南，他的妻子再也无法忍受，选择离他而去，但有一个叫琵琶的侍妾，却是不畏前路艰险，愿意与他共赴岭南。

在岭南谪居期间，琵琶养了一只会说话的鹦鹉，每当蔡确想呼唤琵琶时，就叩一下响板，鹦鹉就会伸着脖子叫："琵琶，琵琶。"

然后琵琶就会急忙走来，问："什么事呀官人？"

蔡确只是哈哈大笑，摆手道："没事儿没事儿。"

他就是觉得琵琶被捉弄后，那娇嗔的表情蛮可爱，他想多看一眼罢了。

可是不久，岭南的瘴气便带走了琵琶。琵琶死后，蔡确仍然一如往日模样，给人的感觉似乎并没有多么悲伤。

直到有一天，他在无意中碰到了响板，清脆的声音再次响起，鹦鹉伸长了脖子喊："琵琶，琵琶。"

蔡确霍然转身，目光直直瞪着那大叫的鹦鹉：

鹦鹉声犹在，琵琶事已非。

堪伤江汉水，同去不同归。

元祐八年（1093），蔡确抑郁成疾，殒命岭南。

司马光

元丰八年（1085），司马光回京，万人空巷。

当时围观他的百姓拥挤在道路上，连马儿都无法行走，很多百姓都爬上屋顶，骑在树枝上，就只是为了瞻仰司马相公的风采。

每个人都期望司马光可以还给他们一个清平世道，带他们回到仁宗时代的"嘉祐之治"。

十五年前，司马光因反对变法，拒绝了皇帝的任命，自行去了洛阳，从此不言国事，潜心著书立说，探究中国历史上的兴衰存亡。

他在《资治通鉴》里总结出一个道理，那就是国将亡，必多制，认为制度冗杂是亡国之兆，所以他要救国，就必须全盘否定掉熙丰年间颁布的新法，重新恢复北宋的祖宗旧制。

不过真要讲道理，司马光这个总结是把逻辑给颠倒了。因为不是制度多国家才灭亡的，而是国家将要灭亡了，才有人不得不站出来，用冗杂的多制来续命救国。

但司马光不管这些，他在出任门下侍郎才一个月，就劝高滔滔废掉保甲、市易法、保马法、方田均税法四个法令，说这个是"四患"，次年还公开表示：四患未除，死不瞑目。

高滔滔此时对司马光那叫一个言听计从，在当年十二月，四法皆废，只有青苗法和免役法在蔡确、章惇的坚持下还在推行。

司马光早说了，不尽废新法，他誓不罢休，于是就援引大批旧党人士回京，苏轼、苏辙兄弟就是在这个时期被召回来的。

元祐元年（1086）闰二月，在旧党众人的围攻下，蔡确、章惇皆被罢下相位，新党诸多成员纷纷落马，司马光和吕公著进位左右宰相。旧党成员个个走马上任，再无人可以阻挠更化，于是争议最大的青苗法也宣告废止。

现在就只剩下免役法了。

只是让司马光没想到的是，关于免役法要不要废掉，就连旧党中人都争论不休。

比如范镇的侄子范百禄。他举例说，熙宁之初，王安石颁布免役法，仅开封府就革去衙前役夫数百人，老百姓奔走相告，喜极而泣，只是后来朝廷为了敛财，不断地增加免役钱和助役钱，这才招致民怨沸腾，所以现在只要废掉这两项收费就行了，没必要再把免役法给改回差役法。

还有范仲淹之子范纯仁，也认为司马光废除新法，不该如此着急，还是得持重为好。比如免役法，就算真打算废掉，也该先选一路进行试点，如果没有问题，再考虑全国推行也不迟。

但当时的司马光已然老病，身体每况愈下，他自知将不久于人世，老天不会给他时间慢慢来的，所以他必须在还活着的时候，抹除掉所有关于熙丰变法的痕迹，只有这样他才可以放心离开这个世界。

在当时，刚刚进京不久的苏轼，听到司马光如此偏执，也提出了免役法不该废掉。

想当年，王安石刚推行免役法，苏氏兄弟都是反对的。因为那时苏轼还年轻，没有遭受过社会的毒打，对民间疾苦的认知有限，所以他反对免役法的理由是十分空洞的。

但随着这些年，他在杭州、密州、徐州等地的历练，逐渐认识到了免役法的好处，它确实是相比原来的差役法进步得多，况且如今免役法已实行了十六年，老百姓早就习以为常了，如果再轻易更张，反而会生出无谓的弊端。所以现在只需要废掉两钱，就可以真正做到公私两便。

但司马光脾气执拗起来，竟是不亚于王安石，他连范纯仁的话都不听，更别说苏轼了，还是打算把免役改回差役。

苏轼心知这件事事关国计民生，不能任由司马光意气用事，第二天就跑到政事堂去堵人。司马光被苏轼闹得不耐烦，勃然作色，而苏轼见了，大声道："当年韩琦为相，阁下为谏官，争得韩公怒形于色，依旧不管不顾，怎么现在阁下一当宰相，就不许我说话了？"司马光被这么一说，只得赶紧向苏轼道歉，但对苏轼的建议依旧置若罔闻。

司马光那时已是日暮途穷，于是倒行逆施，要求天下各州县限期五日内废掉免役，改行差役。可想而知，免役法已实行十六年，现在却要如此仓促地更改，很多人都觉得司马光是不是疯了，但唯有开封府尹蔡京不动声色，五天内征集了一千多人充役，圆满完成任务，司马光见了大喜过望，嘉奖道："使人人奉法如君，何不可行之有！"

有了蔡京的例子，司马光索性不再理睬苏轼，开始在全国范围内恢复差役法。苏轼在得知此消息后，气得跺脚，大骂司马光是"司马牛"，这牛脾气怎么和王安石一样呢？

彼时，赋闲在江宁的王安石卧病在床，在得知司马光为相时，他就做好了新法会被废的准备，但他万万没有想到，司马光做得这么绝，居然不分良莠，一律推翻。

三月，在得知朝廷罢免役，复差役后，他目瞪口呆，喃喃道："怎么连这个也废了？这可是我和先帝反反复复研究了两年才实行的，其中的利害都考虑周全了啊！"

说罢，王安石不禁老泪纵横。

次月，王安石薨于江宁，想来也是死不瞑目。

司马光因得蔡京之助，成功废除了免役法，至此所有王安石的新法都化为乌有，他终于可以松一口气了。此时的苏辙，却是一眼就看出了蔡京的险恶用心，希望司马光可以把蔡京这种小人谪戍充军，可司马光把蔡京当成了废除新法的大功臣，当然不予理会。

而事实证明，苏辙果然慧眼如炬，多年以后，蔡京在徽宗朝登临相位，立元祐党人碑，捣毁了司马光的祖坟，还间接造成了使北宋灭亡的"靖康之变"[1]。

但如此蛮横地废掉新法之后，旧党虽得一时之爽，但现实问题果然还是不期而至。

元祐之初，最关键的一点就是国用不足。因为王安石的变法主要就是为国家理财，现在司马光把为国家理财的项目都砍掉了，自己又提不出新的办法，那国库当然就入不敷出了。

在当时，司马光做相，就提拔李常管理户部，李常本人都蒙了，他并不擅长理财，怎么能接管户部呢？而司马光却说：如今天下都急于利，我就偏要用一个不懂理财的人掌管户部，这样就可以给天下人传达元祐朝廷"重德不重利"的官方态度。在这种指导思想下，朝廷能有钱那才见了鬼了。

但当时司马光已百病缠身，就告假在家，被财政问题折磨的范

---

1 蔡京历来被划为新党，但事实上王安石对蔡京并不欣赏，还曾经说蔡京："如何做得知制诰，一屠沽耳！"算是和苏辙一样，看透了蔡京墙头草的本质。而日后宋哲宗亲政，新党再度得势，蔡京果然摇身再变，又提出要恢复免役法。到了宋徽宗时，蔡京虽然宣麻拜相，接过了变法大旗，但早已与熙丰年间的变法精神相背离，故时人评论道："祖宗法惠民，熙丰法惠国，崇观法惠奸。"如此小人，却被司马光视作能臣干吏，由此可见，温公的识人之明，比起"专用小人"的荆公还要相差远甚。

纯仁，为了解决国库的匮乏，就提出要不要把常平钱谷给敛出息，这个其实就是换了个名目的青苗法罢了。

范纯仁提出这个建议时，司马光还在病中，似乎神志有些糊涂了，居然奏札赞成此议。

等方案即将落实，被苏轼看到，他连忙闯入司马光的家里，对司马光陈情利弊，认为青苗法在立法精神上就有问题，只要新法还考核利息收入，那么最后一定会走向害民的路，且这么一笔钱交到老百姓手中，他们肯定大手大脚地花了，而朝廷却不管这些，只是收利息，收不上就严刑拷打，这不是欺负老实人吗？

因为苏轼把事情闹大了，苏辙等台谏官员也一起上章跟进，司马光这才意识到不对，强撑着病体起来，说："是何奸邪，劝陛下复行此事？"把一边的范纯仁吓得不敢说话，这个事自然也就黄了。

一个月后，司马光撒手人寰，享年六十八岁。

然而，"元祐更化"最被人诟病的一点，还是在外交方面。

自王韶熙河开边始，宋朝就开始了针对西夏的攻略。虽然在五路伐夏之征和永乐城之战中遭遇挫败，但从整体上看，宋军依旧是掌握着战略主动的，尤其是葭芦、米脂、浮图和安疆四个军寨，直插进西夏腹地，成了党项人的眼中钉、肉中刺。

总的来讲，王安石变法期间，朝廷上鹰派云集，宋朝的对外形势还是逐渐稳中向好的，史书上便如此形容：

> （王安石）用薛向、张商英等办国用，用王韶、熊本
> 等治兵，西灭吐蕃，南平洞蛮，夺夏人五十二寨，高丽来朝，
> 宋几振矣。

可到了元祐年间，旧党大多都是盛行"弭兵论"的鸽派，尤其

是司马光，他觉得多一事不如少一事，给外敌岁币就给岁币吧，总比军费划算，大家好好过日子，何必非要和西夏人一较短长呢？

举个例子，元丰八年（1085）四月，吕惠卿正在边境当知府，瞅准机会在聚星泊对西夏人进行了袭击，斩首六百级，不久西夏人为报仇雪恨，就入侵了鄜延路。结果旧党抓住这个事不放，说就是因为吕惠卿擅自攻击西夏人，这才招致西夏的报复。

元祐元年（1086）五月，苏辙上疏论吕惠卿五大罪，苏轼更是亲笔撰写制文，外加其他旧党也一拥而上，总之就是各种翻熙丰年的旧账，于是吕惠卿一贬再贬，最后混到建宁军节度副使，也不得签判公事。

吕惠卿是否罪有应得，咱们姑且不论，但即使他有千错万错，单是伏击西夏人这件事上，又有什么好指摘的呢？当时宋夏双方本就是公认的敌国，所以夏人入侵鄜延路，旧党又何以推到吕惠卿擅开边衅上？

其实，说白了就是党争使然，既然王安石的新党是强硬派，那么司马光的旧党就一定要选择绥靖，即立场大于一切，为了反对而反对，而这种心态，在司马光本人身上体现得尤为明显。

司马光在年轻时，因其连襟之父庞籍知并州兼河东经略，被荐为并州通判。他在任上代庞籍巡视边地，很激进地主张在麟州筑堡，结果被西夏人破堡杀将，造成了巨大损失，幸好庞籍帮司马光担下了罪责，自贬青州，这才保下了他。

可能是因为这次的失败，让司马光对战争产生了严重的心理阴影，所以针对神宗朝的开拓，他总觉得"灵夏之役，本由我起，新开数寨，皆是彼田"，将熙河开边视为己方的侵略并不占理，于是就主张把熙河整个还给西夏，用诚意来促进两国之间的友好共存。

当然了，"以诚待敌"只是表面上的说辞，真正令元祐君子们头疼的，还是针对西夏的战争需要巨大的开支。而旧党如今既然废掉了青苗钱息、助役钱和宽剩钱，那自然没有余钱再继续维持宋夏边境的军寨了。

所以，在元祐旧党多方商议后，终于达成共识：归还葭芦、米脂、浮图、安疆四寨。

司马光等元祐君子认为，归还土地就可以和西夏息兵止戈，但事实证明这不过是一厢情愿，把国战当成了天真的儿戏。

就在司马光死后不久，党项人的铁骑再次入侵。整个元祐年间，宋廷的绥靖政策蔓延整个朝堂，西北边陲几乎被西夏人视为无人之境，烧杀抢掠，来去自如，难怪章惇在得知司马光对西夏退地求和后，会气到大嚷："司马光村夫子，无能为！"

其实，关于司马光的能力问题，历来都被人所轻视。王安石、章惇等新党自不待言，就连旧党中人，也对司马光的事功颇有微词。

比如韩琦说"司马君实才偏量窄"，苏辙说"君实为人，忠信有余而才智不足"，就连吕公著称赞他的话都很怪——"大抵虑事深远，则近于迂也"，总之就是承认其品德高尚，但在政绩、才能方面似不尽如人意。而这点，他本人也有自知之明。据程颢回忆，司马光曾说自己是一味人参甘草，病不重的时候还可以用，但病入骨髓时，他就无能为力了。

其实，旧党并不是没有能人，只是司马光本人总是莫名其妙地避开了所有正确选项。比如在弃地上，他听了苏辙、范纯仁的，没听吕公著、吕大防的，而在回河上，他又听了吕公著、吕大防的，没听苏辙、范纯仁的。根本原因就是司马光一直以来的资历是"多在京师，少历外任"，即使熙丰年他写《资治通鉴》，也是闭门造车，缺乏如苏轼这样在基层实际锻炼的工作经验。这样的人，长于理论而短于实践，如果去当一个顾问倒还可以，但真正去当一个一把手的宰相，只能是误国误民。

好吧，前边说了这么多司马光的坏话，这里我倒是也可以回过头给他辩解上几句。

首先，我们要明白，王安石变法之前的背景是宋仁宗的"嘉祐之治"。那时因皇帝赵祯本人的大度，或者也可以说软弱，以至于君主集权处于一个历史低点，这就造成了士风宽宥，宋儒内部出现了百花齐放的学术风貌，什么洛学、关学、蜀学等，大多都是倾向于限制皇权的。

司马光成长在这样的环境中，自然提倡士大夫该有独立的人格追求，凡事皇帝要和大臣们一起协商做决定，一切摆在桌面上，以求公开公正。这也就是旧党文彦博的那句"陛下与士大夫共治天下"，即士大夫应当独立于君主而向天下人负责。

但我们要知道，这种民主氛围最大的弊端，在于每个人都有每个人的想法，而集思广益的同时往往代表着效率低下，大家都把精力放在了内耗上，从而无法团结起来一致对外。所以在仁宗一朝，虽然朝廷风气清正，但国家的积弊愈来愈多，对外战争更是一蹶不振，这些内忧外患始终得不到根治。

这时候，王安石上台了，他敏锐地发现，仁宗朝的政治氛围根本不适合高强度的改革，毕竟，改革这种事是需要得罪大量利益集团的，要想把得罪人的法条推行下去，就必须得掌握绝对的权力。

所以，王安石在变法时，就将他的新学标为国学正统，提倡忠君报国，臣子不再是道的执行者，而是执行君意的工具，皇权大于一切，想做什么就做什么。

可以说，这是王安石试图借助皇权对学术自由、思想解放进行镇压，好方便自己可以顺利推行变法。但问题在于，像王安石这样搞，如果遇到个明君还好，可一旦遇到如宋徽宗、宋钦宗这样的昏君，那么因缺失了对皇权的制度性限制，皇帝胡作非为再也无人可制，最终只会酿成可怕的后果。

现在很多人认为，熙丰变法的真正幕后黑手是宋神宗，王安石是被他利用了。具体表现在王安石集权是为了变法，而宋神宗变法却是为了集权，当权力得到集中之后，宋神宗便一脚踢开王安石，开始由自己大权独揽。所以，司马光正是洞悉了熙丰变法背后的危险，这才坚决反对抵制，最后不惜不顾"三年无改于父之道"的儒家礼法去以母改子，也要将抬头的皇权再打压回去。

司马光在元祐年清算的，从来不是王安石的新政，而是宋神宗的新政，只是这个老人到死都没想明白，民主也好，专制也罢，只是达成目的的手段罢了，而并非目的本身，他追求了一生的信念，说到底还是本末倒置了。

要记住，政治的最终目的从来都是"国家强大、社会发展、人民幸福"，而不是党派或制度之争。

交恶

苏轼一生坎坷，多半要怪他那张损人不利己的嘴。

他自述"性不忍事"，碰到看不惯的事，往往要冷嘲热讽地评论一番，遇到看不顺眼的人，更是要在言语间好好地戏弄一通。偏偏他本人名声又大，说过的话第二天就能传遍大街小巷，那些被他嘲笑的当事人立时就成了众人笑柄，这样一来，他能不得罪人吗？

苏辙曾指着嘴巴劝他收敛一点，许多友人也多次告诫他莫要造口孽，可他总是嘴上答应得好好的，第二天一觉起来依旧我行我素，最后干脆半是自豪，半是自嘲地说："轼一生罪过，开口常是不在徒二年以下。"

而被苏轼吐槽次数最多的人，正是伊川先生程颐。

洛阳的程颢、程颐两兄弟，在年轻时师从一代大儒周敦颐，就是写《爱莲说》的那位，等两兄弟学有所成后，就进京赶考。哥哥程颢和苏轼同登嘉祐二年龙虎榜，但弟弟程颐考运不顺，在两年后的进士考试中名落孙山。此后索性不再参考，跑去嵩阳讲学授课，创立了"洛学"，使嵩阳成为当时北宋的一大学术重镇。

元丰八年（1085），宋哲宗即位，身为旧党的程颢时来运转，被召为宗正丞，只可惜临节骨眼了，程颢却突然病逝。司马光执政后，转而推荐其弟程颐担任崇正殿说书，也就是俗称的"帝王师"。

然而，程颐性格古板，严于律己的同时也严于律人，与他那与人为善的兄长截然不同，所以刚一入朝，那顽固刻板的脾气就惹得所有人都受不了他。

有次，他在经筵为宋哲宗讲书，课间休息时，小皇帝靠在窗子上，随手折了一根柳枝玩。

按理来讲，这就是个小事，可没想到程颐看到，脸色立刻沉了下来，还严肃告诫道："春天是万物生长的季节，陛下不可无故摧折柳枝！"

小皇帝那时还不到十一岁，正值叛逆的年龄，没想到折了个柳枝就被程师傅如此教训，一气之下，就把柳条给狠狠地掷在了地上。

司马光听说了这事，心想程颢是个多么通透的人，怎么他弟弟这般不晓事，当即对着身边人说道："人主不愿亲近儒生，就是因为有这种人的缘故。"据说就连太皇太后高氏听了，都骂了程颐一句："怪鬼坏事。"

元祐元年（1086）九月，司马光去世不久，朝廷又在明堂举行祀典，将神宗皇帝的灵位请进祖庙。这次典礼结束后，有人提议，大家既然好不容易聚在一块儿，不如一起去司马相公的府上吊唁吧！

就在众人准备起行时，程颐站了出来，拦住了大伙儿，说《论语》上讲"子于是日哭则不歌"。孔老夫子在参加完丧事后，就不再欢唱了，这是对死者的尊重，现在咱们刚刚参加完先帝入祖庙的吉礼，再去司马相公府上凭吊，这不符合礼法。

众人见他讲礼就头疼。有人看不过眼，就说人家孔老夫子是先参加完丧礼才不歌的，又不是唱完歌后不去参加丧礼，这里有个先后顺序，跟咱们现在这情况能一样吗？

可程颐是个拘泥于古礼的老夫子，依旧拦住大家，就是不准去。

苏轼混在人群里，见到这一幕，只觉得滑稽，就嘿嘿一笑道："这程颐可真是鏖糟陂里叔孙通。"

叔孙通是汉初人，汉高祖刘邦早年上朝时，文武大臣还保持着打天下时期的随意，于是在大殿上一个个吊儿郎当、没个正行，刘邦很不高兴，就让叔孙通制定一个上朝礼仪，果然在叔孙通的设计和排练下，大臣们再上朝时一个个庄严肃穆，刘邦这才找到了当九五至尊的感觉。

可以说，苏轼把程颐比作叔孙通，这是在夸他，可问题就坏在前面那个"鏖糟陂里"上了。因为鏖糟陂是开封府西南十五里地的一个垃圾堆，所以这两个词连起来，意思不言而喻！

在场众人都是饱学之士，听了这话哄然大笑，把程颐闹了个满面通红。

还有一次，程颐奉命为司马光主办丧事，他一切都遵循古礼治丧，把收敛遗体的囊做成牛角状，苏轼看他那副样子就来气，便大声叫嚷："你这是想把牛角献给阎罗大王吗？"

想一想那个画面，程颐这边正道貌岸然地治丧呢，结果苏轼突然来了这么一句，把他给弄得下不来台，众人一个个乐得哈哈大笑，灵堂的肃穆感全没了。

到了用餐时，程颐又说，现在只能吃素，不能吃荤。

苏轼不管不顾，领先跳出来反对，他振臂一呼："为刘氏者左袒！"这话是汉初时，周勃平吕氏之乱时说的话，现在被苏轼用来戏谑程颐，结果一群人就跟在苏轼后头跑去吃肉了，程颐又讨了个没趣。

可以说，苏轼的性格大大咧咧、无拘无束，程颐又是个循规蹈矩、墨守成规的老夫子，这两人要是能聊到一块儿去，那才奇了怪了。又因苏轼时时挖苦程颐，苏程交恶遂由此起，真可谓是逞一时口舌之快，却结了个万世之敌。

我们都知道，程颐是"程朱理学"的奠基人。在明清两朝，理学成为官方的意识形态，程颐更被拔高到了一个凛然不可侵犯的地位，苏轼如此三番五次地戏弄程颐，自然就遭到了后世无数理学信徒的抹黑和抨击，以至于他的蜀学到了明清时期默默无闻。

甚至于苏轼吐槽程颐这事，都不用等到明清，就在元祐年，它就给苏轼的嘴欠来了个现世报。

党争又起

元祐元年（1086）九月，司马光逝世，吕公著又老迈年高，高滔滔就把朝政大事交给了吕大防和范纯仁。

司马光活着的时候，因为他本人年高德劭，元祐君子对他是唯命是从。但现在司马光死了，吕大防和范纯仁又镇不住场子，朝堂上的众臣是一个不服一个，结果党争就在旧党内部爆发了。

在司马光谢世后，元祐旧党主要分成了三个派系：朔党、洛党、蜀党。

朔党的党魁是刘挚，羽翼有梁焘、王岩叟、刘安世等，都是司马光门下的职业官僚，成员大多都是河北、山东人，因黄河以北在古代称为朔方，故而叫作"朔党"。

洛党的党魁是程颐，成员有贾易、朱光庭等人，都是程夫子的洛学门生，且大多数都是钻研道德文章的学者，因他们这一门学说滥觞于洛阳，所以叫作"洛党"。

蜀党的党魁是苏轼，成员有吕陶、苏辙等，还有一群和苏轼交好的文人，譬如号称"苏门四学士"的黄庭坚、秦观、晁补之和张耒，只因苏轼是四川人，所以叫作"蜀党"。

其实，古代的朋党之争，大多都是政敌或者后人的总结，在当时是没谁会傻到承认自己结党的。

苏轼所谓的"蜀党"就是这样，起因不过是范百禄与韩维争论刑名，吕陶又上疏攻讦韩维专权，最后造成韩维罢职。

韩维一看，吕陶、范百禄都是苏轼的朋友，他们又全是四川人，在朝堂上一向同进同退，这一看就是结党营私，于是上疏给苏轼扣了一顶"川党领袖"的帽子。不论是川党还是蜀党，这一说法都在朝堂上不胫而走，苏轼可谓是黄泥巴掉裤裆——说不清了。

蜀党和洛党的恩怨，就是苏轼和程颐两个人互瞧不上眼。朱熹曾说过："东坡与荆公固是争新法，东坡与伊川是争个什么？"其实，看一个人不顺眼是件很玄的事，苏轼看程颐是个矫揉造作的伪君子，程颐看苏轼是个荒唐无形的浪荡子，都把彼此看成了自己人生的反面教材，这一天天抬头不见低头见的，怎么可能不生起仇怨？

有一次，程颐见到苏轼的弟子秦观，就问道："'天还知道，和天也瘦'，是你写的吗？"

秦观还以为程颐准备夸他，正要拱手拜谢。

程颐却突然呵斥道："上穹尊严，安得如此侮辱？"

秦观当场无语而退。

可想而知，苏轼和程颐互相拆台，不论他们个人作何想法，但他们旗下的门人却未必能忍气吞声，这就自然而然地闹出了一系列恩恩怨怨。

有次，朝廷举办策问。这次苏轼的身份是出题考官，而他拟的题是"师仁祖之忠厚，法神考之励精"，其中说到朝廷如果效仿宋仁宗的忠厚，难免会造成法度松弛，可如果效法宋神宗的励精，又恐造成法令苛刻，并且举出了汉文帝和汉宣帝的例子，希望可以在垂拱而治和励精图治之间找出一个平衡点。

按理来讲，苏轼这个考题确实有水准，宋仁宗为人宽厚，但就是太宽厚了，成了一个烂好人，这点就比不上同样以宽厚为名的汉文帝。而宋神宗虽然励精图治，但恰恰就是太励精了，造成下面的人精神都紧绷着，搞出了一堆政绩主义，这点就比不上同样以励精为名的汉宣帝。

但是，虽说以我们后人的看法，汉文帝、汉宣帝确实要比宋仁宗、宋神宗更厉害些，可那毕竟是在宋代，苏轼在当时说出这样的话，就属于非议当代君王，容易被有心之人抓住把柄。

洛党的朱光庭率先发难，他弹劾苏轼，说他为臣不忠，居然说本朝仁宗、神宗比不上汉代的文帝和宣帝，简直是大逆不道，应该依律治罪。

高滔滔看了此疏章，倒是不甚在意，毕竟苏轼是她儿子生前推荐的人，怎么可能讥议她儿子？一看就是这帮谏官在寻章摘句、风闻言事，所以特别下诏，给苏轼免罪。

可苏轼却感到委屈，因为免罪的意思，就是我还是有罪，只是给我免了。他上疏争论，说这个题目是皇帝看过后，用御笔钦定才下发成考题的，如果真有讥讽之意，岂能逃过圣上明鉴？

蜀党的吕陶更干脆，一上手就弹劾朱光庭，说朱光庭是为了给他的老师程颐出气，这才假借事权、以报私隙，若不严惩，恐朋党之弊从此而起。

就在蜀、洛两党较劲儿的时候，朔党的人动了，他们全力支持洛党的朱光庭，对苏轼群起而攻之。

朔党的王岩叟、傅尧俞等人，从苏轼的考题中挑刺，找出一些他们自以为苏轼诽谤仁宗、神宗的证据来，在朝堂上各种宣扬和污蔑，大有当年乌台诗案的余风。

按照传统，高滔滔要召见王岩叟、傅尧俞二人入对，见二人还在指责苏轼的不是，高滔滔就发起怒来："卿等的话和朱光庭一样，莫不成你们是一党吗？"

在宋代，即使是天子都该对台谏保持尊重，故而高滔滔这么一呵斥，二人先是一愣，随即当场自摘乌纱，挂冠而去。

高滔滔无奈，只好请老宰相吕公著出来，好言好语，这才把二人劝了下来。后来为了安抚众人，高滔滔就给双方都升了官，但在明面上还是说苏轼有罪，只不过是给免掉了。

对此，苏轼是无论如何都不能接受的，可事已至此，他也只能赌气地说："非独朝廷知臣无罪可放，臣亦自知无罪可谢也！"

其实，朔党之所以对苏轼落井下石，也是因为双方结怨已久。

在宋代，朋党之争多牵扯地域。比如熙丰时，王安石所引的新党，多数都是南方人，司马光领导的旧党，则多是北方人，所以在新旧党争最激烈时，双方还掀起过一阵子地域黑呢。

元祐一朝，旧党当国，北方人再次占据主场，对南方人不免歧视。但问题在于，四川也算南方，所以当时朝野间流传一句话，叫"闽蜀同风，腹中有虫"，把福建人和四川人一块儿骂了。

苏轼作为蜀人，听到这样的地域攻击，勃然作色，说："书称立贤无方，何得乃尔！"意思是书上说贤人不论出身何方，你们凭什么地域黑？

当时，朔党的刘安世和他一起共事，听了这话，就接了一句："我怎么就没听说这句话？不过立贤无方，须是贤人才可以，如果是中人之资以下者，怎可能不受土地风俗的影响？"

苏轼虽默不作声，没有接话，但打心底不会喜欢这帮北方佬。

事实上，苏轼本人的性格确实受到蜀地散装文化的影响，和李白一样放荡不羁，可这在朔党中人眼里，自然就成了一个轻浮之辈，譬如朔党领袖刘挚就曾告诫子弟说："士当以器识为先，一号为文人，无足观矣，然则以文人名于世，焉足重哉！"

在这种环境下，就算苏轼没有党同伐异之心，却还是成了众矢之的。

自从馆职试题案后，蜀党的吕陶和洛阳的上官均日常吵架，闹得几无宁日，于是两皆罢去，蜀洛两败俱伤，朔党独收其利。

某天，因为小皇帝患了疮痛，没有临朝听讲，当日恰逢程颐当值，就责问起了吕公著，说人主有疾，宰相不知，真令人寒心。

他向来自命不凡，批判起人主来毫无顾忌，居然还进一步引申出，古礼说二圣临朝，现在既然皇帝人没在，那么太皇太后也不当独自坐在上面。

这话基本上把该得罪的、不该得罪的都给得罪了。不得不说，程颐在拉仇恨这方面的本事，怕是连苏轼都要自愧不如。

果然，蜀党和朔党都借此发难，弹劾奏疏如雪花般递上，就连苏轼都顺势上了一章，表示"臣素疾程某之奸，未尝假以辞色"，可见他对程颐的假道学真是嫌弃到了极点。

因为程颐犯了众怒，上自太皇太后，下至满朝大臣，都再也受不了程颐那食古不化的性子，故而合力驱赶程颐，最后这事以程颐本人上书辞职回乡结束。

程颐走后，洛党自行解散，朝堂上只剩下朔党和蜀党分庭抗礼。

苏轼虽说嘴上不饶人，却并没有想过主动与他人为敌。尤其是蜀党中唯一有战斗力的吕陶走人，剩下的都是一群只会吟诗作赋的文人，那肯定不是朔党的对手，在党争中几乎是一面倒地被动挨打。

比如，又有一次试馆职，苏轼再撰策问试题，说西汉明君那么多，最后却被一个斗筲之才的王莽窃取了皇位，东汉昏君那么多，董卓、吕布、袁氏兄弟还有曹操，都是一世豪杰，居然都取不到皇位，这是为什么呢？

朔党中人果然发现了问题，再一次小题大做，说苏轼居然研究王莽、袁绍、董卓、曹操是如何篡汉的，他几个意思啊，是不是也想研究如何篡我大宋皇位？

随后就是朔党的台谏官员疏章齐上，说苏轼"长于辞华，而暗于理义"，万一"使轼得志，将无所不为"，倒不如把这个轻浮躁进的家伙放到地方上去算了，还能给他戒骄戒躁呢。

太皇太后对苏轼信任有加，看了这些奏疏，一概留中不理，可这件事却让苏轼备感心塞。他那时候本就红眼病复发，每天既要忍受病痛的折磨，又要面对这些鸡毛蒜皮的指指点点，心灰意冷之下，就萌生了退意。

可太皇太后高氏却不愿放过这么个忠贞之臣，又是召他权知贡举，去主持进士考试，又是让他兼官侍读，担当皇帝的老师，反正就是想把苏轼留在中央任官。

面对太皇太后的盛情挽留，苏轼只好答允，留在汴京担任皇帝的老师。如此可见，在发现努力无济于事后，却又无法彻底放下，或许这便是苏轼一生痛苦的根源了。

苏轼在担当"帝王师"后，竭力避免程颐那种一板一眼的说教，他认为"知之者不如好之者，好之者不如乐之者"，也就是以兴趣为导向，注重循循善诱，让皇帝"自好乐中有所悟入"。

苏辙后来回忆，苏轼每每开导教学，小皇帝虽默然不语，却屡屡点头称是，这和他面对程颐时表现出的那种对抗感完全不一样。

此处还有一则故事记载，可以从中看出，当时的哲宗小皇帝，还是比较喜欢他这位苏老师的。

元祐年间，苏轼设计了一个筒高檐短的帽子，经常在公众场合戴它。因为苏轼本人的名人效应，这个帽式慢慢风靡汴京，人们把这种帽子叫作"子瞻样"。

有次，宋哲宗去醴泉观戏，苏轼陪同扈从。

台上正演绎短剧，一个优伶说："吾之文章，汝辈不及。"

另一优伶不信。

这优伶便说："君不见吾头上的子瞻样吗？"

台下的小皇帝"扑哧"一笑，回头顾视了苏轼良久。

只是那时欢笑的他们从未想到，终有一日小皇帝会厌烦这样的往事，然后别过头去与苏轼分道扬镳。

回江湖吧

苏轼是一个没多大政治野心的人，在元祐年间，他担任翰林学士知制诰，官居正三品，上有太皇太后的信任，下有蜀党群臣的拥护，就算他真的想当宰执，那也没什么不可能的。

只是，他自知不是搞政治的料，就想把宣麻拜相的机会让给弟弟苏辙，而苏辙也没有辜负哥哥的期望，从元祐元年（1086）的起居郎，一路平步青云，终于在元祐七年（1092）做到了门下侍郎，也就是副相，若非遇到了绍圣绍述，恐怕当宰相也是迟早的事。

看着弟弟官运高升，苏轼再无留恋，于是就把自己比作唐代诗人白居易，希望自己可以"复享此翁晚节闲适之乐"，当一个江湖闲散人。

想当年，白居易和他都被贬谪，都耕耘了一个东坡，被起复后，又都是先知地方，再任郎中、中书舍人，他们命运的轨迹是何其相似。也许从白居易的身上，他可以看到自己生命的参照，能让他的余生不再仓皇。

历史上的白居易，于声名最盛之时放弃了入堂拜相的机会，去了苏杭担任刺史，之后又退居洛阳，度过了一个风平浪静的晚年，这让苏轼心中十分向往：

微生偶脱风波地，岁晚犹存铁石心。
定似香山老居士，世缘终浅道根深。

这时的苏轼早已厌倦了朝堂上的尔虞我诈。在这些年里，朔党一直希望可以搞掉苏轼，但因太皇太后的护佑，他们每次都碰了一鼻子灰。于是朔党转变了策略，正所谓欲伐大树，先去枝叶，既然苏轼暂时对付不了，那就把目标对准他身边的人。

在元祐初年，苏轼的门人秦观、张耒、黄庭坚等人，几乎无一例外地遭受到了来自朔党的攻讦。

尤其是在元祐元年，当年因乌台诗案被谪岭南的王巩北归，苏轼对这位朋友心中有愧，就推荐他为官。但没想到王巩因和苏轼走得太近，遭到了朔党的迁怒，他们连番上书，说王巩是奸邪之人，还给他扣上了一项"离间宗室"的罪名，以致其最后被贬扬州。

身边人一个个被牵连，这让苏轼感到愤怒，同时又让他明白了，只要自己还处在这个朝堂之上，这些是是非非就永远不可能了结。

那就不如学一学白居易，离开庙堂，回江湖吧！

他上疏太皇太后，将自己这三年来的所有遭遇，包括所谓蜀党是什么意思，自己是如何与朔党、洛党结怨的，等等，都陈情得清清楚楚，只希望朝廷可以放他外出为官，远离京城这个是非之地。

太皇太后还想挽留他，不想放他去外郡，就当面召问："何故屡入文字乞郡？"

苏轼总不能说是对政治厌烦，就声称自己有病，在汴京水土不服，待不下去。

太皇太后说："是不是台谏弹劾你的缘故？放心，你兄弟二人向来孤立无党，重用你们是皇帝和老身的主张，关别人甚事？你就安心下来，别在意外界的流言蜚语，更不准再上疏说求去这种话。"

苏轼苦笑，他如今这般树大招风，只能退而求其次，希望太皇太后给他一个秘书监之类的闲职，这样没准儿朔党就可以放过自己。

可太皇太后铁了心要重用苏轼，只是下诏安慰，并不允准。

元祐四年（1089）二月，宰相吕公著病逝，最后一个还能让朔党有些许忌惮的人物走了，这些人就如同疯魔一般，变本加厉地寻衅苏轼，非要把苏轼拉下马不可。

太皇太后看着满桌的案牍，终于明白了，把苏轼强留在京城，这党争的是非永远都不可能停歇。

三月，太皇太后高氏下诏，罢掉苏轼翰林学士兼侍读的身份，既然在熙宁年苏轼去过杭州当过通判，那么这次就让你以龙图阁大学士的身份，去杭州做个知州吧。

元祐四年四月，苏轼离开汴京，临行前，他去向文彦博辞行。

此时的文彦博已是八十四岁高龄，他们彼此心知肚明，这一走，恐将是永别。文彦博挽住苏轼的胳膊，再三叮嘱："愿君至杭，少作诗，恐为不喜者诬谤。"

苏轼只是不好意思地笑笑。他知道，这个毛病这辈子是改不了了，但朋友说的话，他都记在心里，哪怕日久泛黄，依旧心有余温。

他一路南行，陪伴了张方平一个多月，又为逝去的范镇撰写墓志铭。他真的很感谢这些年有这么多前辈和朋友的陪伴。

记得苏轼曾自述"某江湖之人，久留辇下，如在樊笼"，或许他真的是一只自由自在的飞鸟，灵魂中镌刻了最无拘无束的天性，庙堂上的蝇营狗苟只会成为束缚他的囚牢，只有冲破这道藩篱，他才能翱翔天空。

江湖之远

佛印

元祐四年（1089）六月，苏轼南行，沿江而下，将船停泊在了润州。

润州太守黄履远远来迎，这人在元丰年的乌台诗案中，曾作为提刑官审理过苏轼，是"元丰四凶"之一。只是没想到，曾经在狱中朝不保夕的苏轼，如今成了钤辖两浙的龙图阁学士，而那个高高在上的御史中丞，现在却沦为他手下的太守。

苏轼感慨万千。

在混杂的人群中，他又看到了一个熟悉的面孔：沈括。

想当年，因永乐城之败，沈括被朝廷追究责任，贬到了随州。宋哲宗登基后，司马光发动了元祐更化，沈括作为新党，自知朝堂上已无他的用武之地，就上书辞官，在润州购置了一处梦溪园，专心写作他的《梦溪笔谈》。

苏轼看着这个恩怨交织的故人，心中五味杂陈[1]。

但这次停驻润州，苏轼真正想要见的人，却不是他们二人。

---

1 苏轼和沈括在馆阁时曾为好友。熙宁四年（1071），苏轼担任杭州通判，两年后沈括察访两浙，负责调研新法的实施情况，却卖友求荣，在当地收集了很多关于苏轼讽刺新法的诗词，回朝后秘密呈送宋神宗。故而历来就有乌台诗案的始作俑者是沈括的说法。

他独自一人去了金山寺，踏入寺庙，发现住持正在中央讲经，他眉毛一挑，大刺刺地闯了进去。

住持见苏轼到来，却是眼皮也不抬，问道："学士何来？此间无你坐处。"苏轼知道这和尚又打机锋了，嘻嘻一笑说："暂借和尚四大，用作禅床。"

佛家认为宇宙是由"地、水、火、风"这四大元素构成的，就连人的身体也不例外，所以苏轼的意思是：既然你说寺里没位置了，那就让我坐你身上吧。

住持一撩眼皮，说："山僧有一问，学士若能问完即答，我就答应你的要求。可如果稍有迟疑，那就把你腰上的玉带留下，以镇金山寺门，如何？"

苏轼张口便答应下来，把玉带解下，放置在几案上。

住持说："山僧四大本空，五蕴非有，苏学士欲于哪里坐？"

佛家讲四大皆空，任何事物都是只有因果，没有实在，所以就连人身也不是实体，而是由"色蕴、受蕴、想蕴、行蕴、识蕴"五种抽象物集合而成的东西，既然身体都没有，你坐哪儿去？

苏轼一下子被问得语塞，这还没来得及应答，住持便招呼侍者："快收此玉带，永镇山门。"

苏轼一怔，哑然失笑，好吧好吧，愿赌服输，当即把玉带留下。而住持也没有白占便宜，以一条衲裙回赠，二人相视许久，终是"扑哧"一声，齐齐笑了出来。

病骨难堪玉带围，钝根仍落箭锋机。

欲教乞食歌姬院，故与云山旧衲衣。

此带阅人如传舍，流传到我亦悠哉。

锦袍错落差相称，乞与佯狂老万回。

这名住持，法号叫佛印，是苏轼在佛界的好友，或者说，损友。

佛印俗家姓林，法名了元，年少时因读了一卷《楞严经》，放弃了尊荣的身份，跑去剃度受戒为僧。

元丰八年（1085），高丽的义天和尚行至中国问法，因这义天出家前为高丽的王爷，所以吴中各寺，无不以王侯之礼相待。

直到义天问法金山寺，了元却坐在禅床上，坦然受着义天的参拜。旁人不解，觉得对方总归是王室中人，这样是不是怠慢了人家？

了元却说："既然出家，那他就只是个僧侣，而不是什么王爷。"

此事过后，朝廷觉得了元这事处理得不卑不亢，维护了泱泱中华的体面，就给他赐法号为"佛印"。

苏轼和佛印的订交，应在元丰三年（1080）。当时佛印还在庐山归宗寺当住持，苏轼则刚刚被贬到黄州，二人一来一去，不知怎的就成了笔友，时常有书信来往。

元丰七年（1084）四月，苏轼量移汝州，在庐山和佛印见面。二人登山游玩，苏轼兴之所至，便留下了那首著名的《题西林壁》：

> 横看成岭侧成峰，远近高低各不同。
> 不识庐山真面目，只缘身在此山中。

到了元祐年间，苏轼虽然官位越做越高，但却陷入了党争的倾轧。面对朔、洛两党的排挤，苏轼内心苦楚，就开始学起了佛家的与世无争，希冀可以从佛理中领悟到一个好心态。

有次，他写了一首诗，寄给了当时已坐镇金山寺的佛印。

> 稽首天中天，毫光照大千。
> 八风吹不动，端坐紫金莲。

这诗的意思是，我虽是个追求功名利禄的入世官员，但自从接触佛教以后，便达到了不以物喜、不以己悲的境界，面对人世间的各种逆境，都可以八风不动，淡然处之。

然而，佛印看了此诗，只回了一封信，信上就一个字："屁。"

所以这次，苏轼途经润州，特意停留，就是要来找佛印说道说道。可没想到，气势汹汹的他还没来得及开口，就看到了佛印在门上留的一张字条，上面写着：

八风吹不动，一屁过江东。

你不是说对人世的顺逆境都可以处之泰然吗？怎么我说了个"屁"字，你就迫不及待渡过大江，气鼓鼓地找我来算账了呢？

苏轼看完，哭笑不得，只好承认自己还是定力不够。

二人寒暄了一阵，就骑上马，出城踏青。

佛印看着苏轼，说："你在马上十分好，似一尊佛。"

苏轼却漫不经心地回："你穿一领玉袈裟，在马上好似一堆大牛屎。"

看似是苏轼在嘴上占了便宜，可不想下一句，佛印就扭转了战局。

"我口出佛，尔口出屎。"

随从听了，无不大笑，就连苏轼自己都觉得是真的服了他。

其实，苏轼和佛印可以成为损友，是因为在某种程度上他们算同一类人：在人前总是嘻嘻哈哈的样子，油腔滑调不正经，一把年纪仍不知收敛，惹得亲朋老友都笑骂。

有人说，表面玩世不恭的人内心都是另一个样子。也许他们心里有不为人知的遗憾，只能用笑脸掩饰，自欺欺人地说："难得糊涂，难得糊涂。"

我是很讨厌那种不正经的人，却对他们两个人有所例外，只因明明他们每次都在哈哈大笑，可我总觉得他们笑得很难过。

后来苏轼被谪海外，就只有佛印的信千里迢迢寄来，曾经斗嘴互损的老友，这次在信中却一反常态，言辞砥砺，字句宽慰，苏轼不禁哑然失笑，原来这和尚还是能说几句人话的。

可没过多久，他得知消息，佛印圆寂了。

人生本就如此短暂，错过就是错过，失去了就不会再回来，可总有那么一瞬，苏轼却是感到时光在逆流，一切的一切，都回归到最初的位置，然后听到某个声音在他的耳边回荡。

"佛法在何处？"

"在行住坐卧处，着衣吃饭处，屙屎撒尿处，没理没会处，死活不得处。"

知杭

元祐四年（1089）七月三日，苏轼回到了阔别十五年的杭州。

虽说当年和他一起的故人大多凋零，但杭州的百姓还是带给了他不一样的情感。他清楚地记得，乌台诗案时，他被下狱论罪，生死未卜，杭州的父老乡亲自发为他做斋戒，设解厄道场，祈求老天可以保佑他无灾无难。

等真到了杭州，苏轼才发现，曾经的人间天堂，此时正饱受天灾的摧残。早在去年冬季开始，老天淫雨霏霏，积水灌满稻田，百姓无法耕种，一直等到五六月才插秧。没想到流年不利，大雨过后，又是大旱，水稻枯死在了田地里，整个浙西七州，迎来了粮食危机。

苏轼当年在密州、徐州都有过对抗天灾的经验，作为杭州的新任知州，面对此情此景，自然不可能坐视不管。他积极调配常平仓，为百姓筹措粮食，又上疏朝廷，借用自己的人脉，希望国家可以把运往北方的漕粮留下一部分，用作救济灾民。

正所谓大灾之后，必有大疫。苏轼多年担任地方官的直觉告诉他，旱情不是这次灾难的终点。他防微杜渐，早早就开设药坊给人看病，在疫情当真到来时，杭州人总算有了个准备。

想当初，苏轼在黄州从朋友那里讨来过一个私人方子，很好用，朋友告诫他：这是家传的秘法，是看在你是苏轼的面子上才跟你说的，切记不要告知他人。但现在眼见百姓受灾，苏轼也顾不得承诺了，就将这方子公之于众，只是为了多救一些人。

当时旧党当国，虽说废除掉了剥削小民的新法，让老百姓喘了一口气，但国家财政也拨不出多余的钱来，再加上旧党以祖宗之法立身，而赵匡胤当年制定的家法毕竟是强干弱枝，所以苏轼三番两次地上书，反倒被朝廷上的朔党斥之为夸大灾情，没事找事，是地方保护主义。

总而言之，在这一时期，苏轼大力赈灾，开仓放粮，亲自指挥杭州吏民抗疫救灾，严厉打击囤积居奇的不法商贩，在一定程度上缓解了杭州以及两浙地区的百姓受灾情况……这些其实都是套话，就不再赘述，毕竟为民请命这种事，放在其他官员身上或是美德，但在苏轼的身上，他只当是本分。

苏轼为杭州做的事，百姓都看在眼里。在那些年里，杭州家家户户都挂着苏轼的画像，还有的为他建立生祠供奉香火。可那些都不是他想要的，他要的只是让百姓活着，好好地活着。

苏轼向来是个没有架子的人，用他自己的话说就是"上可以陪玉皇大帝，下可以陪悲田院乞儿"，所以很多底层老百姓从不畏怕他，而是把这位太守当作自家的亲友一般。每到逢年过节，百姓们就会三五成群地提着美酒肥肉，送到苏轼家里，当作年货赠送给他。

苏轼起初一直犯难，他知道这些东西，百姓自家一年都吃不到多少，如今却给了他，很过意不去。可要拒绝吧，人家又是一番好意，容易伤了人家的心，这反倒把他弄得手足无措。

看着眼前的大肥猪，苏轼忽地灵机一动，吩咐官吏架起大锅，把这些肥肉切成大方块，先煮熟，再晾干，然后再撒上葱姜和盐糖。文火慢炖出炉后，就随他一起去西湖上，按照名册，将肉块分发给浚湖的民工们，就说是他苏轼给大伙儿送的新年礼物来了，咱们今年就一起在工地上开宴会吧！

而这种肉，就是大名鼎鼎的"东坡肉"。

苏轼为太守，除了牧养小民和主持工程，还要坐堂判案。

有次，某个卖绢扇的商人欠了别人二万钱，被债主告到了官府。

苏轼把人叫来，才知道，这欠钱的人不是什么欺行霸市之人，只是这一年来水旱相继，生意很不景气，父亲又刚刚去世，为了安葬父亲，他把家中积蓄全花光了，所以实在是没钱，并非故意不还。

苏轼得知原委后，也同情他的遭遇，但欠债还钱，是天经地义的事。他沉默片刻，就问起那人的生意。那人说，他们家祖传做团扇，只是今夏遇雨，天气太寒，没人需要扇子，这才生意亏损。

苏轼眼前一亮，就说："把你所制的扇子拿来。"他收了这人二十柄团扇，拿起毛笔在上面涂涂抹抹，有的写行书，有的画山水，落款都题上自己的名号，写完后，把扇子还给那人，说："拿去卖吧。"

这人当即大喜过望，这扇子固是值不了多少钱，但上面可是有东坡居士的真迹，平日里就算是有钱都求不到的。这人把团扇放在摊上一出售，才一个下午，便被人们以一千钱一柄的高价抢购一空，一场借贷纠纷案，就这么被苏轼以戏剧性的方式解决了。

还有一回，税务部门查获了一个逃税的乡贡进士，名叫吴味道。

苏轼在公堂审问，发现这人随身还携带两包私货，上面写着"翰林学士知制诰苏轼封至京师苏侍郎宅"，好家伙，这是打着自己的名义偷税漏税搞走私呢！

吴味道在得知堂上之人正是苏轼后，才明白自己这是李鬼遇上了李逵，当即和盘托出。原来，他是个进京赶考的书生，因为家境贫寒，父老乡亲东拼西凑，给他购了一批麻纱，想着让吴味道一路变卖，来当盘缠。

吴味道私下盘算，这批麻纱若从老家带往汴京，沿路抽税，到京恐怕连一半都剩不下。他素知苏轼兄弟名气，所以就假冒他们的名衔，伪称这是苏轼寄给苏辙的礼物，这样就没人敢收过路费了。

吴味道这方法一开始还挺见效，苏家兄弟在江南的名气谁人不知？他打着苏轼的旗号，竟果真一路放行，无人收税，可不想经过杭州时，却是一头撞上了正主。他自知罪责难逃，只好连连乞求宽恕。

苏轼听了，哭笑不得，他当年也只是眉山县的小门小户，知晓文人求学不易，故而对被盗名的事儿，也就不再生气了。

他不但放了吴味道，还做了个顺水人情，叫小吏去揭掉纱卷的旧封，自己亲笔在其中两匹纱上题了落款，并附上短笺，嘱咐吴味道到京后交给苏辙。

他说："这回你就算去上天也无妨，来年高中，别忘了告诉我。"

吴味道对苏轼千恩万谢，来年在京应试，果真考中了进士，为此还专程到杭州来感谢苏轼。

除了对这些落拓文人与小商贩的关照，苏轼对挣扎在底层的妇女也抱有同情。

举个例子，古代常说才子佳人。才子固然是才子，但佳人却多指生活在声色场的歌伎。古代的才子多与佳人相和，方才诞生出了无数精美诗篇，譬如李白、杜牧、柳永等。苏轼也不例外，他在徐州有马盼盼，在黄州有李琪，多的是红粉知己。

但是，与其他人只把歌伎当作消遣娱乐之物不同，苏轼是为数不多设身处地同情这些歌伎的文人。

比如，那年头衙门备有官伎，专供官员寻欢取乐，她们没有人身自由，直至年老色衰，才可以脱籍，这种命运属实悲惨。

苏轼在杭州，就遇到两名官伎，一个叫郑容，一个叫高莹。

她们知道苏轼是个开明的好官，就鼓起勇气，申请脱籍。

其实，让歌伎脱籍并不容易，虽说批准只是一落笔的事，可你批了一两个，其他人也提出要求，你怎么办？所以以前的太守都觉得多一事不如少一事，对歌伎的请求，往往都是不予准许的。

但苏轼却不管这些，而是提起判官笔，一蹴而就，写了一首《减字木兰花》：

郑庄好客，容我尊前先堕帻。落笔生风，籍籍声名不负公。

高山白早，莹骨冰肤那解老。从此南徐，良夜清风月满湖。

郑容和高莹见了判词一头雾水：我们求太守开恩脱籍，可他却送首词给我们，只字不提从良之事，这是不愿意让我们离开官府吗？

看着二女忐忑的模样，苏轼笑了起来，道："你们二人也有文采，怎么连判词都不会看了？"

二女本就聪明过人，被苏轼一句点醒，连忙再细看，才发现这是一首藏头词，上面标着"郑容落籍，高莹从良"，于是喜出望外，盈盈拜倒，感谢苏轼的再造之恩。

苏轼在杭州留下无数佳话，经常被人们簇拥着横游西湖，在他身后，总有无数吏人和歌伎旌旗相从。到日暮，他骑着高头大马回城，无数百姓夹道围观，争相一睹太守风采，那排场即使到了南宋绍兴年间，还有杭州人能穿过岁月，看到他在泛黄的记忆中张扬大笑。

苏公堤

十六年前，苏轼在杭州担任通判，最大的兴趣爱好就是泛舟西湖，可如今再来，却发现西湖上水生植物生长过旺，形成诸多"葑田"，将整个湖面淤塞占据。有乡亲父老叹道，等再过二十年，恐怕西湖就没有了。

熙宁时，西湖上的葑田堆积就初现端倪，但彼时苏轼只是副手，手中并无权限，如果去整治西湖的话，难免有越俎代庖之嫌。现在他是杭州的太守，还提辖两浙军马，既然手握大权，就该急民所急，不该眼睁睁地看着西湖湮灭下去。

有一天，有一百多个乡亲来向官府请愿，认为西湖的存在，并不只是游玩观赏，它上可以贯通运河，下可以灌溉农田，是亿万生民衣食所系，希望官府可以整治西湖。

这个提议正中苏轼下怀，他觉得杭州如果没有了西湖，就如同人没有了眉目，于是当即拍板，疏浚西湖。

苏轼采纳了手下"先疏河，后浚湖"的方案，将第一刀开在了疏通河道上。

杭州的河道，主要是茆山、盐桥两条。在五代十国时，吴越王曾组织大量人力，建有龙山、浙江、清水三道闸门，用来调节杭州湖水。到宋真宗时，王钦若任杭州太守，为了运河上的船只往来方便，就毁坏了河闸，造成茆山、盐桥的河床淤泥堆积。熙宁时，苏轼就曾疏浚过一次，但终是治标不治本，十几年后，河道又阻塞了。

这一次，苏轼权限比当年要大得多。他调集了一千多厢军，在上任的第三个月起，就开始了大规模浚治河道，不但将河床加深了八尺，还在两河南边的交汇处修建合闸，确保两河不会再干涸，一举解决了困扰杭州百余年的河道问题。

元祐四年（1089），杭州正逢大旱，百姓苦于没有饮水。当初苏轼虽曾疏浚过钱塘六井，但如今六井再一次淤塞，苏轼为避免旧景重现，只好去寻找当年帮他治理六井的四名僧侣，却发现其中三人都已圆寂，只剩下子珪尚在人间。

子珪是个热心肠僧人，有一颗慈悲为怀的心，在苏轼的请托下，他不顾七十岁高龄，再次出山，帮苏轼疏通钱塘六井。

他告诉苏轼：当初咱们用竹管来引水，是大错特错，那玩意儿没过几年就朽坏了，所以这次咱们不如用瓦筒代替，底部用石槽托住，再用砖石焊死，虽说投资较大，但可以收一劳永逸之效。

苏轼采纳了子珪和尚的建议，费时两月，修复了六井，再加上四条水道和两座堤堰，形成了一套完整的水利系统，总算是解决了杭州百姓短于饮水的问题。

但是，六井的水源仍在西湖，如果西湖干涸，那么六井又有什么用？所以，等到河道和河井疏浚完成，苏轼还是把目光转移到了如何整治西湖上。

元祐五年（1090）四月，苏轼上《乞开杭州西湖状》，向朝廷乞赐度牒五十道，用来筹集经费。这个度牒，是良民出家为僧的凭证，地方官府在缺钱的时候，往往会采用卖度牒的方式来缓解财政。苏轼这次通过发卖度牒，总算凑够了款项，开始对湖面上二十五万丈的葑草采取根除，势要还给杭州百姓一个焕然一新的西湖。

当时杭州还在遭灾，苏轼正好以工代赈，将西湖的大工程承包给灾民，既解决了人手困难，又给了灾民们活儿干，可谓一举两得。

自开工之日起，苏轼就时常亲自督察工事进度，长期奔走于泥泞之中，和坝上民夫们同吃同住，毫无顾忌。可以说，苏轼或许不是合格的政治家，但说他是个杰出的循吏，确不为过。

但是，当时就有人说，西湖水浅，葑田如云，就算你把葑田都除掉了，没过几年，它们又长上来了，这不是花钱做了无用功吗？

苏轼眉头一皱，治标容易，可如何治本？他恍然想起当年和他一样在杭州担任刺史，修了一条"白堤"的白居易。

原来，当年西湖有两道长堤，一道叫白沙堤，很多人望文生义，以为是白居易修的，其实不是，这道长堤不知何年何月何人所修，白居易来杭前就已存在。还有一道才是白居易修的白公堤，而苏轼则打算从中间划拉一道，将清理出来的淤泥葑田用作修筑长堤的材料，再给它修上一条。这样一来，不但废物利用，解决了葑田如何处置的问题，还将西湖重新设计了一番，使之更加美轮美奂。

在西湖整治完毕后，钱塘县尉许敦仁建议，将原本的葑地开辟成农田，让老百姓去种植，这样就算今后再生葑田，老百姓也会自发地收拾清理。如此一来，既给杭州农民增加一条生路，又可以为朝廷课税，还解决了葑田滋生问题，岂不美哉？

苏轼从善如流，采纳了这个建议，用小石塔划定了界限，规定老百姓可以在水浅处种植作物，但不许入侵湖面。这样一来，就可以让金山银山和绿水青山二者得兼。

元祐六年（1091），苏轼离开了杭州，老百姓扶老携幼前来相送，而苏轼只是浅浅地挥手作别，在那看似漫不经心的表情深处，充满着对杭州、对西湖最深的眷恋。只是这一走后，他的余生就再也没有回过他的杭州、他的西湖。

自苏轼离任后，老百姓们为了纪念他，自发地把他修筑的那条长堤命名为"苏公堤"。时至今日，苏公的背影已然远去，但纵然身影消逝，在那"苏堤春晓"的落落风华中，却还是始终长存着他和杭州那份延续了千年的羁绊。

诗祸

元祐六年（1091），苏轼在杭州的两年任期已到，该回京述职了。

当时朝堂上的左右二相，是吕大防和刘挚。其中，吕大防是个没有主见的老实人，所以真正拿实权的人是刘挚。

刘挚是朔党的领袖，元祐初年党争的获胜者。自从程颐、苏轼罢去后，朔党在朝廷上一手遮天，就连朱光庭、贾易等原洛党成员，都投靠到刘挚旗下，成了朔党的爪牙。

所以，苏轼自知，他这次回京述职不可能风平浪静，刘挚不可能坐视自己这个"蜀党领袖"回到汴京和他争权夺利，只要自己还朝，来自政敌的劾章一定会接踵而至。

其实，自从乌台诗案后，苏轼就对仕途没有了留恋，即使在元祐初年，他正蒙太皇太后的圣眷，官运亨通，扶摇直上，也依旧没有重新点燃他对政治的热情。

以前书上总说，苏轼的哪首词抒发了他政治抱负无法实现的苦闷云云，但实际上他后期所做的事已经让人感觉不出他对政治的热情。在元祐年间，他似乎一直都想着把报效国家这种事交给弟弟苏辙去做，而他自己就学学白居易，去江湖上当个闲散翁，多好。

元祐六年（1091）三月，他被太皇太后的谕旨召回，在从杭州至京城的路上，他想起自嘉祐二年（1057）入仕以来，此身仿佛已非己有，总是在为国为民的路上疲惫奔波，这人生可真是宛如一场身不由己的旅行，只是作为迷路的行人，却不知何处才是歇脚点。

　　一别都门三改火，天涯踏尽红尘。依然一笑作春温，无波真古井，有节是秋筠。

　　惆怅孤帆连夜发，送行淡月微云。尊前不用翠眉颦，人生如逆旅，我亦是行人。

　　其实苏轼本就不该从政，他和范仲淹、王安石不一样。那些人一开始就明确了自己此生就是为了改变世界而来的，而苏轼更像是在随波逐流，他为国为民所做的那些事，从不是因为他有多么大的政治抱负，而单纯只是因为有着一颗善良的心，不忍见百姓受苦。

　　他从没想过改变世界，也讨厌被世界改变。像他这种人，就该任性地恣意在江湖之间，什么也不能束缚他。只是在那个时代，入仕是读书人唯一的路，所以他的人生在一开始就被牢牢枷死了。

　　苏轼在回京途中，就三番两次地上疏，请求朝廷放他去南都，或者在扬、越、陈、蔡四州中，随便让他去哪一州当知州都行。

　　但太皇太后不打算放过他，早在正月，她就算好了苏轼回京的日子，要给他一个吏部尚书的位子，也就是掌管官员升迁的"天官"，只是因为朔党的阻挠，这才在之后不得不改成翰林学士承旨。

　　现在经常有人说，苏轼能那么飘，全是因为他有个当宰相的弟弟。其实严格来算，苏轼的官职一直都压弟弟一头，直到元祐年间，苏轼无意升官，太皇太后把本该给苏轼的殊荣补偿给了他弟弟，这才让苏辙在元祐六年（1091）以任中大夫、守尚书右丞，第一次超越了他哥。

　　苏辙成功位列宰执，如今又有一个可能进位宰相的苏轼回京，他们兄弟二人，哥哥是才高八斗、四海闻名的内翰，弟弟是工于心计、办事老成的外相，倘若联起手来，蜀党重新崛起，进而取代朔党，也不是不可能的事。

所以，面对苏轼的这次还朝，朔党众人如临大敌，势要阻拦苏轼的拜相。

果然，就在苏轼回到汴京后不久，御史贾易、赵君锡的弹劾奏疏就递上了太皇太后的几案。他们用起了当年李定、舒亶之流的故技，污蔑说苏轼曾经听闻先帝身殒，不但不伤心，还写诗庆贺，这简直是悖逆大罪。

他们说的这事，是在元丰八年（1085），苏轼在扬州竹西寺游玩时，写下的几首小诗：

> 此生已觉都无事，今岁仍逢大有年。
> 山寺归来闻好语，野花啼鸟亦欣然。

贾易和赵君锡检举，说苏轼在元丰年间被贬黄州，因而对先帝怀恨在心，所谓"山寺归来闻好语"，显然是听到了先帝去世的消息，他幸灾乐祸，觉得这是"好语"，足见其人大逆不道、无人臣礼。

按照规矩，这种弹劾的奏章，要在延和殿交给大臣讨论，作为尚书右丞的苏辙，自然也在其列。

现在，既然有人弹劾老哥，苏辙自然无法置身事外，他在讨论中表示，这诗他知道，那天他哥去扬州竹西寺，看到有十来个父老百姓聚在一起聊天，其中有个人双手加额说："好个少年官家。"苏轼听到百姓夸赞新帝，很是高兴，才写了那句"山寺归来闻好语"。

苏辙的辩护逻辑通顺、条理清楚，还有意无意地拍了现任皇帝的马屁，太皇太后听了不疑有他，认为就是御史们在小题大做，很是生气地说："贾易排击人太深刻，须与责降。"

本来，这件事都揭过去了，等苏辙下朝后，立马就去找老哥通气，说：如果皇帝和太皇太后问起，你就按照我今天说的这样回答。但苏轼不想骗人，就上了一封《辩题诗札子》，一五一十地说出了自己当初为啥要写这首诗。

原来，苏轼在南都知晓了神宗驾崩的消息，是在元丰八年的三月初六，但这首诗却是在五月初的扬州竹西寺写的，前后时隔长达两个月，怎么可能有庆贺先帝驾崩的意思？所谓"山寺归来闻好语"，一是因为当时朝廷允许他可以归耕常州，二是淮浙地区遇到了丰年，庄稼收成不错，他一时兴起，才写下了这首诗，就抒一下情而已。

太皇太后看了苏轼的解释，深信不疑，认为就是贾易等人在寻衅滋事，但对于大宋台谏，她也不愿得罪。毕竟统治者就算不怕谏官，也是会怕舆论的。

当时朔党掌控台谏喉舌，煽动舆论，围攻苏轼，就算太皇太后知其清白，也很难制止舆论对苏轼的围剿。而吕大防干脆劝太皇太后，说苏轼如果留京，只会让事态愈演愈烈，不如把苏轼和贾易一起罢出东京，一了百了。

太皇太后叹了口气，她知道吕大防的话是对的，如果继续强行把苏轼留下，反而害了他。

元祐六年（1091）八月初五，太皇太后诏下，让苏轼以龙图阁学士的身份，去他老师欧阳修家的颍州，当个太守吧。

颍与扬

元祐六年八月，苏轼以龙图阁学士的身份到任颍州。

二十年前，他的老师欧阳修致仕后，就定居在此地颐养天年。

熙宁中，他去杭州任通判，专门来拜见，只是没想到那是最后一面，到来年欧阳修就病逝了。

二十年后，苏轼重回故地，百感交集，他所做的第一件事，就是前往欧阳修家拜祭他的恩师。

白发苍颜，复见颍人。颍人思公，曰此门生。虽无以报，不辱其门。

那个老人一直是他记忆中鲜亮的颜色，华发苍老也不会淡漠消散。他还能记起自己离开颍州时，老师用复杂的目光注视他，好像已然清楚那是他们的最后一面，隐隐含有传承的意蕴。

现在的他故地重游，还是一样的天，一样的树林，身边熟悉的景物却开始渐渐模糊。曾经波涛汹涌的心绪，如今平静如镜，脑海里只剩老师殷切的叮咛。

公曰子来，实获我心。我所谓文，必与道俱。见利而迁，则非我徒。又拜稽首，有死无易。公虽云亡，言如皎日。

现在，他终于站在了和老师一样的位置上，不再抱怨麻烦，也不再懒散，而是学会了接受先辈交付给自己的责任。

在颍州也有个西湖，苏轼恍惚间以为自己还在杭州，十天里有九天都在西湖上泛舟，就连处理公务，都一律在船上解决。

有当地人说："内翰只消游湖中，便可以了郡事。"

当地有"世乱颍水浊，世治颍水清"的民谣，苏轼望着澄澈明镜的湖水倒映出那张老去的容颜，仿佛时光倒流回到过去，整个人都陷入久远的回忆里。

画船俯明镜，笑问汝为谁。

忽然生鳞甲，乱我须与眉。

散为百东坡，顷刻复在兹。

此岂水薄相，与我相娱嬉。

这些年来，他数不清有多少面目模糊的人如流水一般从身边经过，前辈耆老中，韩琦、富弼、欧阳修早早谢世，包括王安石和司马光都先后离开了这个世界，与他同辈的嘉祐人杰中，张载、曾巩、王韶、程颢都不在人世，就连他自己，也已经五十有六了。

即便如此，他犹能记得，嘉祐二年（1057），曾有这么一群充满理想的有志青年齐聚汴京，他们在先代名宿的含笑注视下走入考场，一个个大显身手，他们将自己最鲜活的青春挥洒在了那个年代，留给后人一段非凡的大宋风华。

只是当苏轼从颍水的画舟上清醒那刻，他也只能承认，一起同行的人早在告别的那天就消失在这个世界，从此只剩孤身一人。

过了新春，就是元祐七年（1092）。

二月份，苏轼在颍州只待不到半年，朝廷就以龙图阁学士的身份调他铃辖淮南东路兵马，到扬州当知州去。看来太皇太后果真钟爱苏轼，在扬州也有个瘦西湖，她是想让他把天下的西湖都玩个遍，真算得上是"奉旨旅游"。

苏轼奉调南下就任，而当时担任扬州通判的人，正是"苏门四学士"中的晁补之。听闻老师要来扬州，晁补之因职务所限，不能亲往迎接，就以诗为信，恭敬寄呈。

苏轼读了，摸着大胡子笑出了声，他刚才在颍州思念完自己的老师，今日到了扬州，方知自己的弟子也在思念他。

每到平山忆醉翁，悬知他日君思我。

路傍小儿笑相逢，齐歌万事转头空。

　　苏轼刚一到扬州，还不改为民请命的本色，就历年积欠的问题多次和朝廷论理。他说自己以前只听说过苛政猛于虎，现在他越来越觉得，人祸有时候凶起来，危害百倍于天灾，最后成功免除了淮南、京西、两浙诸路的积欠。

　　其实这时候的苏轼，早就没了昔年意气。他都到知天命的年纪了，最大的理想不过是回到杭州，游一游西湖，耕一片东坡，那样的日子才是快活的。

　　有天晚上，他梦到了小时候在眉山读书，铺天盖地都是旧人旧景。

　　他回去坐了坐学堂的椅子，它们看起来那样小，小到有些好笑。他顺手拿起桌上的一本《论语》，咿咿呀呀地读起来，浑然忘记自己已是白发老人，眼中只有面前的课文。

　　快点儿背，快点儿背，一会儿先生可要抽查呢！

我梦入小学，自谓总角时。

不记有白发，犹诵论语辞。

人间本儿戏，颠倒略似兹。

惟有醉时真，空洞了无疑。

　　每个沉溺回忆的人，都是想要暂时逃离眼前生活里那琐碎而孤单的现实，回忆里的世界总是比较好的，只是回忆里的自己却陌生了。

流金岁月

绍圣绍述

元祐七年（1092）九月，苏轼在扬州还不足半年，就被太皇太后以兵部尚书兼侍读的身份，召回了汴京。

他还朝不久，就被提拔为端明殿学士兼翰林侍读学士左朝奉郎礼部尚书，这么一长串的官位和兼职，就是苏轼一生仕途的顶点。只是因苏辙如今位列副相，作为兄长的他理应避嫌，所以就一直没有进入最高决策层。

不过苏轼并不在乎能不能当宰相，他甚至连京城都不想再待，而是一个劲儿上书乞郡，希望太皇太后可以把他外放为官。

但太皇太后却无比固执，因为这次她把苏轼召回来，是有深意的。

就在这一年，宋哲宗大婚了，这代表着皇帝已经成年，可以上朝亲政了。但是，太皇太后不但继续垂帘，大臣中也没有劝太皇太后撤帘还政的。这一切都被少年皇帝看在眼里，他虽缄默未言，但怨恨已在心中悄然滋生。

当年元祐更化，旧党唯太皇太后高氏马首是瞻，却对幼帝视若无睹。小皇帝高高坐在皇位上，却像个被众人操控的提线木偶，这种针对太皇太后、元祐大臣的埋怨，在八年里不断积压。终有一天，雏龙长大了，要冲破缭绕的云雾，腾空在九天之上。届时，曾经忽视他的每个人，都要承受这只巨龙愤怒的代价。

关于皇帝这种微妙的心理变化，太皇太后也隐隐有所察觉。她孙子身上流淌着的是他父亲神宗皇帝的血液，那种高傲是刻在骨子里的。他不但继承了先帝的勃勃野心，还有那份不堪羁锁的桀骜不驯。长达八年的囚笼早已让他心生怨愤，只是他隐忍不发，有再多的不满也从不宣之于口，而是沉默地等待着夺回属于自己权力的那一天。

宋朝就算再开明，到底也还是君主集权制的国家，皇帝就算再不好，你除了规劝他几句，还能怎么样呢？

面对小皇帝越来越不加掩饰的叛逆，太皇太后越发不敢还政，她只能将希望寄托在苏轼的身上，因为她记得，在元祐初年的诸多帝师中，皇帝似乎只对苏轼还留有好感。

所以，这次苏轼回京，虽然挂了一堆的头衔，但太皇太后真正让他负责的，还是"侍读"，希冀他能将皇帝重新拉回到正途上。

在早年间，宋哲宗对苏轼确有好感。在苏轼任职杭州时，宫中派来使者，在私下里送了苏轼一斤茶叶，说这是临行前，小皇帝特意在私下给他的，还专门说"赐予苏轼，不得令人知"。可见这时，皇帝虽对祖母和旧党不满，但苏轼却并不在其列。

但是，人终究是会变的，自苏轼元祐四年（1089）离开京城，他和皇帝已阔别三年，就算回京述职时见到，也是匆匆见一面。三年的时间，说长不长，说短不短，但足以改变一个人，曾经相亲相爱的师徒，早已不知不觉地出现了隔阂。

时隔三年，苏轼再次坐在讲堂上，可他那套"谈王而不谈霸，言义而不言利"的主张，皇帝已听不进去。苏轼能隐约感受到，皇帝真是越来越像他的父亲神宗了，而且在性格上更加刚愎自用。

在这个世界上，大多数感情一旦破裂，就永远也无法修补得毫无间隙。可苏轼就是不要皇帝走上歧途，他想要保护这来之不易的元祐治世。

所以，在元祐八年（1093）五月七日，他向皇帝题了一封《乞校正陆贽奏议上进札子》。

在这篇讲义中，他对中唐名相陆贽推崇备至，说这个人文采、能力都远超常人，只是遇到了不听忠言的唐德宗，这才导致一生未立寸功就草草结束，不然唐朝早就中兴大治了。

苏轼的原意是希望宋哲宗以唐德宗为戒，不要刚愎自用，多去倾听大臣们的想法。但说者无心，听者有意，一个人炫耀什么，说明内心缺少什么，一个人越在意的地方，就是最令他自卑的地方，宋哲宗被压抑了整整八年，异常敏感的他听苏轼这么一讲，立刻就对号入座，心想：你苏轼自比陆贽，这不就是在讽刺我是唐德宗吗？

面对在歧路上越走越远的皇帝，苏轼深知已无力回天，于是继续向太皇太后请辞，希望可以放他去地方上当官。

而恰在同一时期，有两个对苏轼来说最重要的女人去世了。

一个是苏轼的妻子王闰之，在这年八月初一病逝。当时正值朝政新旧交替的关键时刻，苏轼妻子的突然死去，让他一度心绪紊乱，失去了对朝局最基本的判断力，以至于错过了唯一的破局之机。

另一个就是太皇太后高滔滔，在召苏轼回京时，她就已百病缠身，自知时日无多的她，在病榻前召见皇帝和吕大防、范纯仁、苏辙等人，为调和他们的关系做着最后的努力。

她看着面无表情的皇帝、惶恐不安的大臣，不由悲从心起，沙哑着嗓子缓缓说道："老身就要死了。累年来保佑圣躬，粗尽心力，这份区区之心，只为了不坠先烈，措世平泰，不知官家知之否？相公及天下知之否？"

也不知她是真的有所嘱咐，还是弥留之际的自言自语，可吕大防等大臣都没来得及对答，一旁皇帝就冷冷地说："大防等出！"

吕大防、范纯仁、苏辙三人只好听命退去，皇帝现在连表面上的体面都不愿维持了，他们彼此相顾对视，苦笑道："吾等不知死所矣。"

元祐八年（1093）九月初三，"女中尧舜"高滔滔病逝，一个叫作"元祐之治"的时代落下帷幕。

她在死前就预料到，等自己身殒，新党一定会趁机蛊惑哲宗，于是她希望吕大防、范纯仁他们能趁早求退，在皇帝还没启用新党时，他们或许还能有一条生路。

太皇太后死后，宋哲宗正式亲政，人人都有预感，一场大的政治风暴即将莅临。

在六月，太皇太后就准备让苏轼出知定州，只是一直拖着没有准许。现在太皇太后死了，哲宗皇帝对苏轼不再客气，大笔一挥，就批准了他前往定州的诏书。

在临行前，苏轼照例上了谢表。按例，大臣在临行前，皇帝需要当面告别，但这次宋哲宗却以"本任阙官，迎接人众"为借口，拒绝和他见面，可见此时苏轼和皇帝不但师生情分没了，就连表面上的客气都已无从维持。

但到了此刻，苏轼还在试图做最后挽回的努力，他上书希望皇帝不要"厌听人言，意轻边事"，但这份奏疏上去，果然是泥牛入海，毫无音讯。

这位被他们冷落多年的少年皇帝，早就想冲破他们织造的藩篱，好好大显身手一番，所以昔日老师的忠言他只觉得逆耳，想起太皇太后和元祐大臣那副看似慈爱和忠诚的嘴脸，他就觉得无比地虚伪和恶心，他们还妄想以爱之名道德绑架自己到多久？

太皇太后死后，旧党大臣范祖禹上书规劝皇帝，提醒他要小心那些个新党小人，可得到的答复，却是宋哲宗突然下诏，恢复了刘瑗等十几名宦官的职务。

刘瑗等人是神宗时备受宠信的内宦，哲宗此举意在向新党发出信号：朕要起用熙丰旧人了。

如此一来，谁都知道，大宋的朝局是真的要变天了。

元祐八年（1093）十一月，礼部侍郎杨畏第一个发难，搅乱了这一池本就不平静的水。

这个杨畏在熙丰时支持王安石、吕惠卿，元祐时又支持司马光，等到蜀朔党争时，他先是投靠吕大防，又改投苏辙，如今又背弃苏辙，故而有个外号叫"杨三面"。

作为一个政治投机者，他揣摩宋哲宗有追溯先帝之意，于是立刻上书说"神宗皇帝更法立制，以垂万世，乞赐讲求，以成继述之道"，也就是希望现任皇帝继承先王遗志，继续去走变法的道路。

在元祐时期的语境下，宋神宗是被王安石欺骗，草率变法，以至酿成天下大乱，到了晚年泣泪悔悟，突然驾崩，这才有了之后太皇太后和司马光等旧党以母改子的元祐更化。

但杨畏这话等同于是给神宗变法翻了案，说先帝晚年才没有悔悟之意，而是创业未半中道崩殂，他的变法也不是什么祸国殃民的行为，而是能够以垂万世的治国之道。

宋哲宗看了这个奏疏，大喜过望，这就是他想要的，于是立即召见杨畏，并垂询先朝故臣，还有谁可堪召用。

杨畏当即开了一张名单，上列章惇、安焘、吕惠卿、邓润甫、王安中、李清臣等人，并对他们每个人的政绩逐一品评。他还竭力褒赞宋神宗和王安石当年是如何如何君臣相得，如何如何建立了一番大好事业，听得少年哲宗心潮澎湃，对父亲的变法大业越发神往。

元祐九年（1094）二月，宋哲宗下定决心，要绍复熙丰新政，于是不顾范祖禹的反对，将在外漂泊九年之久的章惇召回汴京，出任尚书左仆射兼门下侍郎，也就是宰相。

章惇刚一至京，就立刻召唤散落在四方的新党回朝。以李清臣为中书侍郎、邓润甫为尚书右丞、曾布为翰林学士承旨、张商英为右正言，还有如蔡卞、林希、黄履、上官均等新党众人，都在朝廷各部门担任要职，逐步取代旧党众人，给整个朝堂来了一次大换血。

在当时，邓润甫喊出"武王能广文王之声，成王能嗣文武之道"，首次提出了"绍述"的口号，也就是希望皇帝可以子承父业，绍述神宗时代的变法。

元祐九年（1094）四月，宋哲宗下诏，改年号"元祐"为"绍圣"，尽革元祐之政，尽复元丰之制，史称"绍圣绍述"。

九年前，司马光的旧党曾经尽废新政，尽谪新党。可没想到九年之后，故事再次轮回上演，章惇又将旧制废除，且不打算放过旧党众人。

在他贬谪苏辙的责辞上，公然写着"垂帘之初，老奸擅国"的字样，这个老奸指的可不是司马光，而是太皇太后高氏，章惇这是一点余地都不打算留了。想当年，旧党将章惇、蔡确他们贬谪到地方后依旧不依不饶，通过车盖亭案要置他们于死地，这个仇算是结下了。

如今章惇得势，整个旧党都要面临他的报复，他上书皇帝，要刨了司马光和吕公著的坟，幸好皇帝尚存理智，没有同意。但从这件事可以看出，章惇是属于那种睚眦必报的性格，对于范纯仁、范祖禹、苏辙等元祐大臣，就算已经被逐出地方，他也一定会继续把他们追杀到地老天荒。

属于他的猎杀时刻到了。

而其中，自然也包括他的那位昔年挚友：苏轼。

贬谪南荒

绍圣元年（1094）四月，苏轼在定州正整顿军务，中央突然下发旨意，剥夺了他端明殿学士、翰林侍读学士守礼部尚书等一切官衔。

是的，朝堂内出事了。

御史虞策、来之邵、赵挺之等人上言弹劾，说苏轼从前所作的诰诏文字，其中涉及讥讪先帝，诽谤朝政。

他们说的是八年之前，元祐更化，新党众人被旧党赶出朝廷，彼时苏轼正担任中书舍人，负责撰写诰文，而那些贬谪新党的制敕，大多都是出自苏轼之手。

在诸多制敕中，有一篇贬谪吕惠卿的文章，被这些人挑了毛病，说他在斥责吕惠卿的同时，贬低了神宗皇帝。

因为吕惠卿在熙宁年间，先是谄事王安石，后来又背叛王安石，还创立了手实法这种剥民恶政，被朝野上下视作小人，就连同为新党的章惇、曾布都瞧不起他，所以苏轼在撰写贬谪他的诰文时，下笔毫不留情，把吕惠卿给批成了一个祸国殃民的巨奸。

> 具官吕惠卿，以斗筲之才，挟穿窬之智。谄事宰辅，同升庙堂。乐祸而贪功，好兵而喜杀。以聚敛为仁义，以法律为诗书。首建青苗，次行助役。均输之政，自同商贾。手实之祸，下及鸡豚。苟可蠹国以害民，率皆攘臂而称首。

苏轼文辞卓然，诰词一出，天下传诵，至此吕惠卿永世不得翻身。然而，吕惠卿就算再"蠹国害民"，那也是宋神宗提拔的，如果吕惠卿是斗筲之才，那么对他信之用之的宋神宗，岂不就成了没有识人之明？

其实，关于此类的指责，早在头一年就有御史董敦逸、黄庆基提出，不过那时太皇太后还在，不但没有听信谗言，还将董敦逸、黄庆基二人贬谪外郡，算是给这件事定了调子，画上了一个句号。

但现在朝廷上又旧事重提，连理由都懒得编了，直接抄董、黄二人的措辞，足见这次他们是欲加之罪，何患无辞，完全就是冲着苏轼本人来的。

四月十一日，朝廷诰下，把苏轼的官职降到了黄州起复时的原官，以左朝奉郎责知英州军州事。

当时，苏辙被贬到了汝州，吕大防和范纯仁也双双罢相。章惇在执政后，他不管什么朔党、蜀党、洛党，只要是旧党，统统贬谪。至此，元祐君子大势已去。

所以，苏轼看着谪官诰命，也只是无所谓地笑笑："瘴海炎陬，去若清凉之地。"

苏轼在接到圣旨后，就被使臣催督着南下英州。苏轼刚走没多久，朝廷又下新命，把他正七品的朝奉郎再降为从七品的承议郎，仍在英州安置。

苏轼直到现在，还没有意识到事态的严重性。他一路南行至滑州，因为天气炎热，定州送官的差人不愿前行，苏轼没有余钱，雇不起马车，自忖如果陆行，恐怕要死于道途，就上奏宋哲宗，希望可以恩赐他坐船前往，若是陛下还顾念八年的师徒之情，能让他去越州就更好了。

其实，苏轼就算不上奏，皇帝都不见得能放过他，他这么一上奏，反而是在提醒皇帝自己的存在——就你还想去越州？想得美！

宋哲宗重议对苏轼的罪责处分，又是一纸诏书：落左承议郎，责授建昌军司马，惠州安置，不得签书公事。

数日之内，三改谪命，苏轼这下不但官职一降再降，就连贬所也从英州变成了更远的惠州，也即是古人常说的岭南之地。

岭南就是今天的两广一带，在古代属于蛮荒之地，不但虫兽横行，还瘴气遍布，古代官员如果被贬到这里，大抵就算不死，也代表着政治生命的终结。

在苏轼看来，此行万里投荒，能不能再回中原都是未知数，所以他不愿再拖累家人，打算自己一个人去惠州就行了。

但他的儿孙怎么可能同意。他都六十的人了，如果身边没有人照顾，去了岭南那种地方那就是必死无疑，他们哭着缠着，非要跟他一起共赴南荒。

苏轼无可奈何，只好做了个折中的方案，让幼子苏过和自己一起去，老大苏迈、次子苏迨带着人去宜兴居住，元丰七年（1084）苏轼在这里买过田，倒是没想到在此时派上了用场。

与此同时，苏轼决定把家中的仆人都遣散，他们没有义务陪着自己去岭南冒险。最后家仆纷纷离开。但苏轼和蔡确一样幸运，他的侍妾王朝云不惧艰险，不论天涯海角，也坚持陪他一起同行。

苏轼不知是该高兴还是该悲伤，他总是将自己比作白居易，因为他们之前的命运是何其相似，但白居易度过了一个安宁的晚年，他却要在花甲之岁被谪岭南，去走那生死未卜的前路。

只是他又比白居易幸运，白居易年少时对湘灵爱而不得，晚年侍妾小蛮和樊素也离他而去，可他却在年少时娶到了心爱的王弗，之后又有贤惠的王闰之，现在更有王朝云甘愿陪他一起奔赴那未知的山海，从这个角度看，反倒是白居易该羡慕他才对。

对了，还有一则小事，那就是当时苏轼的身边有个书童，叫高俅。

他在遣散家仆后，还要为无处可归的人安排去处，于是他就写了一封信，把这个高俅介绍给了他的朋友，驸马都尉王诜。

元符年间，王诜和神宗第十一子端王赵佶交好，闲着没事就在一起踢蹴鞠，但没想到，高俅是个蹴鞠高手，一来二去，就和端王赵佶成了玩伴。

后来在一番机缘巧合下，端王登基称帝，也就是历史上颇为有名的艺术皇帝宋徽宗，而高俅也跟着鸡犬升天，一路干到了太尉。

在《水浒传》中，高俅是个迫害忠良的大奸臣，不过他富贵后，倒是不忘旧恩，对曾经关照过他的旧主苏轼很是怀念，曾多方照顾苏轼的后人。

绍圣元年（1094）十月，苏轼历经千辛万苦，总算抵达惠州。

等到了惠州，他才发现，在惠州城西有个叫丰湖的地方，原名叫西湖，苏轼听后哭笑不得，怎么自己走到哪儿，都能遇到个西湖？

所有人都以为，苏轼这么讲究的人，到了岭南一定会痛不欲生，可事实上，苏轼刚一过大庾岭，南雄、广州、循州、梅州的太守，都携肉提酒前来看望，惠州太守詹范更是把苏轼视为座上宾。在他们看来，如苏轼这般人物，要不是遭到贬谪，岂能来到岭南这穷乡僻壤？恐怕是请都请不来！那他们这样的小人物又如何能一睹东坡居士的真颜呢？

其实不只当地的太守，还有广州的道士和苏州的僧人，都自告奋勇要给苏轼当信使，心甘情愿替他和家人传递家书。还有杭州、常州、密州、黄州诸地的故人，以及被他牵连流放的"苏门学士"们，也都时不时致信问候。据说还有个四川来的道士，因仰慕苏轼大名，竟跋涉千里，就只是为了看望一下他，陪他喝一喝酒，聊一聊天。

在惠州，苏轼最大的兴趣是酿酒，其实他的酒量很差，往往喝个四五两就不省人事了，但他特别喜欢看别人喝，于是每次酿完新品，就自我感觉良好，然后撺掇客人品鉴，结果将客人喝得上吐下泻，出尽洋相。

他还喜欢吃荔枝，捣鼓出了一堆别人从来没见过的美食，对此他倒是特别自得。以前杨贵妃想吃荔枝，还得唐玄宗千里迢迢从岭南运往长安，就这吃的还是不新鲜的，而他却可以随摘随吃。用他自己的话说："余在南中五年，每食荔枝，几与饭相半。"

> 罗浮山下四时春，卢橘杨梅次第新。
> 日啖荔枝三百颗，不辞长作岭南人。

苏轼在惠州待了三年，他写的诗词还是传到了朝廷，其中有《纵笔》一诗：

> 白头萧散满霜风，小阁藤床寄病容。
> 报道先生春睡美，道人轻打五更钟。

章惇看到这诗后，大为恼怒，说："苏子瞻尚尔快活耶！"

于是，一纸诏令再下，既然苏轼在岭南还这么快乐，那我就让你去漂洋过海，去海南去，看你还如何悠闲，如何自在！

绍圣四年（1097）二月及闰二月，朝廷诏下，再贬苏轼、苏辙两兄弟。这次章惇还玩出了花样。苏轼，你不是字子瞻吗？那就贬你去儋州。苏辙不是字子由吗？那就贬去雷州。这样的安排，一看就知道是或多或少带了点私人恩怨。

不过，虽说章惇对苏家兄弟恨之入骨，但他的这番操作，却是无意间给了他们兄弟见上一面的机会。

在梧州至藤州的路上，苏轼、苏辙二人总算相见。这一年，苏轼六十二岁，苏辙也五十九岁了。宦海沉浮四十年，他们早已不是当年稚嫩的模样。世人也曾幻想他们会因为年老力衰而慌不择路，向命运妥协，可他们却仍然踏着嘲讽前行，让灵魂新生。

今年各南迁，百事付诸子。

谁言瘴雾中，乃有相逢喜。

绍圣四年（1097）六月十一日，苏轼在海滨和弟弟诀别。

他知道，此行可能再无生还的希望，所以在之前，他就已经买好了棺木，放置在海舟中，带着它决然渡海而去。

自此一别后，他们二人就再也没有见过，时过境迁多少年，连沧海也变成了桑田，恐怕也就只剩下那惊涛拍过的矶岸，还能记得那场兄弟永诀的画面。

远涉海外

绍圣四年，苏轼驾着一叶扁舟，来到了海南儋州。

章惇算是把事往绝里做，你苏轼不是到哪儿都逍遥自在吗？那现在我把你放到海外，那里没有肉吃，生病了没有药医，居住没有屋子，更没有朋友的陪伴，穷山恶水的，到处都是虫兽和蛮夷，我就让你在这里荒野求生，看你还如何快活！

有了在惠州的经验，章惇知道，以苏轼的名气，走到哪儿都有人把他当贵宾供着，所以这次他留了个心眼，在苏轼出发后不久，就派去了几名监察官，去监视苏轼在儋州的一举一动。

章惇果真没猜错，苏轼刚一到儋州，就受到了昌化军使张中的隆重接待，不但把他接到衙门居住，还专门派来军士为他修缮卧室，闲着没事就去找苏轼下棋，二人聊得倒也投机。

但是，这被章惇的监察官发现了，他把苏轼驱逐出馆舍，并罢黜张中，将其安置到了雷州。监察官还调查到，雷州太守张逢对苏辙也很照顾，于是上奏朝廷，把张逢停职，苏辙移到循州安置。

章惇曾经在地方上平定过梅山蛮，算是神宗朝仅次于熙河开边的一次扩土，所以在他的眼中，像苏轼这种手无缚鸡之力的文人，去了蛮夷聚集之地，那就是秀才遇见兵，有理说不清，而儋州恰是黎族的地盘，没了张中的关照，苏轼只可能是死路一条。

但章惇无论如何也想不到，苏轼和他不一样。当年章惇在面对梅山蛮时，想到的法子只能是武力镇压，但苏轼却选择和黎人做朋友，用自己的真诚去打动他们。

苏轼是一代文豪，身上却从没有文人的孤傲，他不提"谈笑有鸿儒，往来无白丁"，而是"上可陪玉皇大帝，下可陪悲田院乞儿"。任何人对他来说都是平等的，从没有高低贵贱之分。他说"吾眼前见天下无一个不好人"，哪怕是野蛮粗俗的黎民，在他的眼中，也透着一种憨厚朴实的可爱。

所以，当他流落到儋州，发现接触的都是山野村夫，第一个反应不是读书人的自命清高，而是放下姿态，开办学堂，和当地的土民成为朋友，教导他们的孩子读书，还收了个叫姜唐佐的门生。

原本在之前的一百年里，海南从来没有人中过进士，但苏轼来了儋州一遭，在他的倾囊相授下，姜唐佐后来成了乡荐进士，算是开了海南文教的先河。

苏轼就此成了海外黎民眼中的神，监察官把苏轼从馆舍赶了出来，那么黎民就出人出力，忙前忙后地为苏轼盖了三间土屋。还有个汉人王介石，在苏轼搬家时，他特意从潮州赶来张罗，一度被旁人误以为他是苏轼父子带来的家仆。

果然天下还是好人多。

因为这些朴实的人的世界永远都不会有真正的黑暗，这可真是一件幸运的事。

还记得有次，他在乡间田野遇到了一个老妪，二人聊得投契，那老妪的话意味深长："内翰昔日富贵，一场春梦。"

半醒半醉问诸黎，竹刺藤梢步步迷。
但寻牛矢觅归路，家在牛栏西复西。
总角黎家三四童，口吹葱叶送迎翁。
莫作天涯万里意，溪边自有舞雩风。
符老风情奈老何，朱颜减尽鬓丝多。
投梭每困东邻女，换扇惟逢春梦婆。

如果不是远行，怎么会了解远方每个陌生而绮丽的生命轨迹。他在海南三年，仍然可以在苦涩的生活中寻欢作乐，修道、念佛、写诗、作画。海南物产贫瘠，他就自己制墨，有次不慎松香着火，把半拉房子都给烧了，等大火被扑灭后，他看着大家黑黢黢的脸颊，忍不住"扑哧"一声，连带着所有人都哈哈大笑。

苏轼坚强，乐观，不服输，又倔强，善于用笑容去打败太阳，甚至比太阳还要光芒万丈，在久远而又晃荡的年岁里闪闪发亮。

大世晚景

元符二年（1099）的某天，苏轼做了一个梦。

在梦中，他夜登惠州合江楼，却发现有一人乘着夜色，驾鹤而来。

苏轼定睛一看，发现那人竟是已故去多年的韩琦。

韩琦对他说："我如今位列仙班，管领天上要事，故来相报，你北归中原，当不久也。"

他刚想说些什么，就睁了眼，发现自己还在儋州的小破屋内，这才意识到刚才的一切只是梦境而已。也对，自己可是皇帝的眼中钉，还北归中原，怎么可能？

但有时候世间的事真的出人意料，原本想也不敢想的事情，居然成真了。

元符三年（1100），年仅二十四岁的宋哲宗说死就死，没有留下子嗣。他的弟弟端王赵佶捡了个大漏，成了历史上著名的宋徽宗。

宋徽宗登基后，章惇失势，不久被贬为武昌节度使，谪去潭州居住，而新任宰相不是别人，正是韩琦的长子韩忠彦。

有人预感到朝政风气将要大变，就写信通知苏轼，说他可能不久就要起复了，但苏轼却非常卑微，说只要能让他回到惠州去居住，就很满足了。

可能是唾手可得这种事在他身上基本没发生过，所以每次在得到前都让他有种一拍两散的恐惧感。又可能是因为在南荒的时间过得太久，他总这样不停地失望失望再失望，慢慢地也就无所谓了。

元符三年，宋徽宗大赦天下，诏苏轼迁琼州别驾、廉州安置。

这就相当于要为他平反的前奏了。

本以为自己会客死海外，没想到还有生还中原的一天，苏轼觉得老天待他还是不薄的，于是告别儋州父老，踏上了回家的路。在临走前，当地的黎族土著们携带着土特产，红着眼眶，哭泣送别："此回与内翰相别后，不知何时再得相见。"

苏轼转身回头，看到那些定格在他身上的目光，也是心头一涩，眼里含了满满的热泪。

他知道，此生与这些人怕是不复相见了，这些可爱朴实的乡民在自己陷入人生的最低谷时，带给了他可以支撑下去的力量，有他们的陪伴，就算自己真的客死在了儋州，又有什么好遗憾的呢？

参横斗转欲三更，苦雨终风也解晴。

云散月明谁点缀？天容海色本澄清。

空余鲁叟乘桴意，粗识轩辕奏乐声。

九死南荒吾不恨，兹游奇绝冠平生。

苏轼渡海后，打算借道雷州走陆路至廉州，在这里他见到了"苏门学士"之一的秦观。

秦观是他最爱的门生，这些年来章惇执政，他作为苏轼的弟子，自然也遭到牵连。多年的贬谪生涯，已经让他看开了生死，不再汲汲于富贵，还写出了一篇《自挽词》。

苏轼看着这个已然老成的弟子，调侃道："我常担忧你看不透这些道理，如今又复何言？"

苏轼和秦观相别，继续行路。只是苏轼没想到，不久秦观也被召还，回程途中天气炎热，他口渴向人讨碗水喝，等人把水送来时，他已面含微笑地离世。师徒二人在雷州的会见，竟成了最后一面。

苏轼在诀别秦观后，于七月初四赶到廉州合浦，但朝廷又很快诏下，让苏轼迁舒州团练副使，量移永州。

这个命令相当于免去了苏轼的犯官身份，他启程继续北向，到九月份，抵达广州。他本想着从广州翻越大庾岭，到吉安登陆，再从长沙转去永州，但这时朝廷又下诰书，苏轼复朝奉郎，提举成都玉局观，任便居住。

哲宗初年，苏轼被贬，是数日之内三改谪命，如今到了徽宗初年，又是数日之内三改调命，尤其是这个任便居住，算是合了苏轼的心意，代表着他可以自由选择去处了。

到了年关，宋徽宗采纳韩忠彦等臣子的建议，认为元祐、绍圣的朝政都有偏失，如今新帝登基，应该不偏不倚，新旧并用，消弭多年来的党争，故而将年号改为"建中靖国"。

建中靖国元年（1101）正月，苏轼度过大庾岭北归，这代表着他离开了岭南地界。

据说，苏轼在翻越大庾岭途中，去到一家村店投宿。

店家是个老翁，见苏轼气度不凡，就问旁边的仆人："这个大官是谁？"

"苏尚书。"

"是苏子瞻吗？"

"是的。"

老翁面上露出喜色，连忙向前，给苏轼作了个长揖。

"我听闻有人千方百计地害您，如今北归，真是天佑善人。"

苏轼微笑着道谢，并在这间小店的壁上题诗一首：

> 鹤骨霜髯心已灰，青松合抱手亲栽。
>
> 问翁大庾岭头住，曾见南迁几个回。

自从苏轼北归大庾岭后，关于他要重返中原的消息在一夜之间就传遍了三山五岳，他的行迹立刻牵动了无数人的心，以及整个大宋百姓的目光。

在元宵节前，苏轼一行人走到了虔州，然后就看到了无数夹道欢迎他的民众，有认识的，有不认识的，都怀揣着崇敬的心情，要来见上苏轼一面。

在虔州的几日，苏轼时常去山寮野庙游玩，遇到病人就赠给药物。在南荒的数年，他把自己都逼成了半个大夫，给人看病不在话下。

但凡他走过的地方，必然有前来围观的群众，有些胆大的向他求取笔墨，他也从不吝啬，而是来者不拒。有次，他写了整整一天，到了暮色渐沉，他还笑着和大家说："天色已晚，还有哪位想让我写斋名或佛偈的，请快点告诉我吧。"这样，一些内向的人也壮起了胆子，上前向苏轼求取墨宝，每个人都兴尽而归。

苏轼离开虔州，到洪州时，遇上了刘安世。

刘安世属朔党，当年在中书省，他和苏轼还因地域问题互怼过，算不上朋友。但这几年章惇执政，尽贬旧党，其中就苏轼和刘安世被贬的地点是最恶劣的，如今故人再见，嫌隙不在，有的只是劫后余生的惺惺相惜。毕竟，同为旧党的范祖禹，就是因为水土不服而死在了贬所。

如今的朝堂上，曾布掌权，章惇失势，先被贬潭州，又再贬雷州，也就是他当年把苏辙贬谪的地方，现在轮到他来这里了，真是天道好轮回，报应不爽。

苏轼听闻此番变故，惊叹数日，还是忍不住给章惇的外甥写信，安慰他们不要担心，章惇不会有事的。

> 子厚得雷，闻之惊叹弥日。海康地虽远，无瘴疠，舍弟居之一年，甚安稳，望以此开譬太夫人也。

后来他抵达南昌，曾经的状元郎、时任南昌太守的叶祖洽前来迎接。

叶祖洽笑道："世传端明[1]已归道山，今尚尔游戏人间耶！"

苏轼给他讲了个冷笑话："途中见章子厚，乃回返耳。"

他走出了半生，归来仍是少年，可却发现其他人早已面目全非。

岁月如刀斩天骄，红尘路上叹妖娆。曾经嘉祐年的天骄们，曾

巩和张载早早过世，王韶壮志未酬而饮恨，程颢到最后也没有与他和解，吕惠卿和所有人反目为仇，还有被权力异化的章惇和曾布，以及程颐、邓绾、蔡确、沈括、刘挚、林希、朱光庭……多少人被岁月冲刷得判若两人，又有多少人在物是人非的图景中走向寂灭凋零，可他们这些人却还是真实地存在于苏轼的记忆里，那样活生生的，不管离开的时间长或短，都无法磨灭掉。

其实，不论是朋友还是敌人，只要是曾经的那些人，苏轼都希望他们可以活过来，陪自己说说话，而不是像现在这样，自己一个人寂寞地坐在这里，带着回忆去目睹这眼前的举世皆寂。

他途经润州金山寺，望着古刹，心在隐隐作痛，因为曾经和他互损斗嘴的佛印，也已在三年前圆寂。在寺内，一幅李公麟为他所绘的画像，被佛印在生前挂到了内堂。

苏轼拿起一支毛笔，自题一诗，写于画上：

> 心似已灰之木，身如不系之舟。
>
> 问汝平生功业，黄州惠州儋州。

这就是苏轼为自己注解的一生。

他的前半生，像是在一场无尽头的雪地里，为一个遥不可及的梦想跋涉，虽希望渺茫，却步履坚定；他的后半生，更像是雨打风吹下的浮舟，在暴风骤雨中被迫寄身江海，只好亲手放逐自己。然而，胸口仅剩的一点光和热，还是让他去做了那只扑火的飞蛾。

虽然在所有人眼中，最后的他应该是幸福的，可我不这么认为，因为好像每个人都忘记了，身边没有想见的人的幸福，来得该是多么的苍白无力。

苏公千古

苏轼复出的消息传遍大江南北，人人都以为，苏轼将会如同当年的司马光一样，以王者姿态回归朝堂，宣麻拜相，然后清算一切往日旧账。

但如今的苏轼，早已归心似箭，对于官途，他不留恋，只想逃离。

在他原本的计划中，最好是回眉山老家，其次是去杭州，后来因他年事已高，在多番计较后，还是决定去常州，毕竟他被贬的数年，一家老小都在常州安了家，去了后不必再折腾，可以直接居住。

建中靖国元年（1101）六月，苏轼一家人坐着竹篷船，前往常州。

当时正是入伏天，酷暑难耐，苏轼本就老迈体弱，一时不慎，被热毒入侵，在船舱内病倒了。

随行的亲友连忙给他煎药服用，但无济于事，人的身体往往是自己最清楚，苏轼隐约感到，自己大限将至，就连忙写了一封信，寄给了弟弟苏辙："即死，葬我嵩山下，子为我铭。"

写出这句话的时候，他表情很沉重，没有泪如雨下，但让人觉得好像心里突然紧了一下。对他来说，自己能万里生还，没有什么好遗憾的，但在临死之前，不能再见弟弟一面，这痛楚却是多么难堪。

他们途经京口时，收到了章惇之子章援的来信。

章援是苏轼的门生，但在哲宗朝，他的父亲章惇对苏轼百般迫害，他夹在父亲和老师之间，最后选择了和师门断绝往来。

时至今日，风水轮流转，章惇被贬雷州，苏轼又极有可能入朝拜相，章援害怕苏轼得势后会报复他的父亲，就前来求情，望苏轼念在旧情能网开一面。只是可能连他自己也觉得，就这几年父亲对老师做的那些事，他们家实在理亏，于是徘徊踟蹰，不敢谒见，只好写一封关心慰问的信，来试探苏轼的态度。

苏轼读完这封长信，赞叹不已，笑着对身边的儿子说："这文字，司马迁之流也！"

他没有记恨这些年来章惇对他的所作所为，看着信中诚惶诚恐的语气，苏轼心想这又是何苦，其实在他的眼里，仍把这对父子视作昔年老友、得意门生，于是铺纸研墨，强撑着病体写了一封回信：

　　某与丞相定交四十余年，虽中间出处稍异，交情固无所增损也。

时间总会在不动声色中抚平一切。哪怕在回忆中，章惇依旧是那张面无表情的脸，可无论如何，那时候的他们还是好朋友。

那是他不想失去的人，是好不容易得来的羁绊，所以他选择了宽恕，就像小孩子打完架，不用道歉，第二天又可以在一起继续玩。苏轼是用他的孩子气，给他和章惇这些年的恩怨做出了一个回答，也同自己这六年间的九死一生讲和了。

六月十五日，苏轼一行到了常州。

他着小冠，披背心，走出船头，发现运河两岸人山人海，到处都挤满了前来围观他的百姓。

看到他出现，整个常州都轰动了。人们疯狂地拥来，引发了一场大波澜，所有人都兴高采烈，叫喊他名字的声音此起彼伏。

苏轼看着眼前万头攒动的盛况，哭笑不得，不由想起了西晋名士卫玠，因为颜值太高，每次出行，都被人们蜂拥围观，最后居然让人给活活看死了。

他对旁人笑道："莫看杀轼否。"

却不想，这话一语成谶。

就在当日，苏轼本已减轻的病情，再一次复发。

这次，他连药都喝不下去了。

他把三个儿子叫到病榻前，儿子一个个红了眼眶，哽咽抽泣，而他此刻容颜枯槁，被病痛折磨得憔悴。

"吾生无恶，死必不坠，慎毋哭泣，让我坦然化去。"

我这辈子没有做过什么坏事，就算死了，也不会坠入地狱的，你们不要哭泣了，就让我安心离去吧。

七月二十八日，苏轼突然听不到任何声音，大限将至了。

他的知觉一点一滴从身上被剥去，身体慢慢变得十分空灵。

好友钱世雄和僧人维琳连忙赶来，虽然朋友和他之间的距离近到能听见彼此的呼吸，但在他感觉来却像是隔了千山万水一样遥远。

他索性放弃了挣扎，静待着死亡的来临。

维琳大喊道："端明，不要忘了，去西方极乐世界！"

苏轼眼神空洞，呢喃自语。

"西方不是没有，但不是努力就能去的。"

钱世雄在旁，大声道："端明一生践行于此，此时更该努力。"

苏轼笑了："越是努力，越是得不到。"

钱世雄再问："平生学佛，此日如何？"

他凝视着众人，眼里的光华在慢慢散去，唇边的笑意却越来越浓。

"此语亦不受。"

到了最后，钱世雄和苏迈还想问身后事，苏轼只是嘴唇嗫嚅了几下，却没有发出一丝声音，待到众人靠近，才发现他的眸子变成了灰白色，唇边的笑意也已然凝固，那淡然的脸上早已瞧不出任何的生机。

公元 1101 年，苏轼合上双眼，与世长辞，享年六十六岁。

苏轼最后留给人间的五个字，出自《大智度论》，意为所有的佛理名言都要舍弃。他在大彻大悟之后，灵魂便从那病弱不堪的躯壳中冲了出来，幻化成年轻时的自己。

他迈出轻盈的脚步，脚下缩地成寸，身边的大江大河尽皆倒退，眉山、开封、凤翔、杭州、密州、黄州、惠州、儋州……他走过多少往日之所，看到了在汴京的曾布、在雷州的章惇、在峡州的程颐，还有在颍川读着自己信件的苏辙，他正想上前再端详一眼他的弟弟，却发现自己的身形正在渐渐佝偻，青丝慢慢地变成了白发，岁月斑斑点点地烙刻在他每一寸肌肤上。

他赶忙用尽所有力气向前奔跑，好像这样就可以跑过时间，甩掉衰老。苏洵、欧阳修、王弗、王安石、司马光、佛印、秦观……一路的拔足狂奔中，一张张熟悉的面孔掠过眼前，如走马观花般浮现。身边的场景随着他们的背影不断地倒退，最后渐渐收缩成了一个小点，消失不见，留下一片寂静的空无。

景也退去，人也远去，只剩他一个人，带着欣慰的模样离开了这个世界，这个带给他太多快乐和痛苦的世界，这个让他看不清太过迷茫的世界。

好在最后一刻，来接苏轼的都是他朝思暮想的那些人，自此他又变回了那个无忧无虑的少年，向着汴京的方向策马扬鞭。

番外

番外一
与君今世为兄弟——苏辙

○一

在苏轼眼中，苏辙永远都是一个屁大点的小孩，是黏着自己的跟屁虫，所以他始终觉得自己身上有一份责任，那就是要好好保护这个沉默寡言的弟弟。

他始终记得，弟弟的瞳孔里充满了单纯的羞涩，那眼神就像蓝天白云一样美好，所以每次带着弟弟登山涉水的时候，他总会一马当先地探路，等确定安全后才会让弟弟跟上。因为他是自己的弟弟，是上天送给自己最好的礼物。

> 昔余少年从子瞻游，有山可登，有水可浮，子瞻未始不褰裳先之。

在小的时候，苏辙是那么固执地相信，守在身边的哥哥就是上天降下的神，每当他沮丧了，哥哥就会带他远离悲伤难过，朝着幸福的日光一路狂奔。

那时，年少不谙世事的他们还未曾经历过多的磨难，所以那些汹涌又放肆的嬉闹就这样占据了他们整个的少年时光，成为他们今后一生都不可磨灭的珍贵回忆。

〇二

嘉祐元年（1056），苏洵携二子拜访张方平。

恰逢苏轼、苏辙备考科举，张方平就打算在斋舍测试一下这兄弟两人。他出了六道题，让他们各自就座思考。

苏辙有疑问，指着问哥哥。苏轼举笔，倒敲几案，示意这个题出自《管子》。苏辙又指第二题，苏轼直接用笔把第二题勾掉了，表示"此题并无出处"。

等全部做完后，他们一起把试卷呈给张方平。

张方平看后非常高兴，因为被苏轼勾去的那道题确实没有出处。

第二日，张方平对苏洵说："二子皆天才，长者明敏尤可爱，然少者谨重，成就或过之。"

次年，二人果然中了科举，一门双进士，之后又考上了制科。仁宗皇帝看着他俩，一个活泼张扬，一个内敛深沉，这不妥妥的李白、杜甫转世？于是把他们誉为日后二宰相。

嘉祐六年（1061）十一月十九日，苏轼要赴凤翔府出任签书判官。

苏辙骑着一匹瘦马含泪相送，他们兄弟二十余年的生命中，一直都是同进同退，形影不离，没有分开过一日，现在步入仕途，早已货与帝王家，必须从此告别，各行他途。

苏辙回到汴京，写下《怀渑池寄子瞻兄》寄赠：

相携话别郑原上，共道长途怕雪泥。

归骑还寻大梁陌，行人已渡古崤西。

曾为县吏民知否，旧宿僧房壁共题。

遥想独游佳味少，无言骓马但鸣嘶。

当初，他们随父进京应举时，曾途经渑池，留宿寺院，在院墙上题过诗。后来苏辙又被委任为渑池县主簿，他觉得世界果真充满了偶然，可如果他和渑池真的有缘，又为何无法驻足更长时间？

苏轼得诗，回了一首《和子由渑池怀旧》：

人生到处知何似？应似飞鸿踏雪泥。

泥上偶然留指爪，鸿飞那复计东西。

老僧已死成新塔，坏壁无由见旧题。

往日崎岖还记否，路长人困蹇驴嘶。

那时候，他们可真是纯真得不带任何颜色，完完全全是干净如雪的纯白，这次和诗算是兄弟俩步入仕途前最后一次怀念，怀念那些毫无顾忌放声大笑的日子。

〇三

苏轼、苏辙曾有过一个"雨夜对床"的约定。

那是在怀远驿的一个风雨之夜，苏轼正在读唐代诗人韦应物的诗集，看到"宁知风雨夜，复此对床眠"这句，不禁触景生情，想到他和弟弟一旦步入宦途，从此就要分离，于是二人相约以后要早早辞官，老了隐居在一块儿，继续过小时候那样无忧无虑的日子。

在人生的大部分时间里，承诺的同义词是束缚，奈何人总向往束缚，他们二人为这份承诺牵绊了一生。

熙宁二年（1069），王安石变法。

苏轼、苏辙兄弟回京，苏辙上疏神宗，言要丰财，首去"三冗"，得到皇帝的赞赏，进入了条例司。

但是，苏辙和王安石政见不合，就青苗法一事，他和王安石、吕惠卿多次力争，后来见争论无效，上书求去，除河南府留守推官，后被张方平辟为陈州学官。

哥哥苏轼得知后，心中倍感孤独，寄来诗句：

> 旧隐三年别，杉松好在不？
> 吾今尚眷眷，此意恐悠悠。
> 闭户时寻梦，无人可说愁。
> 还来送别处，双泪寄南州。

自熙宁三年（1070）起，兄弟二人开始聚少离多，苏辙从陈州、齐州到南都，苏轼从杭州、密州到徐州，他们越来越忙碌，曾经"雨夜对床"的约定，似乎也不太能够实现了。

> 逍遥堂后千寻木，长送中宵风雨声。
> 误喜对床寻旧约，不知漂泊在彭城。
> 秋来东阁凉如水，客去山公醉似泥。
> 困卧北窗呼不起，风吹松竹雨凄凄。

等到记忆里的雨夜尘埃落定，苏辙选择沉默到最后，辞官的话终究没有说出口。

〇四

元丰二年（1079），苏轼遭遇乌台诗案，被诬下狱。

每次苏轼有事，苏辙都会想辙，他效仿汉代缇萦救父的先例，请求朝廷解除掉自己的所有官职，来替兄长赎罪。

当时苏轼锒铛入狱，审讯者对苏轼彻夜不停地辱骂，让苏轼遭受到很大的精神压力，一度想要自杀，最后写下了《狱中寄子由》，要和弟弟做最后的诀别。

> 圣主如天万物春，小臣愚暗自亡身。
>
> 百年未满先偿债，十口无归更累人。
>
> 是处青山可埋骨，他时夜雨独伤神。
>
> 与君今世为兄弟，又结来生未了因。

关于这首诗，历来有三个版本：一个是"与君今世为兄弟，又结来生未了因"，另一个是"与君世世为兄弟，更结人间未了因"，而目前流传最广的则是"与君世世为兄弟，更结来生未了因"。

这个现象其实很正常，就像李白的《静夜思》在今天也有很多个版本一样，诗句在传抄过程中，总会有一两句出入，只要不影响原意，其实没必要太过斤斤计较。

如果从语句通顺来看，其实第一个版本的"和你今世做兄弟，下辈子又要在一起"更为顺畅，而第二个版本情感更为激烈，其中"世世"代表了生生世世，轮回寂灭也要在一起的决心。

苏轼作完诗后，托狱吏转交苏辙，而狱吏按照惯例，先将诗篇呈交神宗皇帝。

可能是连老天都觉得，这样悲剧收场对他们太不公平，所以宋神宗没有给他们的故事画上一个句点，而是被他们手足的友爱之情打动，最后苏轼被贬黄州，而苏辙也履行了以官职赎罪的诺言，被贬监筠州（今江西高安）盐酒税务。

其实从这时起，他们的心境再也不同于原来眉州的那两个天真少年了。

○五

有人说，苏轼这一辈子都在被贬的途中，苏辙努力升官，就是为了"捞"哥哥，径直干到了宰相，最后还引申出：因为苏辙是宰相，所以张怀民不得已只能陪苏轼夜游。

但其实严格来讲，苏轼和张怀民在承天寺夜游的时间，是在元丰六年（1083）。而这时他弟弟苏辙还远不是什么宰相，因为受到哥哥乌台诗案的牵连，被监筠州盐酒税，并且皇帝还说了，五年之内，不准调动。

可以说，在神宗一朝，苏轼和苏辙的官职其实大差不差。同为变法的反对派，他们不是被贬，就是被边缘化，这是大的政治风向决定的，和他们本人的性格无关。

两个人真正时来运转是宋神宗死后，宋哲宗以幼龄嗣位，尊崇祖制的太皇太后高滔滔把持朝政，把他们兄弟俩双双召回朝堂。

当时，苏辙是以校书郎的身份，从歙州绩溪县召回了汴梁，刚回来的他兴奋异常，写诗道：

读书犹记少年狂，万卷纵横晒腹囊。

奔走半生头欲白，今年始得校书郎。

由此可见，苏辙在神宗朝一直都是沉沦下僚，论机遇可能还比不上哥哥苏轼，毕竟苏轼好歹还是封疆大吏呢。

直到元祐更化时，苏辙躬身入局，抓住政治机遇，弹劾掉了许多新党大臣，成了旧党的一面旗帜，这才扬眉吐气，走上了升官的快车道。

但是，作为实际掌权者的太皇太后，真正看重的还是哥哥苏轼，而非弟弟苏辙。

只是苏轼对官场厌倦，一味请求外放，所以高滔滔才把对苏轼的亏欠补偿到了苏辙身上。这么一算，苏辙能当副相，其实背后是苏轼无形地助攻了一把。

元祐四年（1089）八月，苏辙奉命出使辽国，踏上了异邦的土地。

辽人一听，南朝的苏学士来了，一个个都争先恐后地蜂拥围堵。

可是"大江东去，浪淘尽"的苏学士？

可是"明月几时有，把酒问青天"的苏学士？

可是"竹杖芒鞋轻胜马，谁怕？一蓑烟雨任平生"的苏学士？

苏辙："我是他弟。"

嘻，原来是小苏学士。

然后众人作鸟兽散，独留苏辙一人呆立原地。

谁将家集过幽都，逢见胡人问大苏。

莫把文章动蛮貊，恐妨谈笑卧江湖。

苏辙既有些无奈，又有些庆幸，多亏这次使辽的是自己，倘若换成哥哥，以他在辽国都这么大的名声来看，怕不是要和庾信一样，被扣留在北朝不准回去了。

元祐六年（1091），苏轼从杭州任满回京，太皇太后想让苏轼当吏部尚书。

有人指出，苏轼、苏辙两兄弟都当宰相的话不合规矩，苏轼听了，连上三道奏疏请求外任，把出将入相的机会让给弟弟，而朝廷授予苏辙尚书右丞后，苏辙却接连四次上奏，表示不敢超迁于哥哥之上，请求自己外任，把升官的机会给哥哥。

可以说，直到这一年，苏辙才算在官位上第一次超过苏轼，且这个时间也不过三年多而已。

○六

绍圣元年（1094），随着太皇太后高滔滔去世，宋哲宗亲政，开始对旧党反攻倒算。

绍圣绍述时期，苏轼被贬到了惠州，苏辙自然也不好过。当初元祐更化，苏辙攻讦下的新党数不胜数，如今他们掌权，对苏辙的记恨肯定要在苏轼之上。

绍圣元年，苏辙被贬汝州，后来又因为苏轼写诗，提醒了章惇他们兄弟二人的存在，旧恨再次被揭开，于是苏轼被贬到了儋州，而他则被贬到了雷州。

绍圣四年（1097）五月，苏轼途经梧州时，听当地父老说苏辙刚刚经过，于是赶紧去追，并以诗代柬，派急足送去，相约在藤州相会。

自元祐八年（1093）九月东府一别，兄弟二人又是四年未见。他们在藤州会面，二十五天内形影不离，抵足而眠。

在路过一处卖汤饼的路边摊时，兄弟俩坐在路边，就饼而食。苏辙觉得这饼粗劣，难以下咽，于是放下筷子叹息，一抬眼，才看到哥哥已经把他的那份汤饼吃完了。

哥哥笑："九三郎，尔尚欲咀嚼耶？"

哥哥大笑而起，继续前行，他就跟在那个背影后沉默地走着，恍惚间想起了从前。

隔着悠悠如水的岁月，他看到了流转的时光。他见过哥哥所有的样子，任性的、张狂的、倔强的、阔达的、不甘心的、孩子气的……在这个世界上，他们是陪伴彼此一起走过最懵懂无知又最年少骄纵的岁月的人。

想到这里，他半合眼帘，低首不语，真希望光阴能在这一刻永远停驻，让他可以继续追逐着哥哥的背影，携手穿越今后的多少悲欢离合。

数日后，苏轼远涉沧溟，苏辙在岸边依依不舍地眺望，久久不肯离去。

〇七

元符三年（1100），宋哲宗驾崩，宋徽宗即位，宣布赦免苏轼、苏辙兄弟。

苏辙先被赦免，从永州到岳州，再到允许可以自由选择居住地，因他还有田产在颍川，于是打算去颍川定居。

与此同时，苏轼也从海外归来，本以为会客死异乡，没想到还能踏上中原的土地，从雷州海康去廉州的途中，他投宿于兴廉村净行院，想到这下终于可以履行兄弟间的夜雨对床之约了。

> 芒鞋不踏利名场，一叶轻舟寄渺茫。
> 林下对床听夜雨，静无灯火照凄凉。

只是没有人可以预料命运的安排，就在北归途中，苏轼染疾，命不久矣，临死前他给弟弟写了信，交代了后事——把自己葬在嵩山脚下，由你来为我写墓志铭。

建中靖国元年（1101）七月，苏轼病死于毗陵，远在颍川的苏辙听闻凶讯，号啕大恸，哭到昏厥，整整三日水米不进。直到需要安排兄长后事时，他才勉强打起精神，遵从其兄遗命，将苏轼安葬在河南郏县的小峨眉山，写下《亡兄子瞻端明墓志铭》，并嘱咐儿孙，等他百年后，将他的遗骨安葬在兄长身边，以实现他和哥哥的"夜雨对床"之约，从此和哥哥世世为兄弟。

在哥哥死后，苏辙再没有复出为官，而是选择隐居在颍川，他把住的地方叫"遗老斋"，扎进去后，再没出来过。或许这天地之大，再没有让他留恋的东西，他眷恋的人，早已死去多年。

后来，他过七十大寿，各路达官名流慕名前来，拜会这位曾经的小苏学士，如今的颍滨遗老。席间贺词声此起彼伏，他却只是微笑着。他想起了哥哥——如果哥哥还在，一定很喜欢这样热闹的场面吧。

记得哥哥说他是砖塔，大肚能容。

他说哥哥是石塔，浑然天成。

有人说：你哥哥这浑然天成的石塔，若非有弟弟容下这许多的蝼蚁，怕是早就被蛀空了。可他却想说：砖塔本就该夹杂着那么多的藏污纳垢，倘若没有石塔的浑然天成，那我这砖塔也就没有什么意义了。

政和二年（1112）九月，七十四岁的苏辙躺在病榻上，看到了多年之前的苏家故宅，那里的回廊仍然明亮，院落里的花开得繁盛，他的眼前一片恍惚。

番外二
不思量，自难忘
——王弗、王闰之、王朝云

○一

北宋仁宗年间，四川岷江之滨有个青神县，县内有碧水一湾，每逢有人拊掌拍手，便会有鱼儿循声而来，翱翔雀跃，悦人耳目。

青神与眉山毗邻，年少的苏轼便在父亲苏洵的推荐下，从眉山老家前往青神，在中岩书院里短暂游学。

书院的执教先生叫王方，是位乡贡进士，苏洵的老友。

有一天春游，王方在水池边和学生提议，叫这些青年才俊给这汪碧水定名。众人投笺竞题，有人建议叫"藏鱼池"，有人提名为"引鱼池"，王方皆摇头，认为不是过雅，就是落俗，配不上眼前这潭水风光。

众人还在搜肠刮肚、抓耳挠腮，一个少年已提笔上手，取名：唤鱼池。

这个少年，自是苏轼。

王方一见"唤鱼池"三字，顿时眼前一亮，再看那书法更是清秀不群，心中对这个友人之子生发出赏识之感。

就在众人轰然叫好，苏轼洋洋自得之际，此刻躲在屋内的一个少女，在听到苏轼说出"唤鱼池"三个字时，呆呆地看向了自己手中的纸张。

上面写着的，是她刚才想到的名字，竟与那少年的不谋而合：唤鱼池。

少女是王方的女儿，闺名叫王弗。

她再次看向那个意气昂扬的少年，心上那朵含苞待放的花儿，忽然就绽开了。

苏王两家缘起唤鱼池，王方对苏轼欣赏之意更盛，骤然得知女儿当日竟也取名唤鱼池，不由惊叹："此乃天缘之合，韵成双璧。"

至和元年（1054），他前往苏家做客，言谈间说起此事。苏洵本就与王方为昔年旧友，若是能成儿女亲家，岂不更好，故此欣然遣人说媒，这少年少女的一世姻缘，便在此刻缔结。

是年，苏轼不过十九，王弗亦不过十六，正值青春年华。

○二

那年的王弗还是个未满二十的小嫁娘，苏轼问她：平日可曾读过书？

王弗一愣，略微思虑一瞬，轻轻地摇了摇头。

苏轼不免有些失望，女子无才便是德，看来王弗也未能例外。

可每当他读书时，王弗在一旁端茶研磨，他撰文偶有遗忘，王弗便从旁点拨，只三言两语，便能让他茅塞顿开，一切都清楚了。

他忍不住问："你不是不通诗书吗？"

她眼珠一歪："刚刚那句是碰巧会的。"

他才不信，一次两次可以说是蒙的，可这都第几次了，怎么可能次次都是巧合？

苏轼设法试探，在日常生活中假意询问王弗关于书里的问题，王弗竟然都能够对答如流。他这才后知后觉，妻子的才情丝毫不输给自己，所谓自云不晓诗书，不过是在巧妙地成全自己的颜面罢了。

嘉祐年间，苏轼科场告捷，步入仕途，前往凤翔出任签书判官，可谓少年得志，好不忘形，王弗从旁提醒："子去亲远，不可以不慎。"

他无可奈何，她总是这样，老是在自己兴头上泼凉水。可好生奇怪，他不但不会因此而生气，被敲打久了，还挺享受的。

王弗心中知晓，她的夫君虽然在文坛上颇负盛名，却半分不通人情世故，天真幼稚得仍像个大男孩。因为这是苏轼第一次离开父亲，在凤翔府独立持家，所以王弗便成了夫君私下里的参谋，认认真真地护着他，生怕他在外面吃亏上当。

当时的苏轼热衷求仙问道。有一日，他偶然发现了一处窖藏之地，以为是古人埋下的丹药符箓，正欲发掘，王弗在旁忽而轻叹："如果婆婆在，肯定是不会挖开的。"

苏轼略微一怔，想起母亲昔年的谆谆教诲，那时他们在眉山的纱縠行老宅居住，发觉地下大瓮有密藏，可程夫人却不许族人挖掘，认为不明之财，不该擅取。如今王弗轻声自语，这是在对他委婉谏阻，苏轼听了后自觉惭愧，连忙打消了这个念头。

王弗是苏轼的初恋，也是他的知己，所以她知晓自己在什么场合说什么样的话，才能让自己的丈夫听进去。

苏轼为人坦荡，心无芥蒂，结交好友不分良莠，亦不识人间诸般险恶，幸好王弗心细如发，在待人接物上正好与苏轼互补。

一次，苏轼在家中见客，王弗就躲在屏风后静听他们说什么，等到客人离去，王弗从幕后走出，皱眉道："此人说起话来模棱两可，一味地逢迎着你的话头，你又何必与这等人多说呢？"

还有一次，友人登门造访，与苏轼谈天说地，待友人走后，王弗则无不忧虑地说："你与此人，友谊恐不能长久，若他日你落难，他远离你比谁都快。"

彼时的苏轼不解其意，以为妻子言过其实，可直到后来妻子的话竟真的一一应验，那时已然老眼昏花的他才明白，原来早在那么多年以前，她就已经在小心翼翼地护佑着自己了。

〇三

没人能想到，苏轼和王弗只有十年尘缘。

治平二年（1065），王弗因病离世，享年不过二十七岁。

她死在了丈夫的怀里，看见他目光低垂，充满悲伤，有着难以言喻的无助与茫然。

眼见这样的丈夫，她的心中不由生起酸涩的悲鸣，只叹你我皆是凡人，留不住生命的步伐，我陪你从一介布衣走到名动京华，从青涩少年走到三十而立，但也只能陪你到这里了。

在生命即将消逝的那刻，王弗忽然露出了微笑，因为她依稀看见了那个在唤鱼池边被众星捧月的少年，他稚气任性的表情还历历在目，不论走过多少年月，还是一如既往地单纯不变。

倘若上苍有灵的话，她只盼自己走后，她的爱人可以永远都鲜活年轻，永远都一帆风顺，永远都能挺直脊梁，永远也不要尝到那命运的半分苦头。

○四

在王弗去世不久，苏洵竟也过世，苏家兄弟护送二人灵柩回归故里。

在守制的三年里，苏轼从未给妻子填过一阕词，只是每日都披着晨曦，为她清扫坟茔。那些无言的日子里，他常会待在墓碑旁，从午后静坐到深夜。

他在山冈上、墓碑旁，亲手栽种下一株又一株的矮松，这是他用来寄托哀思的方式。

熙宁八年（1075），距离王弗病逝已过十载光阴。

那一年的苏轼在密州为官，早已褪去青葱时的模样，只留下历经冷剑刀霜后越发硬朗的容颜。

某日夜里，他回到了眉山故居，忽然看见王弗临窗而坐，正在对镜梳妆，她的音容笑貌，一如当年的模样，见他来了，就与他相视而笑。

苏轼与眼前的妻子四目相对，分明有满腹的愁肠，在这一刻却无从说起，只是相顾无言，泪落千行。他向前迈上一步，伸手一拭，亡妻的面容渐渐淡去，原来只是一场梦境。

于是，就有了这首千古悼亡词之首的《江城子》：

> 十年生死两茫茫，不思量，自难忘。千里孤坟，无处话凄凉。纵使相逢应不识，尘满面，鬓如霜。
> 夜来幽梦忽还乡，小轩窗，正梳妆。相顾无言，惟有泪千行。料得年年肠断处，明月夜，短松冈。

你长眠在故乡的山冈，时而来到我的梦里对镜梳妆，又可曾知晓，我有沉淀了不知多少个日夜的话语，想要对你好好地诉说？

三万株矮松在我的回忆里簌簌作响，可等我醒来时，却发现我身在密州的官邸里，满面风尘，两鬓如霜，再也不似当年稚嫩青涩的模样。

或许唯一值得欣慰的是，我还保留着十九岁时，最为干净澄澈的眼睛。

因为那是我第一次见到你时的眼睛。

○五

使我感到惊讶的是，即使相思如此，让苏轼承诺"惟有同穴，尚踏此言"的女子，竟不是王弗，而是他的第二任妻子，王闰之。

熙宁元年（1068），苏轼丁忧期满，与王闰之完婚。据说，这门婚事是王弗在临死前嘱咐的。而王闰之，是她的堂妹。

苏轼和王弗遗有一子，名叫苏迈，不过六岁年纪，苏轼作为朝廷命官，每日要处理公务，让他一个人带孩子不现实，可要是把孩子交给外姓人，王弗又不放心，既然如此，倒不如托付给这个老实的自家堂妹来得可靠。

而王闰之也不负堂姐重托，对苏迈视如己出，用尽所有的爱意和心思，填补了这个孩子缺失的母爱。

○六

王闰之比苏轼小十二岁。

有时候，她总会觉得，她和苏轼的认识是个错误。

如果他们不曾对话，也许姐夫就永远是她眼中的一颗遥远明星。

她看向苏轼的目光不是炽烈，不是深邃，也不是渴望追逐的爱慕，而是一种纯粹到极致的仰望。

王闰之何尝不知，她不过是个只会炊茶采桑的野丫头，没有堂姐那般钟灵毓秀，甚至连个属于自己的闺名都没有，家中只管她叫"二十七娘"。

在那个年代，女子十五六岁出嫁是非常普遍的，可她二十一岁还待字闺中，不知在想些什么。等到治平四年（1067），她听闻堂姐噩耗，得知堂姐临终前选中了自己，想让她成为姐夫的续弦之妻。

这番变故，多少让她有些无所适从。

更让她没想到的是，新婚的第一天，苏轼就送给自己一个充满惊喜的礼物：名字。

他说："你生在闰月，就给你取名叫闰之吧。"

她看向他那双澄净的眼睛，没有轻视也没有欺骗，忽然就想着试试看吧。自己若是能学会用他那样的眼睛看世界，或许就能和堂姐一样，真正地做到与他并肩而立。

○七

自从王弗死后，苏轼心字成灰，心动的次数越来越少，一头老鹿在心底怎么也蹦跶不起来。

他试图让自己喜欢上王闰之，这个发妻为他选定的人生伴侣。

可爱情这种事，它是交给本能管的，人其实很难左右。

他在密州为官，正逢蝗灾四起、民不聊生，他投身灭蝗虫，扶危济困，几日下来，身心交瘁。这时，孩子跑来扯他衣服胡闹，让他心烦意乱，正要对孩子发火，王闰之连忙护住孩子，道："你怎么比孩子还不如，连孩子都知道开心，你怎么就不能开心点呢？"

小儿不识愁，起坐牵我衣。

我欲嗔小儿，老妻劝儿痴。

儿痴君更甚，不乐愁何为。

还坐愧此言，洗盏当我前。

大胜刘伶妇，区区为酒钱。

他被贬谪黄州，家无余财，王闰之陪他一起去挖野菜，变着法
儿地逗他，为他解闷，还会悄悄地准备他最喜欢的"薄薄酒"。她
明明是那样弱小单薄的身躯，却为他撑起了一片可供栖息的天地。

犹记得那年的乌台诗案，苏轼被政敌指控，说他写诗讽刺朝廷，
几个差役从京城千里迢迢前来拿他，要下狱论罪。王闰之快崩溃了，
惊惶之下拿起火把，将苏轼书屋内的诗文付之一炬。

她没什么文化，不懂什么叫诗词歌赋、民族瑰宝，因为以她有
限的认知，只知道就是这些东西害了她的丈夫。

她就是这样，笨手笨脚却又踏踏实实地敬爱着他。

〇八

王闰之陪伴了苏轼二十五年，这也是苏轼一生中最动荡不安的
二十五年。

自乌台诗案起，他在官场上处处受到针对打压，无数次从噩梦
中惊醒，眼前仿佛只剩黑暗。可他永远会记得，在这样黑暗的岁月
里，还有人半夜起身为他掖好被子，记得在每个他所能到达的地方，
总会有一盏明灯为他长燃。

可她始终不是他爱的那个人。

元祐七年的（1092）上元节，梅花盛开，苏轼夫妇在庭院内观

月赏花。王闰之痴痴地道："春月色胜如秋月色，秋月令人凄惨，春月令人和悦。"

她不经意间的话，给了苏轼灵感，当即填了一首《减字木兰花》：

> 春庭月午，摇荡香醪光欲舞。步转回廊，半落梅花婉娩香。
>
> 轻烟薄雾，总是少年行乐处。不似秋光，只与离人照断肠。

其实，在王闰之的世界里，原本就是没有奇迹的，自卑深深烙印在了她的心底，让她永远也不敢和堂姐那样的名媛相比拟。看到这句"只与离人照断肠"，她自然明悟，那个能让他断肠的"离人"，从来都不会是她。

只是当命运真的安排她充当一次主角时，她最终的选择仍是勇敢地挺身而出。能为自己的幸福去争取一席之地，她不曾感到过后悔。从那时起，她便一心坚定地站在苏轼身后，为他撑起一片明亮的天空。

第二年，王闰之去世，失去了夫人的苏轼，终于露出了一直深藏的软弱与惘然。八年后，苏轼与世长辞，苏辙遵从兄长遗愿，将其与王闰之合葬。

他为她准备了世俗意义上最隆重周到的仪式，可他们都明白，那是敬，不是爱。

〇九

熙宁四年（1071），苏轼在杭州担任通判，那时候的他还深陷在那场世俗认为的"完美婚姻"里，日渐迷茫。

那一天，他与几位文友在西湖饮宴，好友叫来歌姬起舞助兴。

一群淡妆浓抹的舞姬里，一个年纪小小、打扮素净的女孩闯入了他的眼帘。有好友起哄，让他作诗。他一边看向那少女，一边写下那首传诵千秋的《饮湖上初晴后雨》：

> 水光潋滟晴方好，山色空蒙雨亦奇。
> 欲把西湖比西子，淡妆浓抹总相宜。

在场不乏眼尖的人精，看出他明写西湖美景，实则暗咏相逢佳人的感受，故而在宴席散后，苏轼虽没有表示，心思活络的好友还是把这名舞姬买下，当成礼物送给了苏轼。

这个舞姬，就是王朝云。

她也姓王，但不是巧合。

王朝云从小家境贫寒，被父母卖到戏班子讨生活，她比王闰之还不堪，因为她不单没名，连姓都没有。

苏轼将亡妻的姓氏赠予她，取名朝云，字子霞。

他本以为自己将守着与王弗旖旎的旧梦一路沉沦下去，却不想上苍让他遇到了朝云，这个在红尘之中不期而遇的红颜知己。

有一次，苏轼酒足饭饱，摸了摸自己已然发福的肚子，笑问侍儿："你们说说，我这肚子里装了些什么？"

有侍女回答锦绣文章，有侍女说是治国安邦的见识，苏轼皆不以为然地摇了摇头，这时在旁侍奉的王朝云脱口而出："大学士一肚皮的不合时宜！"

苏轼闻言，捧腹大笑："朝云知我，朝云知我。"

世人只能看到苏轼的名气与才情，唯有王朝云，可以从那豁达不羁的文字里，看出他到底藏下了多大的不甘和委屈。

一〇

绍圣元年（1094），章惇拜相，尽谪旧党，一道诏旨下来，苏轼被贬到了惠州。

苏轼年近花甲，如今又被赶到穷山恶水的岭南，已是起复无望，家仆侍女纷纷离他而去。唯有王朝云一言不发，默默收拾好行装，陪他去那前途未卜的偏远南荒。

他们一起走了那么多的路，做过那么多的梦，可多年来王朝云总觉得有些奇怪。她能感受到苏轼对她的爱，但不知为何，他看向自己的目光总会不着痕迹地落在远处，就像是透过自己看向了另一个人。

在惠州第二年的秋天，户外秋风萧萧，苏轼只觉心情沉闷，便让王朝云唱他那首《蝶恋花》：

> 花褪残红青杏小。燕子飞时，绿水人家绕。枝上柳绵
> 吹又少，天涯何处无芳草。
> 墙里秋千墙外道。墙外行人，墙里佳人笑。笑渐不闻
> 声渐悄，多情却被无情恼。

王朝云唱到"枝上柳绵吹又少，天涯何处无芳草"时，忽然哽咽，一个字也唱不出来了。

苏轼哑然失笑："我正在悲秋，你却又伤春了。"

眼见王朝云还是悲不自胜，他叹了口气："我们不唱这歌了。"

廊下又是一阵秋风袭来，在簌簌落下的秋叶中，王朝云忽然意识到，自己永远代替不了那个人。

一一

绍圣三年（1096），王朝云身染瘴气，不幸亡故，长眠在了惠州丰湖边的山脚下。

王朝云不幸，唯一的子嗣早夭，可她没有大吵大闹，只是一个人默默地消化这些负面的情绪，原本活泼开朗的她从此开始变得伤春悲秋。

在惠州的三年，王朝云开始笃信佛教，在她死去那年，苏轼还特意邀请熟人来为她庆生，亲自作《王氏生日致语口号》："海上三年，喜花枝之未老。"赞美她虽历经风霜，但依旧光彩照人。这一番甜言蜜语，总算哄得王朝云露出了笑颜。

可没想到，这才过了半年，瘴气便夺走了王朝云的生命。

苏轼把她葬在大圣塔下，为她亲自撰写墓志铭。

在王朝云下葬后的第三天晚上，忽然风雨大作，一大早有人从墓前经过，发现地上有五个巨人的脚印，苏轼闻讯连忙赶来。

在看到足迹的那刻，他终于支撑不住，泪水夺眶而出，朝云啊朝云，真的是佛祖来接你了吗？

后来，有僧人就在王朝云的墓前修建了一座"六如亭"，苏轼常来这里吊唁他的这位红颜知己，还在亭子上镌刻了一副楹联：

不合时宜，惟有朝云能识我。
独弹古调，每逢暮雨倍思卿。

这个女孩误打误撞闯入他的生命，留下浓墨重彩的一笔却又悄悄离开，留下他一个人怀念他们的往事，也不知能保留这份回忆到多久。

他还记得在临终前，王朝云的那句佛偈意味深长：

一切有为法，如梦幻泡影。

如露亦如电，应作如是观。

她知道自己要走了，可没想到会这么快。

也许这算是她人生中最后一次对苏轼的回应。一个人的目光只要足够宽广，无论何种死亡都能坦然面对，所以不必为我悲伤，我不过是你因太思念王弗，而幻想出来的一场虚妄。

一二

小说和电视剧中，经常上演这样的情节：男子深爱的女子死了，所以在往后余生，他喜欢的都是与那女子相似的人。

这或许也是苏轼的一生。

自从王弗死后，他的余生都在孜孜不倦地寻回她带给自己的那种感觉。王闰之有她的温柔贤淑，王朝云有她的知性聪慧，这些都一度让他误以为，王弗又回来了。

可王朝云临终前的那番话，终是让他醒悟：王弗就是王弗，不论其他人怎么像她，都不是她。

真正的喜欢，从来都不是那类人，而是那个人。

番外三
孤勇者——王安石

○一

王安石的少年时代，是在马车和船舱里度过的。

他的父亲名叫王益，常年辗转各地，担任地方官员。这是位关心民间疾苦的实干家，每到一地，往往亲自走访基层，体察民情。

彼时还是个小孩的王安石，就跟随在父亲身后，亲眼看见了面前"老小相携来就南，南人丰年自无食"的社会惨状，每一帧画面，都是那么的触目惊心。

虽然年龄尚小的他还不明所以，可面前的景象看得他心里很难过，特别特别难过，却又说不上来为什么。

说到底，他那时只是个幼小的孩童，不知道究竟该如何才能拯救这个病入膏肓的世界。但眼前这些不幸，却让他有勇气在将来为了别人挺身而出，掀起一场变革大宋的风暴。

○二

王安石自幼性格倔强，不愿做吟风弄月的骚人墨客，不想当只会皓首穷经的无用书生，他要的是学以致用，用自己的学识去改变这个悲惨的世界。

等他长大后，人人都说他是个成熟稳重的天才，可却没有人愿意多想想，所谓的年少早熟，又该经历过多少的挣扎与蜕变？

愿为五陵轻薄儿，生在贞观开元时。
斗鸡走犬过一生，天地安危两不知。

他在诗里就曾表达过，谁不愿生在太平盛世，做一个轻薄浪子，一辈子斗鸡走狗，无忧无虑地浪荡一生，至于什么天下兴亡匹夫有责，一旦与自己扯上关系，搞不好就要将一生都赔进去。

这个分明能够逍遥过一生的天之骄子，却因世人的苦难甘愿自跌地狱，孤身行走于荆棘之中，只想为那些谩骂他的人开拓出一片康庄坦途。

他在黑暗中独自度过童年，却散发着光芒来到了世人面前。

○三

有一年，王安石和四个好友同游褒禅山。

他们发现了一处山洞，没人能说清里面有多深，五个人便一同打起火把进入洞穴，越往里深入，景观越奇，地势也就越陡。

有一个友人畏惧了，说：“火把快熄了，咱回去吧。”

众人总不能丢下这人，只好退出来，这次游玩就未能尽兴。

事后，王安石感到非常遗憾，他认为他的火把还可以再坚持一段时间，如果没有这个友人，他是可以继续往山洞深处探寻的。

或许是在那刻，他恍然明白了什么。

如果没有那个友人的话……

他发现，同游的伙伴未必会成为你的臂助，也许还会拖累你，让你难以到达"险远"的"非常之观"，所以在必要之时，不妨甩开众人，一人独行。

故而从此以后，他决定这一生再不借谁的光，他要独自一人，将自己梦里的城邦，建造在这废墟之上。

〇四

王安石初见苏轼时，后者还是个狂放不羁的少年。

当时人人都称赞他是天才，王安石也这么觉得，因为看见过他的笑容，放肆、明亮又单纯，与他那个迂阔的父亲全然不同。

嘉祐五年（1060），苏轼授福昌县主簿，他还亲自为其撰写制词：

尔方尚少，已能博考群书，而深言当世之务，才能之异，志力之强，亦足以观矣。

可是，这份好感没能维持多久。

王安石向来厌恶玩弄文字的书生，苏轼、苏辙二人在制科考试中的卷子满满纵横家风，让王安石隐约意识到他们似乎不是一路人。

熙宁二年（1069），王安石开始了他轰轰烈烈的变法。这场变法没有华丽只有孤独，没有阳光雨露只有污水横生，没有关心安慰只有冷言冷语，所以这注定只是一场属于他一个人的孤勇之战。

就在这个关键的时间点，苏轼回来了。那时的苏轼，并没有明确反对他，而是选择置身事外，冷眼旁观。他认为，如果只是这样，两个人相安无事，那倒还不错。

可坏就坏在，当年五月，苏轼向皇帝上《议学校贡举状》，文里明确反对新法中关于科举的措施。虽说当时苏轼的措辞还只是对事不对人，可五月份正是吕诲的御史台与王安石的条例司殊死对决的敏感时刻，在这个节骨眼上，任何人对新法的攻击，在王安石的眼中都会被无限放大，进而视为政敌对自己的恶意。

所以，因为苏轼的这一次发言，二人注定要扮演敌我双方的角色。

后来，神宗欲起用苏轼修起居注，被王安石阻挠，还说："轼才亦高，但所学不正，今又以不得逞之故，其言遂跌荡至此。"他把苏轼打发去开封府当判官，去掌管刑狱，目的是希望让繁多的事务困住苏轼，让他不要再发表意见，反对自己。

可没想到，苏轼很有办事能力，不但把自己的分内工作完成得又快又好，还抽空给神宗上了两个表，在《上皇帝书》中把新法大批特批，彻底和王安石撕破了脸皮。在当时，王安石误以为苏轼是司马光的心腹谋主，把他看成是"旧党中的吕惠卿"，足见对他是何等重视。

但老实说，王安石并不明白为什么大家都讨厌他，哪怕连伪装都懒得修饰，是一种堂而皇之的厌恶。他很讨厌这种情绪，它无处不在，只要稍一松懈，就会钻进心里，扰乱他前进的决心。

可他不愿意说出来，而是像个刺猬一样掩饰自己，以为这样就不会有人抓住自己的弱点，可以做到刀枪不入。

所以，他不可能与苏轼和平地对话，只有下一纸迁往杭州的调令，让那人从自己的眼前消失。

○五

熙宁七年（1074），王安石变法失败。

这些年来，他好像什么都没有改变，又好像什么都已经改变了，他成了铁血的政客，与当初的自己渐行渐远。

他忽然想起了苏轼，那个曾经与他拍案叫嚣的年轻人。

其实他知道苏轼不是守旧派，而是一个温和改革派。但自己的改革方案是法家的霸道，讲究"非大明法度不足以维持"；苏轼的改革方案是儒家的王道，提倡"法相因则事易成，事有渐则民不惊"。

很难说谁对谁错，但他把苏轼赶往地方为官的这些年，苏轼一直都在"因法以便民"，将新法用他自己的理解加以改造，力图将其对百姓的负面影响降到最低。

或许，人也只有在冷静过后，才会想起自己曾经的失当之处。

他与苏轼，本就是误会，大丈夫应当不卑不亢、能屈能伸，哪有那么多不可调和的矛盾？人始终还是要大气点才好。

所以在元丰二年（1079），苏轼身陷乌台诗案，他虽远在江宁，可仍然驰书营救，还发出了那震耳欲聋的一问：

安有圣世而杀才士者乎？

其实他是喜欢苏轼的。

但不一样的是，他已经活得太久，厌倦了这个世上无尽的烦扰，而苏轼还带着初生牛犊的色彩，就像张白纸，干净得不染尘埃，这样单纯的苏轼让他怎能抗拒？

据说，苏轼在黄州谪居时，每有佳作，王安石总会先睹为快。当时一旦有客从黄州来，王安石都会问："子瞻近日有何妙语？"

客人带来了苏轼《胜相院经藏记》的手稿，说是苏轼醉宿临皋亭，酒醒后的即兴之作。

他闻言欣喜若狂，连忙叫客人从船上取来，就着月光细细品读，嘴上还称赞道："子瞻人中龙也。"

读完后，他又指出有一字用得不甚稳当。客人恭请指正，他挑出其中"如人善博，日胜日负"这句，认为不如改成"如人善博，日胜日贫"。

后来苏轼得知此事，抚掌大笑，遂听从王安石之言，改"负"为"贫"，二人当年多有嫌隙，可仍能诗酒年华，就仿若当年的欧阳修和张方平，可谓君子之交，如饮清泉。

○六

明明经历过的悲伤并未比他人少，王安石却从未向谁诉说过他的痛苦。

直到那年，王安石的儿子王雱英年早逝，王安石又"亲友尽成政敌，谤怨集于一身"，面对现实的残酷，他终是没能绷住。

那一刻，他只是个绝望的父亲。

他决心摆脱政治，回到江宁，从此彻底赋闲隐居。

在金陵，皇帝赐给他一座宅邸，坐落于东门和钟山之间，号称"半山园"。之后他害了一场大病，虽然病愈，可身体也大不如前。

他看着眼前的宅子，触景生情，心生悲伤，索性将这座宅邸舍给了佛寺，即"报宁禅寺"，他自己则闲住在了钟山。

元丰七年（1084），他得知苏轼量移汝州，途中要经过金陵，他早早地骑着毛驴在码头等候，远远地望见了苏轼。

苏轼也望见了他，有些错愕，还不待座船靠岸，就跃上了码头。

苏轼道："轼今日敢以野服见大丞相。"

他笑了："礼岂为我辈设哉？"

可谁知面前的苏轼却回道："轼亦自知，相公门下用轼不着。"

这话他可不会接了。

那几天，他们和当地的官员一起游览蒋山，苏轼写了一首《同王胜之游蒋山》，当中有"峰多巧障日，江远欲浮天"之句，王安石看了连连感慨，说道："老夫平生作诗，无此一句。"

在他的盛情挽留下，苏轼于金陵停滞数月，昔年的那些隔阂，已悄无声息地融化不见。

记得苏轼在黄州作诗，有"冻合玉楼寒起粟，光摇银海眩生花"一句，旁人都不知典故出处，苏轼也不解释。如今到了金陵，王安石笑道："道家以两肩为玉楼，以眼目为银海，子瞻用的可是这个典故？"

苏轼闻言，拍掌叫绝："人人都想学荆公，可又有几人能学到您这般博学呢？"

其实，这个世界上有很多人，只要愿意放下身段说说话，沿着对方生命的脉络向更深处追溯，就可以清晰地感到彼此灵魂的共通。而苏轼和王安石就是这样，一样被人说成是固执，一样追逐别人眼里根本不在意的东西。

他们相约晚年归隐金陵，结邻而居，苏轼还为王安石写下了一首诗：

> 骑驴渺渺入荒陂，想见先生未病时。
>
> 劝我试求三亩宅，从公已觉十年迟。

十年之前，正是熙宁七年（1074），王安石第一次罢相之时，可见苏轼此时已有退隐之意，打算在金陵买田，和王安石一起当个邻舍老翁。

王安石看到此诗，一时感慨万千，经过了年少的洗涤，蜕去了懵懂的轻浮，现在的苏轼却生出这样的念头。

他自叹道："十年前后，我便不厮争。"

后来苏轼给他写过一封信，信中赫然以他门下学生自居：

> 某游门下久矣，然未尝得如此行，朝夕闻所未闻，慰幸之极。

王安石看完后越发怅然若失。

他想，如果当年他没有那么固执，如果当年他没有那么偏激，如果当年……那么会不会，他们可以携手并进，一起为大宋开拓出一片光明的未来？

数月后，苏轼启程，王安石亲往送别。

秦淮河畔，水面浩渺，远处青山白云，闲适悠悠，近处碧波荡漾，蒹葭苍苍，苏轼一身闲袍，立在乌篷船头，向他挥手作别。船只向着雾蒙蒙的云海深处驶去，那人影愈来愈小，最终消失不见。

一阵风起，王安石目光露出释然，似是用他的慨叹，为苏轼做出了最后的注解。

> 不知更几百年，方有如此人物。

这是他们最后一次见面了，不到两年，王安石便在金陵病逝，从此二人阴阳相隔。

在最后的时刻，那段多年前的因，终于结下了这最后的果。

○七

王安石是一个很难评价的人。

别看在我们学生时代，课本上说他是"唐宋八大家"之一，属于正面人物，可在漫长的封建历史上，王安石一直都是一个奸臣形象，和秦桧是一个待遇。

这又是为什么？

因为，元祐年间旧党当国，他们修撰《神宗实录》，把王安石批得一无是处，把他的变法行动定义成一场祸国殃民的灾难，他们旧党则是拨乱反正的救时忠臣。

到了宋哲宗亲政后，反攻倒算，旧党倒台，新党又上来。章惇再修《神宗实录》，把王安石的形象给扳回来了，司马光等旧党又成了小人。

到了宋徽宗时期，再次下诏修改《神宗实录》，因为早期宋徽宗和章惇不对付，打击新党，晚期又因为蔡京当国，贬斥旧党，所以这一版两党形象都不咋样。

可等到靖康之变，北宋灭亡，南宋君臣痛定思痛，说我大宋本来国泰民安，却遭逢亡国之祸，一定要有个罪魁祸首。但宋徽宗、宋钦宗这些人他们不敢骂，于是就把过错归结在了王安石身上，认为都是他轻言变法，祸乱天下，这才给北宋招来了亡国之祸。

宋高宗对此当然喜闻乐见，只要责任人不是他就行。于是再次修《神宗实录》，在这一个版本里，王安石成了人人喊打的对象，甚至成了北宋灭亡的始作俑者。

后来南宋被元朝灭亡，蒙古人在修撰《宋史》时，参考的都是第四版的《神宗实录》，可想而知，这样王安石还能有什么好形象？事实上，除了王安石本人，其他新党成员，几乎都被列入《奸臣传》

里，反倒是旧党众人，在正史中的形象一个比一个正面伟大。

可是，旧党真的有史书上写得那么大公无私吗？

新党又真的是史书上所写的那么十恶不赦吗？

谁知道呢。

但不论如何，有正史定调，王安石在元明清三朝自然声名狼藉。

可谁说，站在光里的才算英雄？

到了近代，西方列强纷至沓来，晚清政府丧权辱国，有识之士倡导变法，在此股风潮之下，梁启超先生撰写《王安石传》，这才让人们从故纸堆里发现了污泥满身的他，原来他一直穿着那身破烂的衣裳，孤身对峙着那变法畏途上的一场场绝望。

所以，如果你说你讨厌王安石，我一点也不介意，因为他活着又不是为了取悦你们的，他做了那么多，尽力对得起每个人，虽然结局并不完美，但谁也不能抹杀他那颗真挚为国的心。

他既不英俊也不讨喜，但他一定比谁都爱着这世界，比谁都温柔，更比谁都孤寂，所以他选择一生都为这个世界而战，为此生，为此死。

或许在多少年后，我还是会想起他当年的那句话：

尽吾志也而不能至者，可以无悔矣。

他当是早就料到了自己的身后结局，但在经历过这么多事情之后，仍然能坚信不疑着自己的梦，并接受它带来的一切后果，正恰如司马光所描述的：

观介甫之意，必欲力战天下之人，与之一决胜负。

或许跨过千年的时光，还是会有人能够拨开史书的迷雾，与他稳稳地站在能够俯瞰大宋的地方，看他曾精疲力竭地战斗了那么一场。

　　所以，身败名裂又何妨？

　　他又几时在乎过什么名垂青史、万古流芳？

番外四
苍狗和海鸥——章惇

○一

多年以后，章惇路过小贵州南山寺，准会想起苏子瞻带他去参观仙游潭的那个遥远的下午。

那是治平元年（1064），章惇从商洛卸任，想着临走前，去终南山一带观光旅行。他的朋友苏轼听闻后，也从凤翔至盩厔县（现陕西周至）清平镇，和他结伴一起游山玩水。他们畅游终南山，登临到仙游潭处，对面有处绝壁，中间只有一横木架桥。

章惇推苏轼过潭题字，苏轼看着两谷间那狭隘的独木桥，还有那深不见底的峭壁深渊，害怕了，不敢过去。但章惇却长笑一声，平步而过，任凭独木摇晃，兀自神色不动。

等过到对岸后，章惇用漆墨濡笔在对岸石壁上大书：章惇、苏轼来游。

苏轼算是服他了，说："子厚他日必能杀人。"

章惇问："何意？"

苏轼说："能自拼命者，能杀人也。"

章惇一愣，旋即哈哈大笑。

在那时的苏轼眼中，章惇可真是一个英伟的奇男子。

> 子厚奇伟绝世，自是一代异人，至于功名将相，乃其余事。

但是，苏轼又总觉得，章惇的眼底常带着毫不掩饰的阴郁，或是玩世不恭的讽刺，就连笑的时候，都带有一丝残忍。

这种杀伐果断让他隐约感到毛骨悚然，但旋即想到他的胆略和城府都用在了保护自己上，却又是感到无比心安了。

○二

章惇，字子厚，福建人，出身于累世官宦的浦城章氏。

他父亲章俞早年行为不检点，和寡妇杨氏私通，生下了他。

母亲觉得这事丢人，在生下章惇后，就想把他溺死，是外婆于心不忍，这才把尚是婴孩的章惇救了下来。

后来其父章俞知道了，因为他为人迷信，推算出这孩子八字好、命格硬，可以光耀门楣，就认下了章惇为子。

章惇成年后，生得仪表堂堂，不但博学多识，还能写上一手好书法。后来黄庭坚叹惜，说章惇是因为忙于政事，把这门手艺给荒废了，不然宋代"苏黄米蔡"四大家，恐怕还要再加上一个"章"了。

嘉祐二年（1057），二十二岁的章惇进京，参加进士考试。

在人杰扎堆的龙虎榜中，章惇轻而易举地脱颖而出，考上了进士。但他恃才傲物，不能忍受自己名次在考得状元的族侄之下，所以在放榜之后拒不接旨，扔了敕诰，回家复读，准备来年再战。

章惇的这次任性，让他成为中国历史上唯一一个两次考中进士的人。在两年后的嘉祐四年（1059），章惇先是参加开封府试，一举夺得解元，然后在进士考试中拿下了一甲第五名的好成绩。

考虑到是否中状元看的是皇帝本人的面试，与成绩无关，没有可控性，所以章惇并没有坚持非要拿个状元之类的，而是果断选择见好就收，接过了诏书，开开心心前往陕西去赴任商州令了。

而就是在这里，让他遇到了那个在此生和他相爱相杀，让他又爱又恨的男人。

○三

章惇和苏轼的交集，始于陕西。

苏轼比章惇早两年中进士，但很快遭逢母亲去世，回家奔丧，等丁忧三年后，再考过制科，签判凤翔。

原本，他弟弟苏辙最初的授官是商州推官，刚好和担任商州令的章惇搭班子，但因为王安石的阻挠，苏辙没有赴任，反而是苏轼和章惇更早结识。

嘉祐七年（1062），二人一起在永兴军当考官，算是初次结识了。苏轼在给弟弟写的信中说"近从章子闻渠说，苦道商人望汝来"，意思是听章惇说，商州的百姓都盼着弟弟你来这里当官呢，这算是章惇第一次出现在苏轼的笔下。

章惇卸任后，二人游览仙游潭，下来后在一处山寺痛饮。

这时有人来报，说林中有老虎出没。他们二人喝得有点上头，一听有虎，来了劲儿，就跨马前去查看。

到了林中，走了数十步后，一声虎啸响起，苏轼的马被惊得不敢往前。苏轼酒醒了，面露惧色地说："马都这样了，还是不要再往前了。"就想掉头往回走。

但章惇却不管不顾，一边快马加鞭，一边说"我自有法子"。行至虎啸处，他取出一面铜锣，冲着石头上就是一顿猛砸。老虎听到震天响的锣声，吓得立刻窜逃进深林里去。

章惇得意扬扬，回来后对苏轼说："将来你一定不如我。"

这件事后，章惇时不时取笑苏轼胆小，表示"子定不如我"。苏轼心中感到不舒服，直到多年后，他还耿耿于怀地写了一首诗：

> 款段曾陪马少游，而今人在凤麟洲。
>
> 黄公酒肆如重过，杳杳白苹天尽头。

他这首诗的意思是：当年我也和你一起纵马遨游，倘若那场酒肆之行可以再来一遍的话，那我肯定不会那么胆怯，绝对会陪你踏尽天涯红尘！

〇四

治平年间，章惇回京，在欧阳修的推荐下，他成功召试馆职。

但这却遭到了各路官员的围攻，说他"向以擢第不高，辄掷敕于廷"，也就是当年，他明明考中了进士却拒不受敕，选择再次参加科举考试的事情。

这个事情，在我们今天看来，就是个学霸的任性。但在当时的人眼中，却是狂妄自大，不把朝廷放在眼里。于是，章惇无法继续在中央任馆职，只能去武进做知县。

熙宁二年（1069），王安石开始变法，急需人才，有人给王安石推荐了章惇，但当时章惇"佻薄秽滥"的名声传遍大街，所以王安石有些犹豫，但看在推荐人的面子上，他还是答应见上章惇一面。

本来，王安石对章惇这个"无行"的人并不抱希望，但一见之后，却发现章惇能言善辩，虽吏文粗疏，但很有机略，在王韶之上，于是就把章惇调进了条例司。

从此，章惇成了新党，也站在了苏轼的对立面。

王安石带领的新党可谓鱼龙混杂、良莠不齐，既有吕惠卿、曾布、王韶这样真的相信变法可以强国的人，也有蔡确、邓绾、沈括这样的投机钻营之辈，但章惇很明显属于前者。

在熙宁年间，章惇并没有供职中央，而是和苏轼一样，去地方上锻炼基层经验。和苏轼去的人间天堂杭州不一样，章惇去的地方，是蛮夷聚集的湖南长沙一带。彼时，那里虽然名义上是大宋领土，但实际上却由一支叫"梅山蛮"的少数民族统治，官府的政令根本无法传达到基层。

熙宁五年（1072），章惇察访荆湖地区，通过武力镇压的方式，对当地的蛮族痛下杀手，这一战真是应了苏轼当年的断言，章惇亲往前线督战，指挥军队杀人如草芥，冷酷的眼睛里没有半分犹豫和不舍，后来成功地在当地设立新化、安化二县，扩展了大宋在南方的版图。

我想这就是章惇，面对杀戮与战争，他总是可以露出杀伐决断的表情，就仿佛这人世间每个活生生的人，都可以是他手里肆意拿捏的蝼蚁。

○五

元丰二年（1079），乌台诗案。

苏轼被李定、舒亶、何正臣等人诬陷，锁拿入京，投进大狱，整个朝野都对他喊打喊杀。但章惇面对满朝的舆论压力，还是选择抛弃政见，赌上自己的政治前途也要救苏轼一命。

宰相王珪歪解"根到九泉无曲处，世间惟有蛰龙知"这句诗，跟神宗说苏轼以龙影射皇帝，有讽刺之意。危急时刻，是章惇站了出来，说"龙不一定指君，也可以指臣"，把王珪堵得哑口无言。

退朝后，章惇拦住王珪诘问道："相公今日是想行灭绝之事吗？"

王珪心虚，哼哼唧唧地推卸责任："那些话都是舒亶说的。"

章惇冷冷讽刺："那舒亶的口水你也吃吗？"

王珪语塞，无言以对。

后来苏轼出狱，被贬到了黄州，对章惇的出手相助表达了谢意：

> 平时惟子厚与子由极口见戒，反覆甚苦……然异时相识，但过相称誉，以成吾过，一旦有患难，无复有相哀者。惟子厚平居遗我以药石，及困急，又有以收恤之，真与世俗异矣。

苏轼被贬黄州后，体会到了什么叫人情冷暖。明明有那么多的人，可他们都只朝着自己的方向匆忙地前进，没有人关心、顾及他，除了血脉相连的弟弟，唯有章惇会苦口婆心地"极口见戒"，会摒弃世俗成见，赠给他钱财和药物，还会在去湖州任职时，专门给他写诗说"他日扁舟约来往，共将诗酒狎樵渔"。

就是这么一个杀人如麻、冷血无情的章惇，却一次次对遇难的苏轼伸出援助之手。

后来苏轼被召回京，二人于东京再度聚首。章惇袒腹而卧，摸着肚子对苏轼开玩笑："子瞻，你看我这肚子里都有什么？"

苏轼说："都是谋反的家事。"

章惇听了，爽朗大笑。

你看，哪怕到了元祐更化，他们还是一对可以相互勾着肩膀的好朋友，章惇常劝苏轼戒口孽，可他又何尝不是心直口快之人？不论是当年的"子定不如我"，还是如今的"都是谋反的家事"，类似的话他们都可以在对方面前毫无顾忌地说出。

只是谁都想不到，后来老天会给他们开上那么大的一个玩笑，在人生这场浩荡而残酷的逆旅中，让两个原本可以比肩共行之人，到最后不得不分道扬镳、形同陌路，就连生死也无关。

命运可实在是残忍。

○六

元丰八年（1085），司马光重出江湖，要全面废除新法。

身为新党的章惇挺身而出，和司马光针锋相对，他本人长于雄辩，一番唇枪舌剑，竟把司马光逼得要辞职，还是苏轼出面居中调停，劝章惇不可轻侮司马光，才把事情给告一段落。

但随后司马光就宣布要废除免役法，这下别说章惇，就连苏轼都看不下去了，跑去政事堂和司马光吵了起来。

当时，蔡确和韩维都已被打倒，朝堂上的新党旗帜只剩下章惇，他一个人当着太皇太后的面和旧党吵架，就免役法问题累数千言，驳斥得司马理屈词穷，后来更是把旧党众人骂得体无完肤。

旧党发现，在免役法这件事上辩不过章惇，就顾左右而言他，转而进行人身攻击，一会儿说章惇是"三奸"，一会儿又说他是"四凶"，如刘挚、朱光庭、王岩叟、孙升等人，皆对章惇群起而攻。最后章惇一时气怒，说出了"他日安能奉陪吃剑"这种话，彻底触怒了太皇太后，将章惇贬谪汝州，而免役法也难逃被废的命运。而在诸多弹劾章惇的奏疏中，苏轼的弟弟，右司谏苏辙的名字赫然在列。

元祐元年（1086）闰二月十八日，苏辙上《乞罢章惇知枢密院状》，算是一手终结了章苏二人的友情，后来又上《乞选用执政状》，更是把朝堂上的众人给一一评点了一番：

> 左仆射蔡确，憸佞刻深，以狱吏进。右仆射韩缜，识暗性暴，才疏行污。枢密使章惇，虽有应务之才，而其为人难以独任。门下侍郎司马光、尚书左丞吕公著，虽有忧国之志，而才不逮心。至若张璪、李清臣、安焘，皆斗筲之人，持禄固位，安能为有，安能为无？

平心而论，苏辙的奏状并不单单针对章惇，其中蔡确奸佞、韩缜贪暴，张璪、李清臣、安焘等更是斗筲之人，就连同为旧党的司马光、吕公著都被他说成了空有忧国之志，但无治国之能。反倒是章惇，却被他承认是有"应务之才"，只是在为人处事上难以相处，故不能独任枢密，所以还是罢免掉章惇吧。

想当年，苏轼身陷乌台诗案，章惇可以抛却政治立场仗义执言，而如今苏辙的这封奏状，难免会有忘恩负义之嫌。但我们要明白的一点是，当时谁都知道，元祐更化已是大势所趋，章惇倒台是注定的，没人可以阻止，这时候弹劾他本就是一种政治正确。或者说，这是苏家兄弟重回朝堂，必须要向旧党纳的投名状。

但是，苏轼做不到背刺好友，一直都无动于衷，而苏辙则意识到现在是朝野站队的关键时刻，既然哥哥做不了这个决断，那么这个"恶人"就由自己来当吧！

于是，就有了那封《乞罢章惇知枢密院状》。

其实，相比其他人对章惇各种恶毒的人身攻击，苏辙在措辞上还是比较温和的，既没说章惇是奸诈小人，也没说他祸国殃民，只是说他这人本事是有，就是脾气差，不适合当宰相，算是个轻微的指责。可见苏辙看在他哥苏轼的面子上，对章惇是手下留情了的。

可问题在于，章惇并不是一个大气的人，他小肚鸡肠的性格在朝堂上是出了名的。在他看来，自己当年赌上政治生命都要救苏轼，现在他弟弟对自己如此攻击，苏轼却袖手旁观，看来自己当年对他的援救，终究是错付了。

从苏轼的视角来说，一边是骨肉亲情的弟弟，一边是患难之交的好友，又是在这个新旧交替的政治敏感期，他谁的队都不能站。有人说苏轼为何不能站出来说句公道话，可你让他怎么说？免役法的利弊他争了，可司马光不听，他又能怎么样？关于章惇本人，苏辙的奏状其实够客观了，并没有指责章惇小人的言语，只是"章惇罢职"这个大前提没变而已——当然了，他也变不了。

当时的苏轼，既是两难，也是无奈。就和当年他们一起过仙游潭一样，面对那些未知的危险，章惇可以在乌台诗案不顾舆论伸出援手，也可以在后来尽逐旧党翻脸无情，可他却总是唯唯诺诺犹豫不决，既做不到章惇那种快意恩仇，也学不来他的睚眦必报。

在那种氛围里，他大概有那么一种错觉，就是明明意识是清醒的，却也只能清醒地看着悲剧发生。

那天，苏轼在梦里梦见章惇死了，他没有救。

是救不了还是不愿救，他忘记了。

〇七

元祐元年（1086）闰二月，苏辙上《乞罢章惇知枢密院状》。

这封奏疏，一来在措辞上对章惇处处提着小心，二来是跟着无数弹劾章惇的奏章随大流似的递上去的，乍一看并不起眼。

但是，仅五天之后，章惇就被贬知汝州，这任谁去看，都会觉得和苏辙的这封奏疏有莫大的关联。

而恰在这个时候，苏轼上了一封匪夷所思的奏状《缴进沈起词头状》：

> 王安石用事，始求边功，构隙四夷。王韶以熙河进，章惇以五溪用，熊本以泸夷奋，沈起、刘彝闻而效之，结怨交蛮，兵连祸结，死者数十万人。

这封奏疏上于元祐元年（1086）三月二十二日，此时距离章惇被贬还不足一个月，苏轼在文中指责王安石时期边臣为谋求军功，蓄意挑起战争，其中就点名了"章惇以五溪用"，说他们这些所谓的战绩都属于草菅人命。

苏轼向来反战，这封奏疏对他来说，不过是指出一项他一直以来看不惯的事情，或者说是对事不对人而已。甚至真要算起来，当年章惇招降五溪边民，苏轼还夸他此举是"近闻猛士收丹穴""功名谁使连三捷"，完全是一副赞赏称颂的口吻。

但是，在元祐的政治环境下，每个人都在走极端，他既然上奏反战，那么就不得不提起新党的所有人。倘若他把王韶、熊本等人都提及了，偏偏漏了个在荆湖闹出那么大动静的章惇不说，那么以他们朝野共知的交情，瞎子都能看出来苏轼是在故意徇私情了，那样不但会不利于章惇，反而还会引火烧到自己身上。

但章惇不会这么想，这就注定了两人最后的决裂。

元祐元年十月，章惇上书，以侍奉八旬老父为由，希望可以去扬州。

朝廷一开始批准了，苏辙还撰写了《章惇知扬州》的制诰，文中对章惇一番夸奖，只是这项任命被朔党、洛党拦截，章惇都走到半路上了，又被赶了回去，改为提举杭州洞霄宫，仍禁锢在汝州，算是从枢密大臣一下跌落成一个闲官。

他只好自嘲："洞霄宫里一闲人，东府西枢老旧臣。"

恰恰在这个节骨眼，苏轼给章惇去了一封私信：

> 归安丘园，早岁共有此意，公独先获其渐，岂胜企羡。
> 但恐世缘已深，未知果脱否耳？无缘一见，少道宿昔为恨。
> 人还，布谢不宣。轼顿首再拜子厚宫使正议兄执事。

当年章惇曾经给苏轼写过"他日扁舟约来往，共将诗酒狎樵渔"，两个人约定一起归隐田园，所以章惇被贬后，苏轼想安慰好友，就说：你太幸运了，可以提前归隐了呢，我好羡慕呀！

如果章惇真的成功移知扬州倒也罢了，可问题在于，他这不是被赶回汝州去了吗？那苏轼的这封信，在章惇看来不啻杀人诛心，他和苏轼积淀多年的友情，终究是走向破灭了。

那年是元祐元年（1086），章惇和苏轼形同陌路。可值得玩味的是，《归安丘园帖》的原件，却被章惇妥善保存。直到今天，这封象征他们友谊的苏轼真迹，依然安静地尘封在台北"故宫博物院"。

○八

元祐八年（1093），一切的故事都走向了庸俗。

太皇太后高氏薨逝，宋哲宗亲政，年轻的皇帝野心勃勃，全面起用新党，将旧党纷纷排挤出了朝廷。宋哲宗采纳杨畏建议，提拔章惇回京，自此开始了章惇长达六年的独相时代。

需要注意的是，苏辙被贬汝州，时在绍圣元年（1094）三月，苏轼被贬英州，时在绍圣元年四月，而这个时间点，章惇还在回京的路上，所以针对苏氏兄弟最初的谪命，与章惇无关。

相反，章惇初登相位时，还感慨道："元祐初，司马光作相，用苏轼掌制，所以能鼓动四方，安得斯人而用之！"

可是他也明白，他们两个回不去了。

当年的六月，他一竿子将苏轼贬到了惠州，这是他第一次没有再保护他的朋友。他决绝地与他曾经的朋友对峙，就连自己都渐渐怀疑，他对苏轼究竟存着怎样的感情。

再后来，关于苏轼在惠州的故事陆陆续续传到汴京，什么"日啖荔枝三百颗，不辞长作岭南人"，什么"报道先生春睡美，道人轻打五更钟"，总之就是"无一乞怜语"，这让章惇感到一拳打在了棉花上。对于苏轼一贯的乐天作风，他始终感到无能为力。

他能做的，就只是再将那人贬到儋州。

在后来官修的《宋史》里，章惇被列入了《奸臣传》，但不可否认的是，在章惇独相的六年里，他展示了鹰一般犀利的头脑，敏锐、细致、缜密，先是全面恢复了王安石变法，后来又改变了元祐时期软弱无能的对外方针，一度将西夏打得近乎灭国。

相比宋神宗时期的所托非人，宋哲宗和章惇真正做到了用人不疑。绍圣四年（1097）至五年（1098），章惇起用与他不和的族兄章楶，对西夏发动两次大规模的会战，宋军攻入天都山和横山一带，打得西夏小梁太后仅以身免，收复了被元祐旧党割让的诸多要塞，史称"平夏城大捷"。

回想起当年的永乐城一役，宋神宗和王安石毕生的心血付诸东流，如今宋哲宗和章惇在平夏城一战雪耻，大宋的战旗终于再次插在了西夏的土地上。

那一天，章惇的威望达到了顶点，时人称他为"承天一柱，判断山河"。他站在那万人中央，感受那万丈荣光，可是没有人看清他的眼睛，似乎是望向了万里之外的南海之滨。

〇九

平夏城之战后，章惇没有被眼前的胜利冲昏头脑，而是重拾范仲淹"浅攻进筑"的策略，一步步压缩党项人的生存空间，宋灭西夏指日可待。

但就在这个节骨眼上，他的靠山，才刚过二十四岁的哲宗皇帝驾崩了。

元符三年（1100），宋哲宗龙驭上宾，没有子嗣，朝政由神宗之妻向太后把持。

向太后向群臣哭诉："国家不幸，大行皇帝无嗣，事须先定。"

章惇道："论礼法，应当立简王。"

向太后脸色变了，因为简王的母亲朱太妃还活着，如果简王即位的话，在内廷中该置她于何地？

于是她硬着头皮说："诸王都是神宗的庶子，没必要如此分别。"

章惇这时也反应了过来，就说："那论长，申王必当立。"

向太后说："申王有眼疾，依次应立端王佶。"

章惇立刻瞪大眼睛，说出了那句石破天惊的神预言：

"端王轻佻，不可以君天下。"

就在这时，向来和章惇不对付的曾布站出来搅局。

曾布支持立端王佶，而向太后也说"先帝尝言端王有福寿，且仁孝"，这下章惇只能是沉默。于是众人论定，召端王入宫，在枢前即位，是为宋徽宗。

宋徽宗继位后，起用的宰相既有新党的曾布，也有旧党的韩忠彦，目的是想折中一下，新旧两党咱们都用，但唯独章惇的那句"端王轻佻，不可以君天下"算是把徽宗皇帝得罪死了，所以摆在他面前的下场只能是贬谪。

章惇先被贬潭州，又再贬雷州，当初他怎么对待旧党人士，现在别人就怎么对待他。而相比他的倒霉运，苏家兄弟却是逐步起复，更有传言说，苏轼即将回京拜相了。

他的儿子章援是苏轼的学生，闻言到常州截苏轼，去求情。章惇本以为那人会仇恨自己这六年来的所作所为，但得到的答案，却是他和自己相交四十年，中间虽有误会，但友谊不变，并撰写了一味养生药方，千里迢迢寄送给了自己。

其实，苏轼不知道的是，就在他给章惇写那封信的时候，被贬海康的章惇正路过小贵州南山寺。

在寺庙内，有一位老僧，是四川眉山人。

据说，老僧是为了渡海到儋州去见苏轼一面的，只是没想到苏轼被赦北归了，他扑了个空，又在回程途中患病，暂歇在了寺庙中。

章惇和老僧在山中对饮，他依旧不改狠人本色，蒸了一条蛇劝老僧吃，而老僧也不愧是得道高人，举起筷子就吃，脸色都没有变。

章惇说："子奉佛戒，乃食蒸蛇，何哉？"

老僧说："相公爱人以德，何必见诮。"

章惇明明对苏轼恨之欲其死，但却又忍不住靠近和苏轼有关的人和事，可能他对那人的感情就是这样，明明恨他恨得要死，却又不想让他死，甚至在必要时可以代替他去死。

章惇和老僧你斟我饮，相对无言，他自然知道老僧那句"爱人以德"是苏轼说过的名句,目的在于讽刺他,但他并没有解释,也不想解释。

后来苏轼的那封书信还是被章惇收到了,看着那人并没有任何责怪他的言语,反而在文字中处处包裹着关心,章惇终于后悔了。

可他已经再也无法当面表达这份迟到了六年的歉意,因为就在当年七月,苏轼病逝在了常州。

据说,章惇到了雷州后,因为是犯官,住不了馆舍,就想买个房屋住。可没想到,当地百姓不肯卖给他房子,只因为当年章惇为了整苏家兄弟,专门派监察官严打照顾苏家兄弟的人。

有当地父老说:"以前苏公到这儿来,我们租给了他民屋,章丞相差点儿让我们家破人亡,这回说什么我们也不卖了。"

或许有的时候,真的只有百姓才可以公正地评价一个人。一直以来,章惇都觉得自己要比苏轼强,不论是过潭还是驱虎,为官还是处世,所以他觉得自己要保护好有点软弱的他,哪怕后来分道扬镳了,他还是认为自己的功绩不是那个人可以相比的。

可现实却是,那个人走到哪里,都有百姓夹道欢迎,视其为亲人。而自以为有那么多政绩的他,每到一处却都像是过街老鼠一般,人人喊打。他曾经所有的坚持和骄傲,都在那个仙游潭前的熟悉身影上败下阵来。

苏轼死后第四年,章惇也在湖州病逝。

苏轼年表

景祐三年（1036）		苏轼出生。
宝元二年（1039）	四岁	弟弟苏辙出生。
庆历三年（1043）	八岁	读小学，师从张易简。
庆历七年（1047）	十二岁	祖父苏序过世。
皇祐元年（1049）	十四岁	父亲苏洵作《名二子说》，兄弟二人正式取名为苏轼、苏辙。
至和元年（1054）	十九岁	结婚，娶青神县女子王弗为妻。
嘉祐元年（1056）	二十一岁	随父入京，参加科举考试。
嘉祐二年（1057）	二十二岁	考中进士，拜师欧阳修，因母亲去世回乡守制。
嘉祐四年（1059）	二十四岁	守制完毕，自蜀入京。
嘉祐五年（1060）	二十五岁	授官福昌县主簿，拒绝，备考制科。
嘉祐六年（1061）	二十六岁	中制科第三等，授大理评事（官阶），签判凤翔（差遣）。
嘉祐七年（1062）	二十七岁	解决衙前之役。

嘉祐八年（1063）	二十八岁	本官阶升大理寺丞。
治平元年（1064）	二十九岁	本官阶升殿中丞。
治平二年（1065）	三十岁	回汴京，先判登闻鼓院，后召试秘阁考中三等，去直史馆工作。五月，妻子王弗病逝。
治平三年（1066）	三十一岁	苏洵去世，苏轼兄弟回乡守制。
治平四年（1067）	三十二岁	将父母、妻子葬于眉州。
熙宁元年（1068）	三十三岁	守制完毕，再婚，续娶青神县女子王闰之。写《上神宗皇帝书》。
熙宁二年（1069）	三十四岁	返京，先回直史馆，再监官告院。
熙宁三年（1070）	三十五岁	不满王安石变法，与之敌对。
熙宁四年（1071）	三十六岁	被外放为杭州通判。
熙宁五年（1072）	三十七岁	到任杭州，疏通钱塘六井。
熙宁六年（1073）	三十八岁	督察盐事时，写诗表达对新法的不满，沈括记录，呈报皇帝。
熙宁七年（1074）	三十九岁	杭州任满，移知密州。

熙宁八年（1075）	四十一岁	密州任满，次年二月，改知徐州。
熙宁九年（1076）	四十二岁	到任徐州，抗击洪灾。
元丰元年（1078）	四十三岁	建筑黄楼。
元丰二年（1079）	四十四岁	徐州任满，移知湖州。七月，乌台诗案发。
元丰三年（1080）	四十五岁	被贬黄州，责授检校水部员外郎、黄州团练副使。
元丰四年（1081）	四十六岁	开辟东坡，自号"东坡居士"。
元丰五年（1082）	四十七岁	作《赤壁赋》。
元丰六年（1083）	四十八岁	夜访张怀民，共游承天寺。
元丰七年（1084）	四十九岁	量移汝州，游庐山，访苏辙，见王安石。
元丰八年（1085）	五十岁	宋哲宗登基，复官朝奉郎，知登州，再以礼部郎中、起居舍人召回汴京。
元祐元年（1086）	五十一岁	任翰林学士知制诰。
元祐二年（1087）	五十二岁	兼任侍读，为帝王师。
元祐三年（1088）	五十三岁	任进士考试主考官。

元祐四年（1089）　五十四岁　除龙图阁学士，出知杭州。

元祐五年（1090）　五十五岁　治西湖，建苏堤。

元祐六年（1091）　五十六岁　以翰林承旨回京，因陷诗案，又出为颍州
　　　　　　　　　　　　　　太守。

元祐七年（1092）　五十七岁　移知扬州，后回京担任兵部尚书兼侍读，继
　　　　　　　　　　　　　　而任端明殿学士、礼部尚书兼翰林侍读学士。

元祐八年（1093）　五十八岁　夫人王闰之去世，出任定州太守。

绍圣元年（1094）　五十九岁　贬谪英州，途中又改惠州。

绍圣二年（1095）　六十岁　　在惠州爱上吃荔枝。

绍圣三年（1096）　六十一岁　侍妾王朝云去世。

绍圣四年（1097）　六十二岁　再贬儋州。

元符二年（1099）　六十四岁　在海南大兴文教，爱上吃生蚝。

元符三年（1100）　六十五岁　遇赦北返，量移廉州、永州，直至任便居住。

建中靖国元年（1101）六十六岁　回归中原，于常州病逝。

陈舞雩

青年作家

知乎高赞历史答主

陕西省青年文学协会会员

已出版作品：

《少年安得长少年》《少年相思在长安》《豁然开朗的中国史》

诗酒趁年华 苏轼传

作者 _ 陈舞雩

产品经理 _ 刘树东　　装帧设计 _ 向典雄　　产品总监 _ 何娜

技术编辑 _ 白咏明　　责任印制 _ 梁拥军　　出品人 _ 王誉

鸣谢（排名不分先后）

一草　朱西西　李欣爱　张露

果麦
www.guomai.cn

以 微 小 的 力 量 推 动 文 明

图书在版编目（CIP）数据

诗酒趁年华：苏轼传 / 陈舞雩著 . -- 成都：四川
文艺出版社，2023.3（2024.3 重印）
ISBN 978-7-5411-6602-0

Ⅰ . ①诗… Ⅱ . ①陈… Ⅲ . ①苏轼（1036-1101）—
传记 Ⅳ . ① K825.6

中国国家版本馆 CIP 数据核字（2023）第 033991 号

SHI JIU CHEN NIANHUA SUSHI ZHUAN

诗酒趁年华 苏轼传

陈舞雩　著

出 品 人　谭清洁
责任编辑　陈雪媛
责任校对　段　敏
出版发行　四川文艺出版社（成都市锦江区三色路 238 号）
网　　址　www.scwys.com
电　　话　021-64386496（发行部）　028-86361781（编辑部）
印　　刷　河北鹏润印刷有限公司
成品尺寸　145mm×210mm
开　　本　32 开
印　　张　9.5
字　　数　240 千
版　　次　2023 年 3 月第一版
印　　次　2024 年 3 月第八次印刷
印　　数　55,001 — 60,000
书　　号　ISBN 978-7-5411-6602-0
定　　价　59.80 元

江城子·湖上与张先同赋，时闻弹筝

凤凰山下雨初晴。

水风清，晚霞明。

一朵芙蕖，开过尚盈盈。

何处飞来双白鹭，如有意，慕娉婷。

忽闻江上弄哀筝。

苦含情，遣谁听？

烟敛云收，依约是湘灵。

欲待曲终寻问取，人不见，数峰青。

江城子·乙卯正月二十日夜记梦

十年生死两茫茫。

不思量，自难忘。

千里孤坟，无处话凄凉。

纵使相逢应不识，尘满面，鬓如霜。

夜来幽梦忽还乡。

小轩窗，正梳妆。

相顾无言，惟有泪千行。

料得年年肠断处，明月夜，短松冈。

江城子·密州出猎

老夫聊发少年狂。

左牵黄，右擎苍。

锦帽貂裘，千骑卷平冈。

为报倾城随太守，亲射虎，看孙郎。

酒酣胸胆尚开张。

鬓微霜，又何妨。

持节云中，何日遣冯唐。

会挽雕弓如满月，西北望，射天狼。

望江南·超然台作

春未老，风细柳斜斜。

试上超然台上望，半壕春水一城花。

烟雨暗千家。

寒食后，酒醒却咨嗟。

休对故人思故国，且将新火试新茶。

诗酒趁年华。

水调歌头

丙辰中秋，欢饮达旦，
大醉，作此篇，兼怀子由。

明月几时有？把酒问青天。

不知天上宫阙，今夕是何年。

我欲乘风归去，又恐琼楼玉宇，高处不胜寒。

起舞弄清影，何似在人间。

转朱阁，低绮户，照无眠。

不应有恨，何事长向别时圆。

人有悲欢离合，月有阴晴圆缺，此事古难全。

但愿人长久，千里共婵娟。

永遇乐·彭城夜宿燕子楼，梦盼盼，因作此词

明月如霜，好风如水，清景无限。

曲港跳鱼，圆荷泻露，寂寞无人见。

纨如三鼓，铿然一叶，黯黯梦云惊断。

夜茫茫、重寻无处，觉来小园行遍。

天涯倦客，山中归路，望断故园心眼。

燕子楼空，佳人何在，空锁楼中燕。

古今如梦，何曾梦觉，但有旧欢新怨。

异时对、黄楼夜景，为余浩叹。

江城子·恨别

天涯流落思无穷。

既相逢，却匆匆。

携手佳人，和泪折残红。

为问东风余几许？春纵在，与谁同！

隋堤三月水溶溶。

背归鸿，去吴中。

回首彭城，清泗与淮通。

欲寄相思千点泪，流不到，楚江东。

卜算子·黄州定慧院寓居作

缺月挂疏桐，漏断人初静。
谁见幽人独往来，缥缈孤鸿影。

惊起却回头，有恨无人省。
拣尽寒枝不肯栖，寂寞沙洲冷。

水龙吟·次韵章质夫杨花词

似花还似非花，也无人惜从教坠。

抛家傍路，思量却是，无情有思。

萦损柔肠，困酣娇眼，欲开还闭。

梦随风万里，寻郎去处，又还被、莺呼起。

不恨此花飞尽，恨西园、落红难缀。

晓来雨过，遗踪何在？一池萍碎。

春色三分，二分尘土，一分流水。

细看来，不是杨花点点，是离人泪。

定风波

三月七日，沙湖道中遇雨。
雨具先去，同行皆狼狈，余独不觉。
已而遂晴，故作此词。

莫听穿林打叶声，何妨吟啸且徐行。

竹杖芒鞋轻胜马，谁怕？一蓑烟雨任平生。

料峭春风吹酒醒，微冷，山头斜照却相迎。

回首向来萧瑟处，归去，也无风雨也无晴。

浣溪沙

游蕲水清泉寺，寺临兰溪，溪水西流。

山下兰芽短浸溪，松间沙路净无泥。
萧萧暮雨子规啼。

谁道人生无再少？门前流水尚能西。
休将白发唱黄鸡。

念奴娇·赤壁怀古

大江东去，浪淘尽，千古风流人物。

故垒西边，人道是，三国周郎赤壁。

乱石穿空，惊涛拍岸，卷起千堆雪。

江山如画，一时多少豪杰。

遥想公瑾当年，小乔初嫁了，雄姿英发。

羽扇纶巾，谈笑间，樯橹灰飞烟灭。

故国神游，多情应笑我，早生华发。

人生如梦，一尊还酹江月。

临江仙·夜归临皋

夜饮东坡醒复醉，归来仿佛三更。

家童鼻息已雷鸣。

敲门都不应，倚杖听江声。

长恨此身非我有，何时忘却营营。

夜阑风静縠纹平。

小舟从此逝，江海寄余生。

水调歌头·黄州快哉亭赠张偓佺

落日绣帘卷，亭下水连空。

知君为我，新作窗户湿青红。

长记平山堂上，欹枕江南烟雨，杳杳没孤鸿。

认得醉翁语，山色有无中。

一千顷，都镜净，倒碧峰。

忽然浪起，掀舞一叶白头翁。

堪笑兰台公子，未解庄生天籁，刚道有雌雄。

一点浩然气，千里快哉风。

浣溪沙

元丰七年十二月二十四日，
从泗州刘倩叔游南山。

细雨斜风作晓寒，淡烟疏柳媚晴滩。

入淮清洛渐漫漫。

雪沫乳花浮午盏，蓼茸蒿笋试春盘。

人间有味是清欢。

定风波

南海归赠王定国侍人寓娘

常羡人间琢玉郎，天应乞与点酥娘。
尽道清歌传皓齿。风起，雪飞炎海变清凉。

万里归来颜愈少。微笑，笑时犹带岭梅香。
试问岭南应不好。却道，此心安处是吾乡。

临江仙·送钱穆父

一别都门三改火，天涯踏尽红尘。

依然一笑作春温。

无波真古井，有节是秋筠。

惆怅孤帆连夜发，送行淡月微云。

尊前不用翠眉颦。

人生如逆旅，我亦是行人。

减字木兰花·春月

二月十五夜，与赵德麟小酌聚星堂。

春亭月午，摇荡香醪光欲舞。
步转回廊，半落梅花婉婉香。

轻烟薄雾，怎是少年行乐处。
不似秋光，只与离人照断肠。

行香子·述怀

清夜无尘，月色如银。

酒斟时，须满十分。

浮名浮利，虚苦劳神。

叹隙中驹，石中火，梦中身。

虽抱文章，开口谁亲。

且陶陶，乐尽天真。

几时归去，作个闲人。

对一张琴，一壶酒，一溪云。

西江月·中秋和子由

世事一场大梦，人生几度新凉。
夜来风叶已鸣廊，看取眉头鬓上。

酒贱常愁客少，月明多被云妨。
中秋谁与共孤光，把盏凄然北望。

蝶恋花·春景

花褪残红青杏小。

燕子飞时，绿水人家绕。

枝上柳绵吹又少，天涯何处无芳草。

墙里秋千墙外道。

墙外行人，墙里佳人笑。

笑渐不闻声渐悄，多情却被无情恼。

和子由渑池怀旧

人生到处知何似，应似飞鸿踏雪泥。
泥上偶然留指爪，鸿飞那复计东西。
老僧已死成新塔，坏壁无由见旧题。
往日崎岖还记否，路长人困蹇驴嘶。

和董传留别

粗缯大布裹生涯，腹有诗书气自华。

厌伴老儒烹瓠叶，强随举子踏槐花。

囊空不办寻春马，眼乱行看择婿车。

得意犹堪夸世俗，诏黄新湿字如鸦。

六月二十七日望湖楼醉书五绝（其一）

黑云翻墨未遮山，白雨跳珠乱入船。

卷地风来忽吹散，望湖楼下水如天。

饮湖上初晴后雨二首
（其二）

水光潋滟晴方好，山色空蒙雨亦奇。

欲把西湖比西子，淡妆浓抹总相宜。

海棠

东风袅袅泛崇光，香雾空蒙月转廊。
只恐夜深花睡去，故烧高烛照红妆。

题西林壁

横看成岭侧成峰，远近高低各不同。

不识庐山真面目，只缘身在此山中。

惠崇春江晚景二首
（其一）

竹外桃花三两枝，春江水暖鸭先知。
蒌蒿满地芦芽短，正是河豚欲上时。

赠刘景文

荷尽已无擎雨盖，菊残犹有傲霜枝。
一年好景君须记，最是橙黄橘绿时。

食荔枝

罗浮山下四时春，卢橘杨梅次第新。
日啖荔枝三百颗，不辞长作岭南人。

观潮

庐山烟雨浙江潮，未至千般恨不消。
到得还来别无事，庐山烟雨浙江潮。

东栏梨花

梨花淡白柳深青，柳絮飞时花满城。
惆怅东栏一株雪，人生看得几清明。